课程思政案例选编

Cases of Ideological

and

Political Education

through Curricula

范宝祥 张恩祥 主编

中国政法大学出版社

2021·北京

图书在版编目（ＣＩＰ）数据

课程思政案例选编/范宝祥, 张恩祥主编. —北京：中国政法大学出版社，2021.1
（2021.11重印）
ISBN 978-7-5620-9742-6

Ⅰ.①课… Ⅱ.①范… ②张… Ⅲ.①思想政治教育—教案(教育)—高等学校
Ⅳ.①G641

中国版本图书馆CIP数据核字(2020)第268778号

出　版　者	中国政法大学出版社
地　　　址	北京市海淀区西土城路 25 号
邮寄地址	北京 100088 信箱 8034 分箱　　邮编 100088
网　　　址	http://www.cuplpress.com (网络实名：中国政法大学出版社)
电　　　话	010-58908441(编辑室) 58908334(邮购部)
承　　　印	固安华明印业有限公司
开　　　本	720mm×960mm　1/16
印　　　张	23.25
字　　　数	380 千字
版　　　次	2021 年 1 月第 1 版
印　　　次	2021 年 11 月第 2 次印刷
定　　　价	99.00 元

编委会

前 言 Preface

　　2016年12月，习近平总书记在全国高校思想政治工作会上强调，高校思想政治工作关系到高校培养什么样的人、如何培养人以及为谁培养人这个根本问题。要坚持把立德树人作为中心环节，把思想政治工作贯穿教育教学全过程，实现全程育人、全方位育人，努力开创我国高等教育事业发展新局面。要坚持不懈传播马克思主义科学理论，抓好马克思主义理论教育，为学生一生的成长奠定科学的思想基础。要坚持不懈培育和弘扬社会主义核心价值观，引导广大师生做社会主义核心价值观的坚定信仰者、积极传播者、模范践行者。要用好课堂教学这个主渠道，思想政治理论课要坚持在改进中加强，提升思想政治教育亲和力和针对性，满足学生成长发展需求和期待，其他各门课都要守好一段渠、种好责任田，使各类课程与思想政治理论课同向同行，形成协同效应。

　　为深入学习贯彻习近平总书记关于立德树人的重要论述和关于教育的重要论述，落实全国和北京高校思想政治工作会精神，北京联合大学制定了一系列关于推进和深化课程思政建设的文件，突出强调推进课程思政建设是学校用好课堂教学主渠道、推进全员全程全方位育人的重要实践，是系统化落实立德树人根本任务的重要载体，也是深化课程改革的内在要求。北京联合大学生物化学工程学院制定了课程思政行动计划实施方案，并采取多方面的措施加以落实：多次召开专题辅导报告会和专题研讨会，树立教师课程思政意识，培养教师课程思政执教能力；修订人才培养方案和课程大纲，将德育育人目标融入课程教学大纲；设立课程思政专题教学研究项目，支持教师结合课程改革开展课程思政建设的研究和实践；开展课程思政课堂教学展示交流活动、举办课程思政教学设计大赛、征集课程思政优秀教学案例，为广大教师深入开展课程思政建设实践提供交流借鉴和有益参考。多年来，学院坚持把课程思政作为落实立德树人根本任务的基础性和全面性工作，作为健全"三全育人"体制机制的重要抓手。

　　本次征集出版的 50 个课程思政教学案例是我院教师在课程思政教学方面的初步探索与实践，覆盖了我院的所有学科专业，涉及通识课和专业课在内的多类课程。这些案例包含的内容有：课程基本信息、授课教师基本情况、课程内容简介、课程思政教学目标、课程思政融入设计、典型教学案例、教学反思。尽管不太成熟，但希望借此案例集的出版，对广大教师在挖掘思政教育资源、充分发挥各门课程的思想政治教育功能方面起到借鉴作用。由于时间仓促、水平有限，案例集中可能存在一些不足，望广大读者批评指正。

北京联合大学生物化学工程学院

《课程思政案例选编》编委会

目 录Contents

产品机构设计课程思政教学案例

一、课程基本信息

课程性质：专业选修课

学分：3   学时：48

授课对象：工业设计专业本科三年级学生

二、授课教师基本情况

何林青，讲师，硕士，多年来一直从事机械类课程的教学及科研工作，在教学工作中，注重以学生为主体，并利用曾在工厂任职的工作经验授课，教学中注重将理论与实践相结合，主讲工程力学、机电基础、工程制图等课程。

三、课程内容简介

本课程主要包括工程材料、平面连杆机构的运动分析与设计、凸轮机构、齿轮机构、轮系、间歇运动机构、链传动、带传动等内容。

通过本课程的学习，学生能够学到的知识目标为：了解常用机械工程材料的性能、用途及牌号；熟悉常用机构和通用机械零件的基本知识，初步具有分析机械性能、原理的能力。

此外，通过本课程的学习，学生能够具备的能力目标为：能够设计简单的机械结构，对于复杂或较复杂的机械结构，能够与机械技术专业人员进行交流和沟通，使产品设计具有工程技术的合理性；具有运用标准、规范、手册、图册等有关技术资料的能力，为进一步深入学习机械结构与设计知识打下基础。

四、课程思政教学目标

第一，培养学生的工匠精神。将"工匠精神"作为主线贯穿整个授课过程中，培养学生具有精益求精、一丝不苟的工作原则，不畏困难、吃苦耐劳的工作态度，勇于创新的探究精神，等等。

第二，培养学生的爱国情怀。教学中通过讲解我国的先进制造技术及先进工业产品激发学生爱国主义精神和民族自豪感；通过对比国内外机械产品发展水平与发展差距培养学生的历史使命感和时代责任感。

五、课程思政融入设计

元素 1：精益求精、一丝不苟

相关教学内容：连接、轴与联轴器、轴承、弹簧、设计与制作实验项目。

思政元素融入方法：结合轴的结构设计计算，轴承、联轴器及其他零件的选用等教学内容，培养学生工作中应以工匠精神为主线，具备踏实肯干、精益求精的精神。

元素 2：不畏困难、吃苦耐劳

相关教学内容：带传动、链传动、齿轮传动、轮系与减速器、平面连杆机构、凸轮机构、螺旋机构、间歇运动机构、设计与制作实验项目。

思政元素融入方法：通过对连杆机构、链传动、减速器等内部结构及工作原理的学习，让学生知晓研制开发新产品的艰难，培养学生踏踏实实、不浮躁、不气馁、吃苦耐劳的精神。

元素 3：勇于创新

相关教学内容：机械零件基础、设计与制作实验项目。

思政元素融入方法：通过平面连杆机构的创新设计及制作、机能造型设计与模型制作等实验，培养学生革故鼎新的创新精神。

元素 4：四个自信

相关教学内容：机械结构的常用材料、零件的结构工艺性。

思政元素融入方法：以案例教学的方式，结合播放中央电视台《大国重器》等素材展示国家所取得的伟大成就，激发学生的民族自豪感和爱国热情，增强学生的"四个自信"。

元素 5：历史使命感

相关教学内容：机械设计概述、机械零件基础。

思政元素融入方法：通过对比国内外机械产品发展水平与发展差距，讲解机械工业在现代化建设、国民经济中的地位，鼓励学生要努力学习、为国家奉献自己的一份力量，培养学生的历史使命感。

六、典型教学案例

案例 1

1. 知识点

轴。

2. 思政目标

培养学生的文化自信、一丝不苟的工作态度、不畏困难的工作精神。

3. 教学过程

首先，介绍轴的功用与分类。例举汽车上连接变速箱与后桥的轴、自行车前轴、我国古代脚踏水车的轴，学生上网搜索三种轴的照片，分析上述三种轴的不同功用，师生共同总结轴的功用与分类。通过讲解我国古代脚踏水车的轴引入我国古代机械用具的发明，这些发明凝聚了中华民族劳动人民的聪明才智，机构设计独具匠心、巧妙绝伦，以此培养学生文化自信的民族气魄、爱我中华的国家情怀。思政素材：古代脚踏水车又称龙骨水车。约始于东汉，三国时发明家马钧曾予以改进。南宋陆游《春晚即景》中描述："龙骨车鸣水入塘，雨来犹可望丰穰。"先人们在劳动中创造出来的农耕工具，此后一直在农业上发挥巨大的作用。

其次，强度计算、设计轴的直径。举例讲解儿童游乐场某游乐设施中的轴的直径计算，学生举一反三，做练习题——计算摩托车传动系统中的轴，教师巡视辅导、答疑解惑。要求学生作答时要规范、严谨、认真。如遇到学生答题马虎、做题不规范、查表不准确的情形，引入黄旭华院士的工作事迹，进而培养学生精益求精、一丝不苟的工作精神。思政素材：获得"2019 年度国家最高科学技术奖"的黄旭华院士是中国第一代攻击型核潜艇和战略导弹核潜艇总设计师。黄院士工作中一丝不苟、精益求精，例如：带领设计人员经过反复计算、分析、研究，通过调整核潜艇内设备布局，解决了 65 吨大陀螺的问题，而且摇摆角、纵倾角、偏航角、升沉都接近于零。1988 年初，核潜艇按设计极限在南海做深潜试验。黄旭华亲自潜入水下 300 米，指挥试验人员记录各项有关数据，成为世界上核潜艇总设计师亲自下水做深潜试验的第一人。

最后，轴的结构设计。学生边做边学，教师巡视辅导，学生做轴系结构拼装实验，学习轴的结构设计，师生共同总结轴的结构设计知识要点。在边做边学中，学生遇到困难产生畏难情绪时，教师适时介绍重庆穿楼轻轨，激发学生不畏困难、勇于探究的工作精神。思政素材：网红打卡地——"穿楼过桥"式重庆轻轨，是工程技术人员经过长时间的探索而取得的巨大成就。轻轨最开始引进的是日本技术，不但技术受制于人，而且价格昂贵，如重庆轻轨 2 号线，有一次单是换轮胎就花费了 100 多万元。为摆脱受制于人的局面，工程技术人员展开了国产化科研攻关，经过不懈努力，我国现在已与日本和加拿大并列全球轻轨车辆制造业前三甲，并已实现技术的输出，如韩国、印度尼西亚等。

4. 学习资源

①范思冲编：《机械基础》（第 4 版），机械工业出版社 2016 年版；

②胡锡进：《党领导的强大体制对中国意味着什么?》，人民出版社 2019 年版。

案例 2

1. 知识点

平面连杆机构。

2. 思政目标

培养学生的历史使命感及勇于创新的工作精神。

3. 教学过程

首先，介绍四杆机构的基本类型。结合破碎机、内燃机、惯性筛等模型，启发式讲解四杆机构的类型及工作原理，学生分组讨论并进一步分析理解四杆机构的类型及工作原理。通过讲解内燃机这一四杆机构的工作原理引入我国制造业与国外制造业的差距，培养学生要怀有民族复兴大任的历史使命感。思政素材：我国制造业"卡脖子"问题凸显，工业"强基"迫在眉睫。中国工程院制造业研究室主任屈贤明曾说过，如今，我们已经是世界第一制造业大国，拥有联合国产业分类中全部工业门类，然而在很多领域，我国制造业存在的"卡脖子"问题越来越突出，工业化基础相对薄弱问题依然存在，提高、强化工业化基础能力迫在眉睫……举例来讲，基础零部件/元器件，包括高端芯片和传感器、关键基础材料、基础检测检验设备和平台、关键制造工业和装备、基础工业软件等，不能实现完全自主可控，有相当一部分需要依赖进口。

其次，运用四杆机构工作原理，学生制作四杆机构简易模型。学生利用所学的四杆机构知识，创新设计并制作生活用品用具的机构模型，教师检查机构运动简图及模型成品，进行小组答辩，教师总结并鼓励学生申请实用新型专利。在学生创新设计前，教师通过介绍大疆无人机，鼓励学生要勇于尝试，培养学生勇于创新的奋斗精神。思政素材：中国大疆无人机风靡全球后，美俄军队带头搞研发对抗。大疆创新科技有限公司 2006 年创立，是全球领先的无人飞行器控制系统及无人机解决方案的研发和生产商，客户遍布全球 100 多个国家。截至 2016 年，大疆创新在全球已提交专利申请超过 1500 件，获得专利授权 400 多件，2017 年 6 月，入选《麻省理工科技评论》"2017 年度全球 50 大最聪明公司"榜单。大疆的企业精神是："大道无疆，创新无限"。

4. 学习资源

①范顺成、李春书主编：《机械设计基础》（第 5 版，多学时），机械工业出版社 2019 年版；

②马化腾等：《粤港澳大湾区：数字化革命开启中国湾区时代》，中信出版社 2018 年版。

七、教学反思

习近平总书记在高校思想政治工作会上强调，要坚持把立德树人作为中心环节，把思想政治工作贯穿教育教学全过程，实现全程育人、全方位育人的教育理念，将人文素养的培养与专业教学紧密结合。教师不仅应具有专业知识的传承作用，也应具有在新形势下承担学生思想政治教育的重任。教学中，笔者通过案例教学融入精益求精、一丝不苟的工作精神；通过理论与实践相结合融入不畏困难、勇于探究的奋斗精神；通过情感共鸣融入责任和使命等思政教育，使专业知识与思政教育有机地融为一体，让思政教育做到润物细无声。笔者在思政教育中也还有许多待提高之处，如还应不断提高自身思想政治素养、深入挖掘教学资料的思政元素。总之，只要多实践、多总结，找到适合自身和生物化学工程学院学生自身的教育方式方法，终将能够实现知识传授与价值引领的有机统一，达到培养学生具有良好的人文素养和专业能力的目的。

执笔人：何林青

传热学课程思政教学案例

一、课程基本信息

课程性质：专业必修课

学分：3　　学时：48

授课对象：本科二年级学生

二、授课教师基本情况

张传钊，副教授，博士，毕业于北京科技大学动力工程及工程热物理专业，2014 年进入北京联合大学生物化学工程学院建筑环境与能源应用工程专业工作，主讲理论课程：传热学和建筑环境测试技术，实践课程：认识实习，主持完成北京市自然科学基金项目 1 项，主持北京市教委科研计划一般项目 1 项，主持完成横向课题 3 项。

三、课程内容简介

本课程是建筑环境与能源应用工程专业的必修课程，主要研究热量传递的基本规律，阐述了热量传递的三种基本方式（热传导、热对流和热辐射）的机理，用数学分析方法分析了传热过程的规律，并对复杂传热问题的分析方法进行了介绍，从而使学生能够掌握一般传热设备的热设计计算（包括简单情况下的温度分布和换热量计算），了解增强或减弱换热的基本方法及途径，为后续专业课程的学习打下基础。

四、课程思政教学目标

第一，学生在学习的过程中逐渐学会严谨求实的工作作风与工程思维。

第二，学生在学习的过程中利用具体问题具体分析的思想与辩证思维看问题的思路，利用专业知识解决城市发展中的能量利用和传热问题，并建立起社会责任感。

第三，树立以人为本的意识。充分认识到社会、能源、文化、环境因素，建立标准规范意识。

五、课程思政融入设计

元素1：学生在学习的过程中逐渐学会严谨、求实、诚信的工作作风与价值观

课程理论性较强，课程中关于传递热量的计算公式很多都是实验关联式，在讲解如何正确对待和处理实验数据时，可以对社会主义核心价值观进行诠释，强调诚信的重要性。

元素2：学生在学习的过程中逐渐学会一切从实际出发的工程师思维

课程中很多概念和定律的发现都源于生产和生活实际，可以融入实践是检验真理的唯一标准和理论联系实际等思政元素，要求学生在学习专业课知识时，多联系实际的生活和生产过程，能够利用理论知识解释生活中的现象。

元素3：学生在学习的过程中逐渐培养起对社会的责任心

针对课程的研究对象——热能的利用，可以融入能源的利用与可持续发展的思政元素，在课堂中培养学生的节能意识。由热设计和热控制问题引出生态文明建设的重要性，强调工业废液及废热的处理，要求学生在今后的课程设计、毕业设计及各类工程设计中要考虑环境、生态及安全等因素的影响。

元素4：增强学生的民族自豪感

在授课过程中，讲授我国的节能领域的发展，以及如何打破国外封锁、从无到有，建立自主独立的研究体系并逐渐赶超与领先的过程，增强学生的民族自豪感。

元素5：增强学生的法律意识

在授课过程中的"数值模拟上机"环节，讲授软件著作权的重要性，教育学生以后从事设计工作要有法律意识，要使用授权的数值模拟计算软件，使用他人的模型要经过授权。要有防范风险意识，避免卷入法律纠纷。当国家、人民和自身利益遇到侵害时，能够根据自己的专业知识、利用现有的法律法规，敢于揭露和曝光知识产权等方面的违法犯罪行为，维护国家、人民和自身的合法权益。

六、典型教学案例

案例1 肋片传热问题分析

1. 知识点

肋片传热的基本原理、肋片的传热过程、强化传热的原则及辩证思维看待传热问题。

2. 思政目标

培养学生用辩证思维看问题的能力。

3. 教学过程

首先，通过列举周围的例子——空调，指出：空调虽然为人类提供了舒适的环境，但也消耗了大量能源、资源。高耗能建筑已给社会带来了沉重的能源负担，制约了我国可持续发展的步伐。我国建筑运行总能耗占全国总能耗的1/3，加上全过程的能耗，社会的一半能源消耗都在建筑里。引出空调系统中的核心部件——换热器，进而引出一种特殊的换热器——肋片。复习之前的相关知识，理论是从实际出发的，引出本专业是实践性很强的专业，我国已经将节能建筑作为一项长期发展的战略，这也是未来建筑行业发展的主流趋势。通过对我国建筑能耗的分析，逐渐培养学生的社会责任感。给出本堂课的学习目标。

其次，提问学生对肋片的直观印象——生活中的肋片，培养学生善于观察、勤于思考的能力。展示专业中的肋片实物，并抽象出物理模型。当需要从定量的角度分析和研究一个实际问题时，就要在深入调查研究、了解对象信息、做出简化假设、分析内在规律等工作的基础上，用数学的符号和语言作表述来建立数学模型，培养学生严谨的工作态度。对肋片的物理模型进行数学分析，得到其传热规律，介绍西安交通大学的陶文铨院士团队的相关研究进展。西安交通大学热质传递的数值预测控制及其工程应用创新团队荣获2017年度国家科技进步奖的创新团队奖。他们开创了国内传热数值预测研究的先河，发展成为国际计算传热及强化传热研究的一支引领团队。越来越多的"中国身影"出现在国际传热学研究领域前沿，增强民族自豪感。得到结论——肋片的设计原则。在传热系数小的一侧设置，可以达到强化效果和节约材料的目的。从得到的肋片设计原则中，进一步引出其在实际工程中的应用限制——肋片无限高会如何？培养学生辩证思维，理论去指导实践，培养学生求真务实严谨的治学态度及作风。

4. 学习资源

章熙民等编著：《传热学》（第六版），中国建筑工业出版社 2014 年版。

案例 2 对流换热关联式的具体应用

1. 知识点

利用关联式计算对流传热的计算方法、分析对流换热传热过程、工程思维看待问题。

2. 思政目标

培养学生用工程思维看问题的能力与团队合作精神，通过户外场地供热方案的算例，提升民族自豪感与学以致用的态度。

3. 教学过程

导入：户外供暖中有何特殊之处？热源有何要求？2022 年北京—张家口冬奥会即将举办，对全中国来说是向世人展示中华民族团结气氛和中国经济实力与科技水平的一项重要赛事活动，目前户外场地无任何采暖设施，因为露天环境的对流换热作用极强，不利于热量的聚集。从我国即将举办举世瞩目的冬奥会出发，提出作为本专业的工作者能为冬奥会做些什么，提升民族自豪感。

学习目标：给出本堂课的学习目标，学会对户外现场进行简单分析，并确定供热的基本形式。学会对流换热关联式，计算出供热方案的基本参数。

需求分析：户外冬季项目观赛人数多，个体需求差异大。研究表明，除人的性别、年龄、身体状况不同带来的对寒冷的耐受力不同之外，长期生活在不同气候区的人对寒冷的耐受力也明显不同，并且，不同季节转换时人（如从温暖区域转向寒冷区域）的热感觉也不同，这就要求开发针对个体的可控加热装置。

分组讨论：什么样的设备形式可以应用在户外场馆中实现个体需求的加热，并最大程度节能？对学生提出的不同方案进行可行性分析；展示目前户外场馆燃气辐射式供暖方案，从安全性、经济性、舒适性等各个方面进行分析。对流换热要消耗大量热空气，但舒适程度较高，辐射换热不占用座椅空间，但是辐射距离远、热源温度要求较高。

研究进展分析：目前体育馆一般采用对流座椅送风与辐射供热的形式；图片展示：日本巨蛋体育场、欧洲某足球场；方案的初步确定——对流换热；

分组讨论，对确定的方案绘制简图，进行标注细化，并讨论施工过程中可能遇到的问题。

方案的细算：对流换热系数的计算。确定下来换热器的形式之后，需要进行细化计算，首要任务为计算对流换热系数，前面已经学习了对流换热关联式的由来及分类，根据不同的对流换热形式，选择相应的对流换热关联式。首先，确定定性温度：

$$t_f = \frac{1}{2}(t_{in} + t_{out})$$

其次，根据定性温度，查表或计算确定关联式中的参数，进而计算出对流换热系数。目前常用的为以下形式，需要具体问题具体分析。具体如下：

第一种情况：$Nu_f = 0.023\ Re_f^{0.8}\ Pr_f^n$

适用范围：$l/d > 10$，$Re_f > 10^4$，$Pr_f = 0.7 \sim 160$

第二种情况：$Nu_f = 0.027\ Re_f^{0.8}\ Pr_f^{1/3}\ (\mu_f/\mu_w)^{0.14}$

适用范围：$l/d > 10$，$Re_f > 10^4$，$Pr_f = 0.7 \sim 16\ 700$

第三种情况：$Nu_f = 0.021\ Re_f^{0.8}\ Pr_f^{0.43}\left(\dfrac{Pr_f}{Pr_w}\right)^{0.25}$

适用范围：$l/d \geq 50$，$Re_f = 10^4 \sim 1.75 \times 10^6$，$Pr_f = 0.6 \sim 700$

若有弯管，则需要查表引入修正系数。

温差的计算中管内流动计算采用对数平均温差的形式：

$$\Delta t_m = (\Delta t' - \Delta t'') / (\ln \Delta t'/\Delta t'')$$

最终结果以表格形式给出，需要列出的内容为：

对数平均温差、定性温度、壁温下动力黏度、流体温度动力黏度、运动黏度、导热系数、定压比热容、雷诺数 Re、普朗特数 Pr、努谢尔特数 Nu、对流换热系数、换热面积、换热管长度、需要热流量、每千克发热材料维持时间、持续 2 小时所需材料。

4. 学习资源

章熙民等编著：《传热学》（第六版），中国建筑工业出版社 2014 年版。

七、教学反思

第一，对每章知识点进行详细讲解前，先交代清楚本章主要学习什么内容，为什么要学习这些知识点，以及如何去学。这样可以引起学生的学习兴趣，让学生有针对性地学习章节的具体内容。

第二，引导及互动式教学。本课程概念多、公式多、图表多、理论性强，要求学生具有较好的数学基础和抽象思维能力，极大地降低了学生的学习兴趣。为了克服这一困难，任课教师采用引导及互动式的教学方法，即教师提出问题（工程应用实例）—引导学生质疑—课堂讨论—教师总结讲评。通过此种方法，能够较好地激发学生的学习兴趣，活跃课堂气氛。

第三，线上线下相结合。结合当代大学生的特点，即对一味地被灌输理论知识比较排斥，喜欢网络交流，且熟练掌握网络平台的使用方法，本课程即采用线上和线下相结合的授课模式。任课教师通过课程网络学习平台等方式，将与课程相关的新闻或文献资料上传，一方面拓展学科知识、了解行业动态，另一方面了解时事新闻与政策，关注社会发展，增强学生的行业意识和社会责任感。

第四，采用多元化的考核方式。为了加深学生对基本概念和定律的理解及应用，本课程采用了多元化的考核方式。课程考核依据学生的课堂表现情况、作业完成情况、网络平台学习参与度及章节测试题成绩、实验操作及实验报告成绩、阶段考试和期末考试成绩等进行综合评价，一方面能够促进学生的课程知识的深入学习，提高其学习的主动性，另一方面还可以提高学生充分利用现代工具分析和解决实际问题的能力，提升其实践应用能力。

执笔人：张传钊

工业设计史课程思政教学案例

一、课程基本信息

课程性质：专业必修课

学分：2 学时：32

授课对象：工业设计专业本科二年级学生

二、授课教师基本情况

王婧菁，讲师，湖南大学设计艺术学院硕士，主要研究方向为工业设计理论和产品设计意向，并一直从事与工业设计相关的教育教学科研工作和设计实践，主讲工业设计史、模型及样机制作等课程。

三、课程内容简介

本课程授课对象为工业设计专业二年级本科生。课程内容涵盖了整个中外人类社会设计文明的历史，涉及建筑史、艺术史、科学技术史等诸多领域，介绍了在人类历史中，特别是工业革命以来设计发展演变的脉络，包括各种设计学派、设计风格、著名设计师及其作品以及设计发展的历史条件。本课程建议预修专业导论，并为后期的课程奠定坚实的专业基础，为专业相关工作做准备。这对于学生正确理解工业设计内在动力与源泉、把握工业设计的未来发展有非常重要的作用。

四、课程思政教学目标

第一，培养学生辩证看待中外设计发展史中，特别是工业革命以后设计发展演变的脉络，包括各种设计学派、设计风格、著名设计师及其作品的特色以及设计发展的历史条件，使学生正确理解工业设计内在动力与源泉，把握工业设计的未来发展趋势，兼容并蓄。

第二，培养人文关怀。工业设计旨在人们创造更舒适、安全、美好的产品和生活方式。工业设计正在解决人类社会现实与未来的问题，正在创造、引导人类健康的工作与生活。

第三，提升民族自信心和使命感。通过对未来设计趋势的展望，认识到从"中国制造"到"中国创造"中设计师承担的使命。

五、课程思政融入设计

元素 1：中国传统手工艺对现代设计的启示

此元素在课程第一单元中融入。在课程的讲授中，介绍中国手工艺发展史阶段出现的几个典型性手工艺品的功能、形态、材料及当时的工艺，之后分组讨论该手工艺品的功能与形态有什么关联、形态如何传达产品的功能。深刻理解"形式追随功能"这一设计理念的重要内涵。培养学生客观理解工业设计与传统手工艺的关系，看待不同时期和地域变迁，理解世界工业设计发展基本线索及风格演变。

传统手工艺作为中国历史传统文化的重要组成部分，不仅具备了艺术形态，而且还记载了人类的文明历程，呈现了当时的社会经济和文化气息。在现代设计中，中国传统手工艺独特的艺术魅力、其自然材料的亲近感、匠人与工具的融为一体、随意表达的方式等对现代各领域设计产生了重要的影响和启示。但是，由于受到社会政治的变革、经济体制的改革以及全球化进程中传统文化与现代文化、传统技术与机械科技、民族地域与世界等多方面因素的碰撞与挑战，中国传统手工艺的未来之路面临严峻考验。一方面可以为文化创意产品赋予浓厚的历史气息，使其不再单调乏味、缺乏传统文化内涵；另一方面，可以将中国传统手工艺所追求的哲学思想、审美观念、匠人精神依附于文化创意设计产品展现出来。中国传统手工艺的未来发展需要在当今市场中寻求发展机遇，不仅仅需要通过博物馆收藏展览、非物质文化遗产申报、设立法律法规等一系列措施受到保护，更重要的是，当下文化创意产业的兴起为传统手工艺的传承带来了希望，以文化创意产品为实物载体的传统手工艺创新设计，创造出符合现代发展的传统手工艺类的文化创意产品。

元素 2：设计方法中蕴含的辩证关系

此元素在课程第二单元中融入。在课程的讲授中，对产品设计中的形式与功能的关系进行深入理解，阐明为何产品的形式要准确表达功能，包括使用功能和使用者的心理需求的表达。培养学生探寻设计语言中的"道理"，而不再为"造型"而"造型"。同时，通过借鉴马克思主义哲学原理，讲解设计中的"共性"和"个性"。马克思主义哲学基本观点本身就是对整个世界的各个具体环节的抽象与概括，是遵循由个别到一般，由个性到共性的逻辑思维而形成的对整个世界的总的看法和基本观点。因此，借用这一观点，在设计中合理分析设计对象，找出设计元素的主次，在设计前的市场调查、设计思维、设计分析、设计构思等阶段非常关键。

元素3：设计中的人文关怀

此元素在课程第三单元中融入，无障碍设计指一切有关人类衣食住行的公共空间环境以及各类建筑设施、设备的使用，都必须充分服务于具有不同程度生理伤残缺陷者和正常活动能力衰退者（如残疾人、老年人），营造一个充满爱与关怀，切实保障人类安全、方便、舒适的现代生活环境。在本章的教学内容中的斯堪的纳维亚地区的设计这一章节，可结合无障碍设计在北欧设计风格中的应用，培养学生的人文关怀。

同时，人性化观念的形成其实早在中国古代的儒家学说所推崇的人本主义思想中就有体现，西方文艺复兴时期人文主义思想更是得到了发展。随着社会的进步、经济的发展，人们的物质生活水平得到了极大的提升，"人性""人本"等思想更加受到重视，在设计中，"人文关怀"一词有其独特的内涵和外延，即在设计文化中提倡一种以提升人的价值、尊重人的自然发展的需要和社会需要、满足人们日益增长的物质和文化需求为主旨的设计观。

元素4：设计中的可持续理念

此元素在课程第四单元中融入。在课程教学中融入现代设计理念，如系统设计、服务设计等，强调可持续设计中人和环境的和谐发展，要求设计既能满足当代人需要又兼顾保障子孙后代永续发展需要的产品、服务和系统。

可持续设计体现在四个属性上，即自然属性、社会属性、经济属性和科技属性。就自然属性而言，它是寻求一种最佳的生态系统以支持生态的完整性和人类愿望的实现，使人类的生存环境得以持续；就社会属性而言，它是在生存于不超过维持生态系统涵容能力的情况下，改善人类的生活质量（或品质）；就经济属性而言，它是在保持自然资源的质量和其所提供服务的前提下，使经济发展的净利益增加至最大限度；就科技属性而言，它是转向更清洁、更有效的技术，尽可能减少能源和其他自然资源的消耗，建立极少产生废料和污染物的工艺和技术系统。

元素5：中国自主创新品牌提升民族自信心

此元素在课程第四单元中融入。通过对国有品牌的介绍，如海尔、海信、华为等，让学生了解中国工业设计和设计教育的发展之路，从"中国制造"到"中国创造"，从低端、廉价、模仿到高技术、高质量、高品质，自主创新的成果不仅仅提升了我们的民族自信心，更让我们坚定了走自己的路的信心。中国梦的底气需要中国制造、中国品牌，中国人的骄傲和自豪需要中国制造、中国品牌，我们渴望复兴，但真正的复兴确实需要自主创新、需要深化改革，创新是一个民族的进步之魂，创新是一个民族进步的不竭动力，创新是一个民族真正屹立于世界之林的内核所在。中国制造的标签发生了翻天覆地的变化，中国制造正经历着一场"蝶变"，提升了学生的民族自信心、自豪感。

六、典型教学案例

案例1

1. 知识点

中国传统手工艺与设计。

2. 思政目标

了解设计发展的手工艺阶段中中国手工艺设计中的经典作品。

3. 教学过程

首先，介绍手工艺阶段中，中国手工艺设计代表作品。选取典型案例，如小口尖底瓶、影青执壶、长信宫灯、汉代漆器、明代家具等进行材料和器型的介绍，对青铜器的两种加工工艺过程及原理——"熔铸法"和"失蜡法"——进行介绍。

其次，介绍手工艺作品中蕴含的设计方法。小口尖底瓶形态及表面纹案的由来、产品如何朴素地传达"形式追随功能"；影青执壶形态中蕴含的设计方法——师法自然以及什么才是有道理的师法自然；长信宫灯的设计中如何巧妙地做到产品与环境的和谐；等等，结合这些现代设计方法，发掘传统手工艺设计的智慧和独特魅力。

再其次，思考与讨论。小口尖底瓶的材质为陶土，可表面纹案为何是编织的图案？分析人们的认识与设计形态表达之间的关系，并对比早期的汽车设计与马车形似的状况，讨论其中共同的原因。

最后，布置课后作业。用示意图解释"熔铸法"和"失蜡法"的原理。

4. 学习资源

纪录片《手造中国》。

案例 2

1. 知识点

斯堪的纳维亚设计。

2. 思政目标

了解斯堪的纳维亚设计中的人文关怀，树立为了人民健康和美好生活而设计的社会责任感和职业道德。

3. 教学过程

首先，介绍斯堪的纳维亚地区自然环境和设计风格的关系。由于斯堪的纳维亚半岛地理纬度较高，有部分地区地处北极，冬季漫长而且寒冷难耐，启发学生思考在这样特殊的自然环境下，人和产品，特别是家具产品的关联是什么？如何通过设计让人们在产品和环境中找到安全舒适的生活方式和心理慰藉？

其次，什么是斯堪的纳维亚设计？对斯堪的纳维亚设计简洁与实用的设计风格进行介绍，让学生从中了解如何通过造型、材质甚至颜色的设计，让产品在实现使用功能的同时，更传递附加值。选取家具、灯具、玻璃器皿等传统制造业以及新兴的电子等现代化产品设计方面的设计案例，特别是对瑞典、丹麦、芬兰三国的设计品牌进行介绍，如宜家、伊莱克斯、PH 灯等品牌，分析产品和人之间的关系。

再其次，思考与讨论。启发学生思考设计中的人文关怀，以及设计师应该担负的社会责任。同时通过对伊莱克斯品牌设计管理的学习，让学生讨论设计的品牌的本土化是如何实现的、本土化对于品牌发展有哪些作用。

最后，布置课后作业。观看 BBC 纪录片《民主的设计》，选取印象最为深刻的一件产品进行介绍，并说明这件产品与使用者的关系。

4. 学习资源

①王受之：《世界现代设计史》，中国青年出版社 2002 年版；

②Alison Fisher et al.，*Georg Jensen：Scandinavian Design for Living*，Art Institute of Chicago，2018.

案例3

1. 知识点

未来设计的展望。

2. 思政目标

了解改革开放以来我国工业设计的发展简史，了解中国设计如何从"中国制造"走向"中国创造"。

3. 教学过程

首先，介绍我国工业设计的品牌及设计竞赛。通过介绍我国工业设计及设计教育的发展、我国自主设计代表品牌及知名设计活动和竞赛，使学生更好地掌握我国的工业设计发展历程。同时，选取海尔、海信、小米、华为等自主设计品牌及其代表性的产品进行分析，增强学生的文化自信。

其次，思考与讨论。解决从中国制造到中国创造的问题，除工具和技巧之外，设计师应如何做到转变观念？设计背后的逻辑和创造行为是如何实事求是、适应性地解决问题的？

再其次，案例分析。选取小米、华为等自主设计品牌的某些代表性产品，分析设计如何提升产品的附加值，本土企业如何通过设计提升产品和品牌的附加值，进而提高产品和品牌在国际市场的知名度和竞争力。

最后，布置课后作业（每人单独完成）。观看纪录片《为中国而设计》，扩展学生的知识维度，提升设计修养，了解传统文化在设计中应用的领域和现状，结合本课程内容撰写观看心得。

4. 学习资源

陈瑞林编著：《中国设计史》，湖北长江出版集团、湖北美术出版社2009年版。

七、教学反思

第一，适合本专业和本课程的课程思政素材还不够丰富，特别是本课程涉及的主要内容均为工业革命之后设计发展史的流派、案例、人物，而这些内容以西方发达国家居多，因此需要在后续的教学研究活动和交流活动中持续积累适合课程思政的教学案例。

第二，需要探讨和寻找更为生动的案例及教学方法，力求做到课程思政的"润物细无声"，使学生在掌握专业知识的同时，受到感染，把"枯燥"

的思政课变得"有滋味"。在今后的授课中应更多地引入启发式、实践性教学方法，把教学重点、理论难点、社会热点及学生特点紧密结合，深入浅出地引导学生树立正确的人生观、价值观。

第三，在后续的作业和考试的设计中，应突出课程思政教学效果的考核，对于课程思政教学效果的评估还应更加直观和量化。

执笔人：王婧菁

供热工程课程思政教学案例

一、课程基本信息

课程性质：专业必修课

学分：3　　学时：48

授课对象：建筑环境与能源应用工程专业本科三年级学生

二、授课教师基本情况

陈福祥，副教授，主要研究方向是制冷空调技术及应用，在中央空调工程设计和安装施工技术方面具有一定建树，主讲供热工程、建筑给水排水工程等课程。

三、课程内容简介

本课程是专业核心课程。学习目标：住宅与公共建筑的供暖工程设计。学习内容包括：供暖工程的设计任务、设计流程、设计规范和行业标准等；供暖方案类型、热负荷计算、水力计算和设备选型等。学习成果形式：能够借助教材、设计手册和设计软件等工具，对供暖工程的每个设计环节进行科学的论证、设计和计算，完成一套可行、规范的设计方案和计算说明书，生成一定的工程思维。

四、课程思政教学目标

以供暖工程设计为学习导向，进行暖通空调领域的职业规划，认知暖通工程师的家庭责任、岗位责任和社会责任；遵守职业道德和行为规范，养成自律意识与修正能力；建立批判思维，在学术上能够独立思考、去伪存真，坚持实事求是、诚实守信和严谨治学的职业操守。

五、课程思政融入设计

元素 1：理清职业方向，提高学习动力

课程学习与职业定位之间不是独立的，二者之间具有很强的相关性。在暖通空调建筑工程领域，主要有五类就业方向：工程设计、工程造价与咨询、安装施工组织管理、运行管理、设备销售。这五类就业方向的核心职业能力是"暖通空调工程设计"，即空调、通风、采暖和消防给排水的工程设计。在知识结构上，如果学生具备了"暖通空调工程设计"这一核心职业能力，也就具备了其他四类职业能力。本课程的学习目标是"供暖工程设计"，这是核心职业能力的重要组成部分。

理清课程学习目标，加强课程学习动力，提高课程学习效果。以陈思帆、张皓钰、马硕、张子键等学生为例，在"供热工程的课程内容"以及"供暖工程"的负荷计算、散热设备选型计算、室内供暖管网、热站等教学内容中融入这一思政元素，让学生对未来的职业范围有一个清晰的辨识，并结合自身的特质、性格、兴趣、家庭经济状况等因素，选择适宜的职业方向，从而推进学生的个性化发展，实现成果导向的课程学习。

元素 2：树立家庭责任观，有效担当社会责任和国家责任

当代大学生成长环境具有一定的特殊性，培养当代大学生的家庭责任观已刻不容缓。家庭责任就是父母之责、儿女之责和夫妻之责；成家立业就是经济独立、业有所成和角色担当。不论是在"独生子女"这一特殊的历史阶段，还是在现在"单独二孩"政策下，挖掘并打造家庭责任观，是当代大学生学习、成才和立业的最直接、最有效的动力。

家庭责任观有深厚的中国传统文化背景，有强大的家庭道德伦理基础。所谓的家国情怀，就是有国才有家，家兴国家兴。以王晓涛、陈思帆、段惠斌等学生为例，在"供热工程的课程内容"以及"供暖工程"的负荷计算、散热设备选型计算、室内供暖管网、热站等教学内容中，穿插介绍暖通空调行业人才市场现状，即：设计工程师、造价工程师和项目经理等工程师型人才短缺，该工作界面广、劳动强度大，但收入较高。鼓励学生成才、立业、经济独立并承担家庭责任，进而在职业岗位和社会活动中生成社会责任和国家责任。

元素 3：强化自律意识，注重职业道德和行为规范的养成

同届同班的大学生之间"学习能力"的差异并不大，导致学习成果差异

较大的主要因素是"自律能力"的差别，这包括学习、生活等方面。上课玩手机、课下痴迷游戏、夜里不睡、早上不起等不良习惯，导致学生学习成绩明显下降，甚至不能如期毕业。

在考勤点名、收集作业、课堂互动、集中训练等环节中，注重学生自律意识的养成。以杜晓闯、肖金等同学为例，鼓励学生学习自律、休息自律、健身自律、娱乐自律、饮食自律、消费自律、待人自律、谈吐自律等；不透支身体，不透支财力；不痴迷游戏，不痴迷攀比；不荒废学业，不浪费青春。

在供暖工程设计的各个环节中，给学生讲解职业道德和行为规范等方面的工程案例，教育学生严格自律、遵纪守法、拒绝灰色收入的诱惑，为了前途、为了家人要坚守底线。

元素4：建立批判思维，引导学生独立思考、去伪存真、诚实守信

20多年来，在供暖技术领域出现了诸多伪学术和假技术，并在推广和应用上风靡一时，给国民经济和环境生态等方面造成了巨大损失。例如：溴化锂的效率衰减、变风量的失调与短板、水源热泵对水资源的惊人破坏、农村煤改电（热泵）的欺骗性等。

由于我国在产品质量和性能检测的监管方面上存在许多盲区和漏洞，在供暖方案的选择这个设计环节中，要高度重视传统供暖技术的可靠性，要鼓励学生善于思考和调查研究，即：供暖工程方案注重可靠性，产品生产技术注重创新性。

六、典型教学案例

案例 1

1. 知识点

供暖工程的设计内容。

2. 思政目标

认知供暖设计工程师的工作内容、岗位职责和专业能力，领悟供暖设计工程师的家庭、社会和国家三方面的责任担当。

3. 教学过程

首先，讲授供暖工程的设计内容，包括：专业知识底蕴与基础、供暖设计任务与方法、设计者的责任与担当。

其次，在讲授中穿插案例，融入思政元素，包括：段惠斌、陈思帆、张

皓钰等学生职业目标、学习成果的案例；王晓涛、段惠斌、陈思帆等学生立志成才、责任担当的案例；马晓筠老师在暖通空调工程设计领域的权威性；陈玖玖老师的重大工程设计业绩及其知识底蕴；建筑工程设计行业的收入与追责案例。

再其次，通过认知行业分工与岗位职责，融入思政元素，包括：供暖工程领域的分类有哪些？同学们的就业目标倾向哪类？为什么？建筑设计领域的分工是什么？供暖工程设计任务是什么？必备专业知识有哪些？

最后，点评。注重表扬、鼓励与引导，融入思政元素，包括：引导学生理清职业方向，鼓励学生以职业能力为目标的课程学习；鼓励学生铸造职业能力，自强自立，勇于担当家庭、社会和国家的责任。

4. 学习资源

①王靖：《供热工程》MOOC 视频资料，河南城建学院网络教学；

②贺平等编著：《供热工程》（第四版），中国建筑工业出版社 2009 年版。

案例 2

1. 知识点

供暖工程设计、热源的选型等。

2. 思政目标

认知传统热源方案的可靠性，敢于质疑商业行为的可行性；为社会和国家负责，为环境和生态负责；学好课程练就真本领，敢于质询、批判伪学术和假技术。

3. 教学过程

首先，讲授供暖工程的热源类型及其选用原则。包括：锅炉供热、市政供热、土壤源热泵、空气源热泵、热源的市场现状及其可靠性。

其次，在讲授中穿插案例，融入思政元素，包括：①坚守底线，环境保护。北京地下水位下降的主因——水源热泵。②调查研究，勇于批判。华北地区水源热泵的失败率调研结果：98%。③吸取教训，拒绝商业误导。溴化锂机组因效率与寿命等短板，逐步被行业淘汰。④严谨治学，利国利民。农村煤改电的忧患：假空气源热泵。⑤去伪存真，回归传统。可靠的热源形式：锅炉供热、市政热力、土壤源热泵。

再其次，布置作业。关于热源的社会调研，融入思政元素，包括：我院的供暖热源的类型及其可靠性与经济性；小区供暖的热源类型及其可靠性与经济性；体验北方地区冬季供暖如果依靠分体空调热泵制热，是否可行？分析农村煤改电的热泵制热，比分体空调制热可靠吗？质疑农村煤改电的热泵制热，是依靠空气源热泵，还是依靠隐藏的电加热器？

最后，点评。注重鼓励、表扬和引导，融入思政元素，包括：鼓励学生实事求是、严谨治学的工作态度；培养学生坚守底线、保护环境的职业操守；引导学生调查研究、去伪存真的批判思维。

4. 学习资源

①王靖：《供热工程》MOOC 视频资料，河南城建学院网络教学；

②贺平等编著：《供热工程》（第四版），中国建筑工业出版社 2009 年版。

七、教学反思

经常旷课的学生、多门课程不及格的学生以及不能如期毕业的学生，是课程思政的重点研究对象。该类学生所占比例较大，这是一个普遍存在的问题。课程思政要有针对性，要接地气，要解决这类学生的实际问题。课程思政不是形式主义，也不是一阵风。立德树人、教书育人，是教师的分内工作、持续性工作。此外，立德先律己。任课教师在学识和品德等方面要做学生的楷模，在爱岗敬业、爱国爱民等方面要做行为世范。

执笔人：陈福祥

建筑环境学课程思政教学案例

一、课程基本信息

课程性质：专业必修课

学分：3 　　学时：48

授课对象：本专业的本科三年级学生

二、授课教师基本情况

田沛哲，副教授，主要研究方向是建筑环境与建筑节能，一直从事与暖通空调工程相关的工程设计、教育教学科研等技术和管理工作，具有较强的理论与实践并重的能力，主讲建筑环境学、通风工程等课程。

马晓钧，教授，主要研究方向是建筑环境与建筑节能，从事与暖通空调工程相关的工程设计、教育教学科研等技术工作，具有一定的理论与实践并重的能力，主讲建筑环境学、空气调节等课程。

李春旺，教授，主要研究方向是建筑环境智能控制与节能，曾获校级以上教学成果奖 10 项，主持和参与国家自然科学基金等各类课题 12 项，出版专著和教材 4 部，发表论文 20 余篇，授权专利 7 项，主讲专业导论、建筑设备自动化等课程。

张传钊，副教授，博士，主讲理论课程：传热学和建筑环境测试技术，实践课程：认识实习，主持完成北京市自然科学基金项目 1 项，主持北京市教委科研计划一般项目 1 项，主持完成横向课题 3 项。

三、课程内容简介

建筑环境学是专业核心基础课程，充分反映本专业学科的本质特点，有很强的专业导向作用，是正确合理运用暖通空调等专业技术手段的基础，与各门专业课联系紧密，实践性很强。教学内容围绕核心能力培养整合成了五大学习情境：建筑外环境、建筑热湿环境、室内空气品质环境、建筑光环境和建筑声环境。每个学习情境分别对应解决相对独立的建筑环境问题的能力，以利于学生就业后解决工程实际中遇到的问题。

通过学习，学生要能够分析建筑外环境对建筑内环境（热湿、空气品质、光和声环境）的影响，分析内环境的构成、特性、形成机理和影响因素，会运用专业的评价方法和指标对内环境进行测试和评价，在掌握建筑环境基本营造方法和理论依据的基础上初步具备建筑环境的综合控制能力，培养学生以正确的理念和手段解决实际建筑环境问题的能力。

四、课程思政教学目标

第一，树立可持续发展观。在专业实践中能正确认识和处理"人、建筑、环境"三者的关系。

第二，弘扬中国优秀传统文化。学习和挖掘我国传统地方民居中的建筑智慧，将从中获得的启发和灵感用于现代建筑内环境营造的研究和实践。

第三，培养责任感和使命感。充分认识到室内通风、日照和热环境营造对健康建筑和健康社区的影响，能够把人民对美好生活的向往与专业学习和实践的使命紧密关联。

第四，树立以人为本的意识。在工作中考虑社会、健康、安全、法律、文化、环境因素；在工程实践中理解并建立标准规范意识，履行社会责任。

五、课程思政融入设计

元素 1：人与自然和谐共生的可持续发展观

这个思政元素在"建筑与环境关系的发展中存在的问题"中融入。线上观看北京四合院和陕西窑洞室内环境采访和体验视频，线下讲授建筑环境的发展历程和目前所面临的新课题，分组讨论"为什么要从'人定胜天'的工业革命成果回归到'天人合一'尊重自然的发展思路上来？"，深刻理解我专业从仅注重机械设备系统的暖通空调工程师过渡到重视人与自然之间关系的建筑环境与能源应用工程师的人才培养定位转变的重要意义。

元素 2：我国传统地方民居的建造智慧对建筑节能的启发和领悟

这个思政元素在"建筑与环境的关系"中融入。线下案例教学、分析中国传统地方民居是如何智慧地处理人、建筑、环境三者关系的（因地制宜、就地取材、环境友好），讨论这些中国优秀传统文化对现代建筑真正实现建筑节能（一定是降低建筑能耗而非仅仅提高建筑能效）的启发，理解国家发展被动房的目的和意义。课后作业：查阅资料，深度感受、体验和表达对建筑环境的认知，分组完成大作业"初识建筑环境"视频拍摄和制作、线上分享、课上答辩。

元素3：减少热岛效应和雾霾、改善城市微气候的责任

这个思政元素在建筑外环境"城市微气候"和"室外气候"中融入。线上观看热岛效应、空气污染等视频，线下分析热岛效应、雾霾等大城市病的成因，就某典型案例讨论通过优化建筑设计降低热岛效应的有效举措、如何通过建筑节能减少雾霾，理解节能减排、美丽中国建设的迫切性。课后指导学生通过综合性、设计性实验对热岛效应等进行实地测试和分析，在实验选题、实验设计和实验结果分析中强化学生对可持续发展观的理解和认知。

元素4：营造舒适室内环境、推动健康建筑发展的使命

这个思政元素在建筑外环境"太阳高度角和太阳方位角""日照与建筑物的配置"和室内空气品质"室内空气环境标准和营造方法"中融入。线下讲授建筑日照、通风设计的理念和原则，把日照通风设计作为强制性标准的目的和意义（健康中国、人民幸福生活的追求），讲授室内空气品质的现状和治理方法。案例教学：某开发商售楼时按照不同日照时间的户型定价；学生利用太阳高度角计算不同楼层一年中的日照天数选择适合自己的户型，阐述其原因；针对某特定住宅和居民，分组设计完成室内空气治理的方案和设备选型。课后指导学生开展相关的综合性、设计性实验，培养学生运用专业知识践行"必须把人民对美好生活的向往作为奋斗目标"的使命感。

元素5：工程实践中以人为本的意识和社会责任

这个思政元素在建筑声环境"噪声的控制与治理方法"和建筑光环境"视觉与光环境"中融入。线上观看冷却塔噪声污染和玻璃幕墙光污染引发法律纠纷的视频，线下现场感受离心风机、轴流风机、水泵、制冷机组、空调机组、风道、新风机等专业设备和系统的噪声污染，体验玻璃幕墙等的光污染。案例教学：通过声、光传播机理和影响因素的分析，提出降低噪声、光污染的举措。课后指导学生开展相关的综合性、设计性实验，深刻领会专业规范标准制定的意义，并能在工程实践中主动学习和严格遵守，培养对健康建筑环境营造的主动意识和系统性思维。

六、典型教学案例

案例 1

1. 知识点

建筑与环境的关系。

2. 思政目标

树立可持续发展观，理解保护环境的重要意义，具有从地方民居中吸取因地制宜有效控制室内环境智慧的意识和能力，传承中国优秀传统文化。

3. 教学过程

首先，线上学习部分中观看北京四合院和陕西窑洞室内环境采访和体验视频。

其次，线下教学部分采用 BOPPPS 教学结构进行教学设计。

导入：图片展示现代建筑的特点及其所带来的环境问题和生态危机。

学习目标：正确认识建筑与环境的关系，能运用中国传统地方民居的启示对现代建筑节能方法进行分析。

前测：在采用技术手段只要消耗大量能源就可以随心所欲地控制室内环境的时代，应该如何对待大自然——"人定胜天"还是"天人合一"？在建筑室内环境的控制中，哪些做法是与自然和谐的？

参与式学习：案例分析+分组讨论+全班分享。每组以 1 种典型中国传统地方民居为例，剖析其是如何因地制宜地去设计和建造符合当地自然条件和气候特点的建筑的，提出 2~3 点对现代建筑室内环境营造的启示，分组完成海报设计。全班交流分享各组成果。

后测：从几个建筑设计的常用做法中选择环境友好、符合自然规律的做法并进行解释。

延伸思考和学习：我专业沿用了 50 多年的专业名称（供热通风与空调工程）为什么要改（成建筑环境与能源应用工程）？建筑环境与能源应用工程师跟强调专业技术的供热通风与空调工程师在思维和理念方面有哪些调整？

总结：梳理本节重点内容，布置"初识建筑环境"的课后大作业。分组拍摄一个自己感兴趣的建筑，学生们从自己的视角介绍它的室内环境的优劣以及它是如何营造建筑室内环境的，借助这个建筑表达自己对建筑环境的初步理解和思考。

学生作业分析：学生们提交的"初识建筑环境"视频的大作业里，很多小组能够很好地展现和表达建筑内环境和外环境的关系、分析被动节能的方法，很多同学都从不同角度表达了对于"绿水青山就是金山银山"保护环境的重要意义的深刻认识，具有主动传承中国优秀传统文化的意识，初步体现了正确认识和处理"人、建筑、环境"三者关系的意识和文化自信。

4. 学习资源

①朱颖心：《建筑环境学》MOOC 第 1 章补充视频资料，清华大学学堂在线；

②宋春华："绿色建筑该向传统民居学习些什么"，载《中国建设报》2016 年 7 月 28 日，市场 5 版；

③Mark DeKey，G. Z. Brown，*Sun，Wind & Light：Architectural Design Strategies*，China Architecture & Building Press，2008.

案例 2

1. 知识点

日照与建筑物的配置。

2. 思政目标

培养学生责任感和使命感，让学生充分认识到日照对健康建筑的影响，能够把创造美好建筑环境、提升人们幸福感、为社会主义建设服务自觉内化为专业学习和实践的动力。

3. 教学过程

首先，线上学习部分。使用教材和 MOOC 视频完成本节知识点的预习。

其次，线下教学部分。导入："小明买房记"——住进房子后才发现房间采光很差，担心对家人健康产生影响。小明为什么会有这样的遭遇？

学习目标：能复述建筑日照相关的主要规范要求；会应用太阳高度角和太阳方位角计算或校核建筑间距；能判断不同建筑配置可能产生的阴影区位置。

前测：判断不同平面类型建筑的阴影区位置。

参与式学习：①亮考帮。两人一组分享课前自主学习中总结的亮点，互相出题考考对方，将自己学习中遇到的难题说出来寻求帮助。②案例计算分析+小组讨论。某开发商售楼时把不同日照时长和日照质量的户型分别进行定价，学生利用太阳高度角和太阳方位角的相关知识计算不同楼层一年中的日照天数，分析计算该建筑是否有终日阴影或全年阴影区的户型，选择适合自己的户型并阐述原因。分组进行组内交流和互评、完善方案。

分享：每组选一位同学分享本节知识点学习中的心得、对建筑光环境营造方法和影响因素的思考和认识，其他组点评。

课后作业：从身边找一个日照设计存在缺陷的建筑，观察实测拍照、分析计算，形成案例。

学生学习观察：在日照通风案例分析的分组讨论中，很多同学表达了日照设计对于家人健康的重要性，多数同学能够正确判断不同建筑配置对日照可能产生的影响趋势，并能够正确运用规范中对日照设计的要求来分析和解决问题。在提交的课后作业里，很多同学关注到了建筑实际日照的现存问题，在案例中对日照对健康建筑的影响进行了分析阐述，体现出一定的专业责任感和使命感。

4. 学习资源

①黄晨主编：《建筑环境学》（第 2 版），机械工业出版社 2016 年版；

②刘琦、王德华主编：《建筑日照设计》，中国水利水电出版社、知识产权出版社 2008 年版；

③［日］健康维持增进住宅研究委员会、健康维持增进住宅研考团编著：《健康住宅与居住行为指南》，姜中天译，中国建筑工业出版社 2019 年版。

案例 3

1. 知识点

人体与环境的热湿交换原理与过程。

2. 思政目标

树立可持续发展观；通过学习人体与环境的热湿交换原理与过程，理解人对环境的需求以及人与环境相互作用的重要意义；认识人的舒适性对环境的适度需求的理念，树立人与环境和谐相处、不过度占有环境资源的可持续发展观，传承天人合一、大道行简的中国优秀传统文化。

3. 教学过程

首先，预习。观看"空调病"和"病态建筑综合征"的新闻报道视频，了解室内空气温湿度等环境参数对人体的影响，以及人体舒适性与环境的关系，进而思考人对环境的过度需求对国家与社会可持续发展产生怎样的作用，以及如何通过主动的方式做到既节约能源，又满足人体舒适性。

其次，引入、提出问题。我们采用空调改善建筑热湿环境的目的是什么呢？是为了满足人体的热舒适需求。随着我国居民生活水平的提高，人们对美好生活的向往不断增强，因而很自然地希望所处的环境能够舒适健康，希望能够用空调来改善室内热湿环境（温湿度值）。但是要清醒地认识到，人对环境的过度需求不但不利于健康，而且也会浪费能源。因此，学习人体与外界环境的热湿交换原理与过程非常重要，可以利用所学知识，改善人体舒适性。

再其次，分析、讨论问题。案例分析+分组讨论+全班分享。每组以1种生活场景为例（如晴天炎热、雨季潮湿、寒冷多风、运动过后等），剖析人体与外界热湿交换方式，以及人体对热湿环境的反应规律，提出2~3点夏季散热和冬季保温方法的启示，分组完成汇报。全班交流分享各组成果。

最后，延伸思考，提升节能环保意识和可持续发展观。人体在与外界环境发生热交换时，是否可以尽量多采用自然的或者少耗能的方法代替空调来维持人体的舒适性？人与环境和谐相处、不过度占有环境资源、不过度满足个人欲望，既符合可持续发展观的理念，同时也是传承天人合一、大道行简的中国优秀传统文化。

4. 学习资源

①朱颖心：《建筑环境学》MOOC 第4章补充视频资料，清华大学学堂在线；

②刘念雄、秦佑国编著：《建筑热环境》，清华大学出版社2005年版。

案例 4

1. 知识点

噪声评价指标与噪声控制方法。

2. 思政目标

树立以人为本的意识；在工作中考虑社会、健康、安全、法律、文化、环境因素；在工程实践中理解并建立标准规范意识。

3. 教学过程

课前准备：观看冷却塔噪声污染引发法律纠纷的视频，查找环境噪声的评价标准与测试方法。

课程导入：对空调系统可能产生噪声的部件和位置进行说明，请一位同学对冷却塔噪声污染引起的法律纠纷事件进行描述与评价。

教师总结：考虑设计对环境和人的健康的影响是工程师的基本素养。

学习目标：能应用环境噪声评价方法与指标对实际场景做出正确的分析和判断，能根据实际测试数据与分析提出合理的噪声控制方案。

讲授：环境噪声评价方法以及不同指标的异同点、噪声传播特点与控制的基本方法。

首先，噪声评价：A 声级（不反映频谱特性）、NR 曲线（中国、欧洲常用，ISO 推荐）、NC 曲线（英国、美国、日本常用，ISO 推荐）、PNC 曲线。强调工程实践中会涉及很多标准规范必须遵守，这些标准背后都有大量的科学研究或经验支撑。

其次，请同学根据课前查找的资料说明我国的环境噪声标准限值、室内噪声限值。强调这些噪声限值的确定，是研究了人与噪声的关系，在实验基础上得出的。阐明噪声对人体健康的影响，若建筑机电系统设计不当，产生噪声会危及人体健康（举例）。

最后，噪声控制：声源控制（吸声降噪、减振和隔振、隔声）；气流噪声的消除；消音器类型、结构、原理；噪声的掩蔽（原理、用途举例）。强调学生体验和实验上述方法，理论联系实际。

分组讨论冷却塔噪声案例：①冷却塔的类型与结构，不同部件产生噪声的特征；②冷却塔噪声的传播与影响；③如何对冷却塔噪声进行测试分析，指标、方法与原因；④控制冷却塔噪声的基本措施是什么？每种措施的特点；⑤冷却塔噪声控制的实现（材料等）。

分享总结：每组选一位同学分享本组讨论过程中的认识、疑问与结论。各组可以互相补充和质疑，最后形成共识。

课后现场实践：以小组为单位，针对某一场景，如离心风机、轴流风机、水泵、制冷机组、空调机组、风道、新风机等专业设备和系统，感受噪声对人的影响，通过实际测试和分析，对噪声做出评价，并分析噪声源、传播机理、控制措施，形成报告。鼓励加入噪声模拟分析内容。基本要求：①各个小组要求场景不重复；②必须进行现场调查和实际测试，测试仪表、方法符合标准规范，考虑现场人们的主观感受；③数据分析应全面客观、结论明确，报告中必须注明引用的标准和规范。

4. 学习资源

①黄晨主编：《建筑环境学》（第 2 版），机械工业出版社 2016 年版；

②秦佑国、王炳麟编著：《建筑声环境》 （第二版），清华大学出版社1999 年版；

③《社会生活环境噪声排放标准》（GB 22337-2008）；

④《工业企业噪声控制设计规范》（GB/T50087-2013）；

⑤《民用建筑隔声设计规范》（GB50118-2010）；

⑥《剧场、电影院和多用途厅堂建筑声学设计规范》（GB/T50356-2005）。

七、教学反思

第一，适合应用型本科教学的教材和积累的课程思政素材还不够丰富，需要持续积累。

第二，对于思政教育无痕融入的方式方法还需进一步实践和总结。

第三，在利用专业实践平台和行业资源为学生拓宽实践渠道方面还需要教师持续开拓，进一步促进学生的知行合一，在服务首都、服务社会的实践中巩固思政效果。

执笔人：田沛哲、马晓钧、李春旺

建筑环境智能控制技术课程思政教学案例

一、课程基本信息

课程性质：专业必修课

学分：3　　学时：72（3 周）

授课对象：建筑环境与能源应用工程专业本科学生

二、授课教师基本情况

吴义民，讲师，硕士，主讲工程热力学、流体力学泵与风机、建筑环境智能控制技术等课程，获 2007 年北京市教育创新标兵、北京联合大学第三届青年教师教学基本功比赛理工组一等奖、北京高校第五届青年教师教学基本功比赛理工类 B 组一等奖和最佳教案奖，获 2016 年北京市属高校"创想杯"多媒体课件制作与微课程应用大奖赛一等奖。

三、课程内容简介

本课程为建筑环境与能源应用工程专业本科生第七学期的必修课，授课时间为 3 周，是综合性专业工程训练课程，在我校建筑环境智能控制技术实训室进行。课程设计有初级篇、中级篇、高级篇三个层次，共五个工程训练项目。

初级篇：建筑环境智能控制技术实训室建有完整的一套中央空调系统及自控系统，学生根据实际设备和图纸，来熟悉楼宇自控系统（BAS）的软件、硬件原理与结构和实际工程应用。

中级篇：学生对实际系统进行调试，了解 BAS 的设计内容、方法和步骤。

高级篇：实训室中有专为学生训练设计的中央空调系统模拟板，要求学生在初、中级层次训练的基础上，依照行业工程设计过程，采用美国 ALC 公司的 WebCTRL 楼宇自动化平台，进行 BAS 的设计、编程、离线调试和在线调试，完成对中央空调模拟板的全套工程设计。课程内容构建框架见图 1。

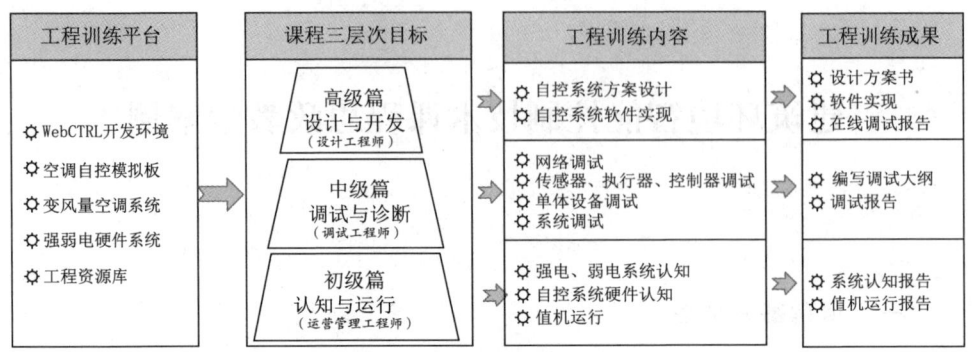

图 1　课程内容构建框架

四、课程思政教学目标

课程思政以培养学生社会主义核心价值观中的爱国、敬业、诚信、友善为主要目标。

具体有以下三个教学目标：

第一，通过小组协同分工合作及相互间的问题研究探讨等方式，培养和强化学生的团队合作精神。

第二，通过项目训练过程，培养学生严谨认真的工匠精神、敬业精神。

第三，通过中央空调自控系统的方案设计论证的讲授和学生方案设计等过程，培养学生的诚信守善的品德和职业操守，将节能、环保专业理念贯穿始终，强化绿色生态和谐中国的爱国情怀和友善思想。

五、课程思政融入设计

课程思政融入设计思路见图 2。

采用以基于学习产出的教育模式（OBE）成果为导向、以培养建筑环境智能控制工程师为教学目的、以任务驱动法组织教学。通过教师言传身教引导、学生做中体会、学习制度保障（如考勤、提交报告、答辩质疑、问题研讨等方式）三者结合，以润物细无声的设计将课程思政落实。

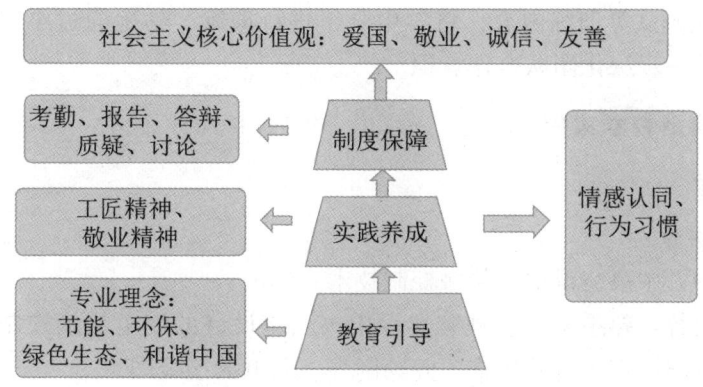

图 2　课程思政融入设计思路

元素 1：工匠精神和敬业精神

整个课程从始至终都需要学生踏实、严谨、认真的工作态度才能完成各个项目训练内容。通过具体的实操过程来历练学生，使其在做中体会，形成对工匠精神和敬业精神的认同、在行为上的践行。

元素 2：诚信、友善，节能、环保

由于课程内容"BAS 方案设计"中融合的元素较多，为避免重复赘述，将多个元素整合，写成元素 2。

"BAS 方案设计"训练，是本门课程的重点内容，要求学生按照行业工程要求进行 BAS 的设计、编程和调试，着重培养学生的技术工程思维方式和工程实践能力。而工程设计是为人、社会、环境服务的，因此，要引导学生用综观全局、高站位的理念去进行方案设计，并且要周全考虑设计结果对人、社会、环境的影响，这些都是至关重要的。

通过实例，讲解 BAS 方案设计理念，以高站位大格局的胸怀、脚踏实地的工作作风进行设计，以爱护地球、爱护家园、珍惜子孙后代的资源和幸福的友善思想和爱国情怀为出发点，以节能、环保为设计目标，以诚信守善为职业操守，不贪图不义之财，形成做人做事的正确人生观、价值观和世界观。

元素 3：团队合作意识

对传感器、执行器、控制器、单机设备和部分工艺环节进行调试，记录数据并分析；通过中央空调 BA 控制值机运行进行调试和故障诊断；进行 BAS 方案设计及其软件实现（数据库网络搭建、控制算法程序编辑、图形界面设计）及在线调试等训练内容，将学生分组进行训练，学生通过小组合作、问题研讨，进一步深化团队合作意识。

六、典型教学案例

案例 1

1. 知识点

项目一：中央空调继电接触控制技术。

训练内容：熟悉实训室现有实际中央空调设备的继电接触控制原理；能根据具体电路原理图查线操作，并绘制强、弱电的接线图。

2. 思政目标

培养严谨认真的工匠精神、敬业精神。

3. 教学过程

首先，提出问题。如何实现远程监控中央空调系统设备？信号是如何实现传递的？需要哪些硬件设备和系统架构？

其次，实物认知。认知实际中央空调系统和自动控制系统实物及系统架构。

再其次，讲解。现场将工程图纸与实物一一对照，进行讲解，初步建立感性认识，讲解系统架构、硬件组成等。

然后，学生实操。领会系统架构，深化认知图纸与实物的关系，绘制强、弱电信号传递图纸。根据实际的中央空调系统和自控系统实物，对照具体设备与复杂图纸的对应关系，完成绘制四类不同强、弱电信号传递的图纸任务，从而熟悉强、弱电系统、控制系统的硬件及组成。因训练综合性很强，涵盖了学生的多门专业课程，对学生的难度大，而且学生必须认真查找两套图纸，即强电图纸和弱电图纸，找到其一一对应的关系，才能正确绘出信号传递图纸。让学生在做中体会，切身感受严谨认真的工匠精神和敬业精神的重要性。

最后，引导。学生完成项目任务后，教师课堂引导总结工匠精神、敬业精神的重要性，引导学生将所学到的知识和技能转化为内在德性和素养。

4. 学习资源

①北京联合大学建筑环境智能控制技术实训室中央空调系统竣工图纸（全套）；

②北京联合大学建筑环境智能控制技术实训室中央空调自控系统竣工图

纸（全套）；

③北京联合大学生化学院建筑环境与能源应用工程教研室编著：《建筑环境智能控制技术》，2018 年版；

④段春丽、黄仕元主编：《建筑电气》（第 2 版），机械工业出版社 2016 年版。

案例 2

1. 知识点

项目五：BAS 设计综合训练——方案设计、软件编程、调试。

2. 思政目标

①传递节能、环保的绿色生态理念、爱国情怀、友善思想，启迪学生诚信守善的品德；

②促进团队合作意识；

③促进严谨认真的工匠精神、敬业精神的深化。

3. 教学过程

针对上述的三个目标，分别进行说明。

第一，通过实例讲解，传递节能、环保的绿色生态理念、爱国情怀，启迪学生诚信守善的品德。

首先，问题提出。楼宇自控工程师的工程设计理念是什么？方案设计应以何为理念？如何站在更高、更全面的高度进行方案设计？

其次，引领。方案设计理念：以节约能源、节省人力、绿色环保、爱国护国、造福子孙后代的友善、大爱情怀为理念。

阐述：BAS 主要通过自动控制方案来控制如暖通空调、照明、变配电、给排水等设备，为人们提供如风、水、电等和谐舒适的生存环境，使大楼具有智能建筑的特性。这些设备数量多，位置分散在各楼层和各个角落，监控点数多达上千个。采用 BAS，就可以合理利用设备，加强楼内机电设备的现代化管理，节约能源，节省人力，确保设备的安全运行，并创造安全、舒适与便利的工作环境，提高经济效益。

总结：BAS 设计理念可分三个层次：首先要满足对设备的自动控制，确保设备的安全运行；其次，在此基础上，节约能源、节省人力、绿色环保；最后上升到以爱护地球、爱国护国、造福子孙后代的友善思想和大爱情怀为出发点进行设计。

最后，案例讲解。方案设计的立足点不同，产生的效果、耗能、运行费用就不同。方案设计好了，能够节约能源，而节约能源带来的结果就是减少环境污染、绿色环保。将绿色环保理念落到实处，是专业操守、专业素养、爱国情怀的体现，可以为社会带来和谐，为未来儿孙造福。同时不同的设计方案，造价也会差异很大，教育学生要有诚信守善的美德，不受金钱名利诱惑。

第二，小组分工协作完成方案设计、软件编程、调试等过程，促进同学们团队合作意识、友善精神的深化。

采用学生专业知识高低互补组合的小组构建方式，以强带弱，分工协作，组长分配工作，充分考虑同学们的各自特点和能力，组内团队合作，有效沟通，相互理解、相互包容，构建和谐友爱的团队关系。同时需要每组同学分工合作、和谐统一，才能最后完成整个设计任务。

第三，通过小组分工协作，完成方案设计、软件编程和调试等过程，促进学生严谨认真的工匠精神、敬业精神的深化。

方案设计和软件编程、调试工作是一个环环相扣的过程，即方案设计中的监控点数统计、监控原理图的绘制，是控制逻辑软件编程的基础，而软件编程又是离线调试和在线调试的基础，需要同学们非常严谨且认真地对待每一个环节。软件编程需要组内、组外不断地相互探讨、研究，且软件编程涉及三个软件之间的衔接、搭建，才能初步完成。离线调试通过后，再与中央空调模拟板的控制器连接进行在线调试。

上述任何一个环节出错，都会导致在线调试出现问题。同学们在这个过程中，通过具体的实际操作过程，充分体会严谨认真工作态度的重要性，体会敬业精神的重要性，否则就会不断地返工，不断地排查。课程中各个小组都加班加点地进行调试。在课后的调查问卷中，同学们认为严谨认真的工匠精神、敬业精神是自己未来工作必需的品质。由此可见，实训课程对学生的德性和素养的内化起到了积极的作用。

4. 学习资源

①北京联合大学生化学院建筑环境与能源应用工程教研部编著：《建筑环境智能控制技术》，2018 年版；

②北京联合大学生化学院建筑环境与能源应用工程教研部编著：《相关产品设备样本汇编》，2018 年版；

③卿晓霞、李楠、王波编著:《建筑设备自动化》,重庆大学出版社 2009年版。

七、教学反思

本课程上完一轮后,进行了课程实施情况问卷调查,问卷设计从课程认知、课程目标达成、工匠精神、敬业精神、团队合作等方面做了调查。97%的学生认为培养了工匠精神和敬业精神,90%的学生认为工匠精神是未来工作中必须具备的品质,97%的学生认为敬业精神是未来工作必须具备的品质。97%的学生认为专业知识技能、个人品德之间相辅相成、有机融合、同等重要。反映了学生对工匠精神、敬业精神的认同,对专业知识技能、个人品德的重视。

本课程为综合性专业工程训练,在实操过程中,笔者体会到学习制度保障也是重要的一环。教师严格执行考勤,严把报告质量关,研讨、答辩、质疑、问题设计环环相扣、追问问题本质等诸多方式的实施助力推动学生良好行为习惯的养成。因此,要有宽严适度的学习制度保障,才能见到好的成效。

学高为师,德高为范。在贯彻落实课程思政过程中,有些融入点显得生硬,缺少亲和力,还需要不断学习和深化对课程思政的理解认识,不断提升自身的专业素养、政治素养和德行修养,努力把思想、理论、知识与教学方式有机结合,增强课程思政的亲和力、感染力,以润物细无声的情怀,将正思、正见、正能量浇灌到学生心田,才能让"美丽的心田"开出"灿烂的花朵"。

执笔人:吴义民

建筑机电系统三维建模课程思政教学案例

一、课程基本信息

课程性质：专业必修课

学分：2 学时：32

授课对象：本专业的本科三年级学生

二、授课教师基本情况

任晓耕，副教授，硕士，主讲建筑设备工程制图、BIM 理论与实务、建筑机电系统三维建模（MEP）、工程制图、建筑电气 CAD、建筑电气技术、建筑概论、房屋构造等课程，主要研究方向：BIM 建模、基于 BIM 的工程设计和运维、CFD 相关模拟分析、BIM 应用二次开发，主持多项校级教改课题，主持并完成 3 项横向课题。

三、课程内容简介

本课程为建筑环境与能源应用工程专业的一门必修课程。Revit MEP 是基于建筑信息模型的、面向设备及管道专业进行高效智能直观的工程设计工具，是 BIM 主流系列建模软件之一。借助它，工程师可以优化建筑设备及管道系统的设计，进行更好的建筑性能分析，充分发挥 BIM 的竞争优势，促进可持续性设计。该课程主要介绍 Revit MEP 软件的界面和技能应用，使学生学会进行 BIM 机电模型（水暖、电气、消防等专业）的搭建和碰撞检查，从而进一步进行管线综合优化，初步建立和其他工程的协同工作方式。

四、课程思政教学目标

第一，激发爱国情怀和自豪感，树立专业荣誉感和责任感。

第二，以培养学生社会主义核心价值观中的敬业、诚信、友善为主要目标，让学生认识到规范的重要性，养成凡事按章办事的好习惯；认识到团队合作的重要性，能够相互配合进行工程设计和协同设计，最大限度地减少设备专业、设计团队之间，以及与建筑师和结构工程师之间的协作内耗。

第三，树立学生的全局观，把 BIM 的系统思想和对学生的"价值引领"结合，同时渗透进可持续设计思想。

五、课程思政融入设计

元素 1：专业荣誉感和责任感

融入点：BIM 是什么？我国 BIM 推广以及应用情况、我国 BIM 市场发展情况以及世界所处位置。

通过火神山和中国尊（即北京中信大厦）的案例，在课堂讲授中融入。

元素 2：善学乐知的基本素养

融入点：Revit MEP 软件的优势（认识 Revit MEP 工作界面；使用 Revit MEP 基本命令）。

在传授专业知识和软件技巧的同时，启发学生举一反三掌握各个 Revit 建模命令的使用技巧，在建模过程中体会现代化软件工具的便利性，促进学生善学乐知。

元素 3：严谨求实的敬业精神

融入点：BIM 机电模型（风水电模型）建模，BIM 机电模型碰撞检查及优化。

在风水电模型的建模过程中，管道、管件、附件的型号尺寸必须按照实际进行，如果不一样，软件就执行不下去，该处的建模就不成功。碰撞检查中，如果管线标高不对，就会产生干涉，三维模型的可见性就会发出警告，告知设计人员此处出错，建模进行不下去。

元素 4：按规范做事的工作习惯

融入点：建模时各个管道的命名、机电模型的系统划分、过滤器的过滤条件设置。

在此部分内容中，如果之前命名不合规范，系统划分错误，在随后的过滤器设置中就会过滤不出来同一个系统的管道，在事后调整修改中非常麻烦，这就要求学生从开始建模起就要按照标准进行。中国传统文化中对事物的认知、处理的哲学思想，是相对抽象化的，而 BIM 技术的文化取向要求必须数据化、精细化。然而国内建筑业从业人员却比较欠缺规范的训练和规范化、信息化、数据化的意识、方法和工作习惯。

元素5：团结合作、和谐共赢的工作作风与价值观

融入点：管线综合设计流程及真实工程项目演练环节。

邀请设计院 BIM 工作人员共同参与授课，以设计院的"副中心某建筑机电二期"真实项目进行实战，按照设计院工作流程分组进行项目合作，共同完成 BIM 项目。

六、典型教学案例

案例 1

1. 知识点

BIM 是什么？我国 BIM 推广以及应用情况、我国 BIM 市场发展情况以及世界所处位置，从 BIM 和 Revit MEP 的关系，引出该课程的任务。

2. 思政目标

激发学生的爱国情怀和自豪感，树立专业荣誉感和责任感。

3. 教学过程

首先，案例导入。

例1：火神山

"新冠肺炎疫情"中火神山医院的建设中，BIM 发挥了巨大的作用：5 个小时内出方案，24 个小时出施工图，一边施工一边修改方案。医院空间属性复杂，信息量较大，BIM 具有强大的可视化和数字化表达能力，并且可模拟、可出图，其中还包含丰富的空间信息数据，通过对信息数据的挖掘和重构，实现对医院项目的精细化管理，加快医院的施工进度。

例2：中国尊

今天，中国尊在北京的第一高不光是在物理高度上，更多的是在灵魂上。中国尊位于北京市朝阳区 CBD 核心区，总建筑高达 528 米，地上 108 层，建筑面积 35 万平方米；地下 7 层，建筑面积 8.7 万平方米，基础埋深约 37.8 米，建成之后成为北京第一高楼，成为国内也是世界上 8 度抗震区的最高建筑。该项目创造了 8 项世界之最、15 项国内纪录，是国内第一个利用 BIM、三维扫描等技术辅助项目管理，从设计、施工到运维阶段全生命周期的项目。

其次，课堂讲授。介绍名词：BIM 的全称是什么？MEP 的全称是什么？BIM 是什么？BIM 与 Revit MEP 的关系是什么？

BIM＝Building Information Modeling，即建筑信息模型；

MEP＝Mechanical，Electrical & Plumbing，即机械、电气、管道三个专业的英文缩写，也就是工程行业常说的风水电专业。

从不同的角度介绍 BIM 是什么，最后得出 BIM 不是一种工具，而是一种方法，一种思想。Revit 是一种通用性很强的三维建模软件，而 Revit MEP 是面向风水电专业的专门三维建模软件。

讲述重点：BIM 的优势（和 CAD 的区别）和应用范围以及发展方向。采用案例教学法，引出之前 CAD 设计的弊端，引出建筑设计的痛点，从而展示 BIM 的优势，此处采用图示法，视频动画演示讲解。

视频播放和相关图片展示我国 BIM 推广以及应用情况、我国 BIM 市场发展情况以及世界所处位置，展现我国 BIM 从业人员的素质、拼搏和创新精神，增加民族自豪感，树立专业荣誉感和责任感。

4. 学习资源

① "火神山医院建设全过程" 视频，载 https：//v. qq. com/x/page/t0938ho0elk. html；

② "超震撼 '中国尊' ——BIM 应用全解析"，载 https：//www. sohu. com/a/301609641_756350。

案例 2

1. 知识点

总结风系统的建模流程，能够对空调系统的各类风管进行分类；熟练使用 Revit MEP 相关命令进行空调系统中的风管和水管三维模型创建；学会过滤器的使用方法，并能灵活使用过滤器技巧进行过滤设置。

2. 思政目标

善学乐知、严谨求实、按章办事、团结合作的工作作风与价值观。

3. 教学过程

基本思路：通过教授学生掌握 "地下车库" 教学案例中空调系统（风系统、水系统）的管道建模、管件建模、机械设备连接到管道等方法和技巧，渗入 "善学乐知、严谨求实" 的工匠精神，通过过滤器设置渗透 "按章办事、按规范工作" 的工程素养，通过对 "地下车库" 的空调模型和结构模型进行碰撞检查体现建筑环境与能源应用工程人的专业协作和团队合作的重要性，管线优化设计全面展示专业价值和建筑环境与能源应用工程人的责任和担当。

首先，任务下达。根据给出的"地下车库"空调部分相关 CAD 图纸，分别搭建风系统、水系统模型，并按照行业规范，进行浏览器颜色设置，便于后续查看和更改，链接"地下车库"结构模型，并进行碰撞检查和优化。确定模型提交时间。

采用案例教学法，结合设计院建模工作流程，采用任务驱动方法进行一体化教学，引出本课程是实践性很强的课程；提出要求，体现按质按量；守时是一位工程人员必备的专业素养。

其次，演示介绍 Revit MEP 软件使用界面和风管水管建模的每个命令的使用方法和技巧。授人以鱼不如授人以渔，强调学生要掌握软件使用方法，针对不同图纸举一反三、灵活应用；演示 Revit MEP 建模顺序和思路，展示 BIM 的可视化、所见即所得的特点，激发学生善学乐学的潜质；强调每个管道和附件以及设备要和 CAD 底图完全吻合，渗透严谨求实的工作作风。

再其次，演示过滤器使用方法，强调过滤器设置要符合系统分类，便于旁人查找系统分类。体现以人为本，按标准化工作流程进行工作，减少后患。

最后，链接"地下车库"结构模型，和空调模型进行碰撞检查，对干涉部分进行翻弯躲避优化，展示 BIM 的模拟性、协同性、优化性。体现团队合作共赢、专业协同的工程价值观。

4. 学习资源

①JFeast："BIM 教程、revit2016 入门教学视频（含建筑结构、机电及基础识图）"，载 https://www.bilibili.com/video/av23776839？p=15；

②全套地下车库 CAD 图纸，对应《地下车库——Revit MEP 建模指导书》。

七、教学反思

第一，授人以鱼不如授人以渔，讲授软件类知识切记不能变成仅仅介绍命令的使用，要教会学生使用软件的方法和思路，举一反三，学以致用。

第二，教师专业面要宽，要结合其他教师的课程，把专业理论、原理和工具类课程结合。教师知识也要与时俱进，了解行业的前沿和发展，随时更新自己的知识，为人师表，以身作则，带动学生终身学习。

第三，线上线下相结合。该课程属于教学改革课，课容量大，采用传统教学手段和方法，一是课时不够，二是知识更新的反馈太慢，三是不利于学生自我学习。本课程利用蓝墨云教学辅助平台，建立班课，及时上传更新教学资料方便学生课下学习。利用企业微信的直播和会议形式，可以不拘泥于空间和时间限制，引入企业一线 BIM 工程师共同授课，让学校教育和企业实战无缝对接，一方面拓展学科知识，及时了解行业最新技术，另一方面减少重复培训，学以致用，增强学生的行业意识和社会责任感。

第四，教师需要恶补中国传统文化知识，结合 BIM 系统思想全局观，从中国博大精深的传统文化里挖掘相应要素，结合 BIM 课程的知识点，教授学生现代化软件工具的同时渗透进中国文化精髓，将思政做到润物细无声才是最高境界。

执笔人：任晓耕

空气调节课程思政教学案例

一、课程基本信息

课程性质：专业必修课

学分：4　　学时：64

授课对象：建筑环境与能源应用工程专业本科三年级学生

二、授课教师基本情况

陈玖玖，副教授，工学博士，高级工程师，美国 LEED 认证专家，毕业于清华大学建筑技术科学系，主要从事建筑环境营造及优化、绿色建筑及绿色技术、能源应用工程领域的教学和科研工作，在国内外期刊及学术会议发表论文 20 余篇，参与完成著作 2 本，主讲空气调节、建筑环境模拟与仿真技术入门、国际绿色建筑认证体系课程。

马晓钧，教授，工学博士，国家注册公用设备工程师，教授级高级工程师，主要从事建筑环境与能源应用工程领域的教学和科研工作，主讲建筑环境学、空气调节等课程。

三、课程内容简介

本课程是建筑环境与能源应用工程专业的核心课程，主要介绍空气调节的系统构成，湿空气的参数、焓湿图及其应用，空调房间冷负荷、热负荷的组成、计算，空调系统的分类、组成、特点和使用场所，空气的热湿处理方法、过程和计算，空调热湿处理设备的作用、结构、选型及实际应用，空气的输送及分配，风道的水力计算及合理布置，空调房间的气流组织形式及主要净化方式，空调水系统形式、分区及设备，空调系统运行调节的基本知识。

通过课程学习，学生能掌握空调系统的工作原理和系统运行调节的基本知识，具有一定的系统设计和运行维护能力，为从事本专业的工程技术工作打下坚实的基础。

四、课程思政教学目标

第一，具有爱国情怀以及对国家的自信。

第二，热爱专业，树立对专业的自信。

第三，培养严谨、规范、踏实的工作作风和职业道德素养。

第四，树立绿色节能的技术思想和可持续发展的社会责任感，能正确理解人、健康、环境三者的关系，认识本专业在国家绿色发展、可持续发展中的地位、作用和责任，并在专业中践行。

第五，弘扬敬业、友善、和谐的社会主义核心价值观，学会积极沟通、互相合作、有效表达。

五、课程思政融入设计

元素 1：专业热爱和专业自信

这个思政元素在"绪论"中融入。在讲授空气调节的主要任务时，让大家设想如果夏天家里没有空调、冬天没有供暖会怎么样，进而引出本专业的主要任务以及在国民生活、生产中的重要性；在讲述空调调节在我国的发展时，展示从 1980 年至今，家用空调器产量的图表，并将近几年中国每百户家用空调器拥有量与日本进行对比，使同学清晰了解到空调在我国的迅猛发展；在讲述目前存在的问题和前沿研究的焦点时，以目前的新型冠状病毒为例，讲述专业在抗疫战斗中的作用，再次强调专业的重要性，并从同学们熟知的节能问题入手，以具体的图表和数据，说明专业在国家节能环保以及可持续发展中的地位、作用和职责。

元素 2：爱国、强国和对国家的自信

这个思政元素在"空调系统负荷"中融入。在讲述空调负荷计算法时，以实际工程为例，向学生提出疑问：在什么情况下传统的冷负荷系数法和谐波反应法不再适用而需要计算建筑或房间的动态负荷？继而引出计算机全年动态模拟方法。目前主流的几种计算软件中 DeST 是由我国科研团队独立开发、具有完全知识产权的软件，通过学生熟知的各种案例，介绍 DeST 的广泛应用，以及由此带来的巨大经济效益和社会效益，使学生体会到我国此行业在国际上的领先地位，以及"暖通人"为此进行的不懈努力，进而激发学生的爱国情怀以及对国家的自信。

元素 3：合作交流、积极沟通、有效表达

这个思政元素在"风道设计计算""管路系统"中融入。在这两个单元的实训环节，要求学生分组，分别针对实际工程案例中的"风道的合理布置""水管的合理布置"问题，每人负责一部分内容，合作完成风道和水管布置的相关检索文献，制作 PPT，进行分析、讨论、论证，最后以小组为单位进行答辩、演讲和讨论，教师将根据学生的答辩进行点评。通过这种方式培养学生相互学习和合作的能力，在项目和任务的执行过程中充分交流研讨、密切合作，进而能认识到本专业和其他专业在实际工程中合作的重要性，学会积极沟通和有效表达。

元素 4：诚信敬业、践行职业道德和规范

这个思政元素在"风道设计计算""管路系统"中融入。在这两个单元的实训环节，要求学生围绕几个关键问题进行思考和答辩，要回答这些问题，学生必须了解和学习相关的规范、标准。在点评环节，教师将通过展示实际工程案例中合理的、不合理的风管、水管的布置，分析其带来的后果。由此，学生能认识到在工程实践中首先要遵从专业的规范和标准，这是职业道德和行为规范，体现了做人做事的诚信。优秀的工程师还应利用专业知识，主动积极优化方案，这是作为专业人士的社会责任，也是做人做事"敬业"最直接的体现。

元素 5：节能减排、绿色低碳、可持续发展

这个思政元素在"绪论"和"空调系统的全年运行调节及节能"中融入。在第一单元，通过具体数字和图表展示中国建筑能耗状况和构成，以及中国与国外能耗情况的对比，使学生认识到本专业是能耗大户。通过数字和图片展示目前我国面临的高能耗、高污染、不可持续发展带来的资源枯竭等严重问题，使学生树立节能减排、绿色低碳、环境保护意识和可持续发展的观念。第九单元通过结合实际工程案例，介绍"开源、节流"不同的节能理念以及相关的各类节能措施，分析其带来的经济效益和社会效益，深化学生节能减排、可持续发展的理念。通过让学生完成节能技术调研报告，促使学生主动去了解专业领域内的各类节能技术，进而建立今后在空调实际工程问题中体现新能源、环境友好型技术和节能技术思想，树立起人与自然和谐发展的社会主义核心价值观。

六、典型教学案例

案例 1 空调负荷动态模拟方法

1. 知识点

空调房间冷负荷的计算机全年动态模拟方法及应用（第三单元：空调系统负荷）。

2. 思政目标

了解我国在行业上的国际领先地位，以及"暖通人"为此进行的不懈努力，进而激发学生的爱国情怀以及对国家的自信。

3. 教学过程

首先，导入。回顾之前学习的传统的冷负荷系数法和谐波反应法，指出其不足。通过引入一个实际工程案例（如采用地源热泵），向学生提出问题：在什么情况下传统的负荷计算方法不再适用？引入计算机全年动态模拟方法。

其次，学习目标。了解空调房间冷负荷的计算机全年动态模拟方法相关软件（以 DeST 为代表）及应用。

再其次，讲授。①介绍计算机全年动态模拟方法及其优势、目前主流的几种计算软件，介绍 DeST 是由清华大学江亿院士带领的科研团队独立开发、具有完全知识产权的软件；②回顾 DeST 的历史、开发历程，从 1980 年开始至今，历经几代科研团队的不懈努力；③设问：DeST 与国际同类软件对比其准确性和可靠性如何？回答：与世界上已有的和正在开发的同类型软件相比，都处于领先地位，目前与美国的 EnergyPlus 和英国的 ESP-r 并列为世界建筑性能模拟的三大核心软件；④通过学生熟知的各种工程案例，如国家大剧院、首都机场 T3 航站楼、国家体育场（鸟巢）、北京南站，介绍 DeST 的应用，通过一系列具体数字展示 DeST 带来的巨大经济效益和社会效益；⑤DeST 获得的荣誉：1993 年被评为"所有参加软件评比中最好的软件之一"，2003 年被鉴定认为"DeST 软件具有首创性、科学性、先进性、实用性和可维护性，处于国际领先水平，具有很大的推广应用价值"，2007 年获得 IBPSA（International Building Performance Simulation Association）杰出贡献奖，2008 年获得国家科技进步二等奖。

然后，延伸思考和学习。DeST 除了计算空调负荷，还能有哪些方面的应用？

最后，总结。梳理本节重点内容，布置作业，通过文献调研和学习，完成报告"计算机全年动态负荷模拟方法的发展及其应用"。

4. 学习资源

①清华大学 DeST 开发组：《建筑环境系统模拟分析方法——DeST》，中国建筑工业出版社 2006 年版；

②《DeST 用户使用手册》，DeST 软件自带。

案例 2 风道的合理布置

1. 知识点

结合实际的工程应用，学习风道的合理布置（第六单元：风道设计计算）。

2. 思政目标

做人做事要诚信、敬业，不仅要遵从专业的规范和标准、在工程实践中理解并遵守工程职业道德和行为规范，还应利用专业知识，积极优化方案，实现经济性、节能性，履行社会责任。

3. 教学过程

此部分内容主要通过实训课程的形式完成，采用学生参与式的教学方式。

学习目标：了解风道布置相关规范和标准，学习风道的合理布置，学会在设计中从经济性、节能性等角度，用专业知识优化风道布置方案。

任务布置：学生分组，每组分配一个实际工程案例。要求学生围绕几个关键问题进行思考和答辩，问题包括：①风道有规格吗？风道的长宽比需要有限制吗？其目的是什么？②风道是否需要变径？其目的是什么？如果风道上下左右均可变径，从制作、安装、维护角度分析，怎样变径更合适？③风道都是沿着走廊布置，为什么不尝试直接沿房间内布置？④能否尝试重新布置风道，使风道送风长度最短、管件最少？⑤以上哪些问题是从技术经济指标出发考虑问题的？哪些是从制作、安装、维护角度出发考虑问题的？

工程案例分析+小组讨论：课后学生根据图纸，围绕问题，查阅相关标准和规范，完成风道布置的相关检索文献，制作 PPT，对工程中风道的合理布置进行分析、讨论、论证。

答辩+演讲：以小组为单位，进行答辩、演讲，其他组参与提问和讨论，形成对专业中规范和标准的进一步认识和理解。

教师点评：指出风道设计的几大原则——技术性、经济性、实用性。梳理风道布置的要点，通过展示实际工程案例中合理的、不合理的风管、水管的布置及其后果，强调从事专业工程实践中遵从规范和标准的必要性；结合教师自身实践经验，和学生分享优秀的工程师应该具备的职业素养、如何从业主方的角度，用专业知识，主动积极地优化方案。前者是职业道德和行为规范，体现了做人做事的"诚信"；后者是作为专业人士的社会责任，也是做人做事"敬业"最直接的体现。

延伸思考和分享：每组选一位同学分享学习中的心得，大家思考和讨论。

总结：风道合理布置的要点、实际工程实践需注意的问题。

4. 学习资源

《民用建筑供暖通风与空气调节设计规范》（GB50736-2016）。

七、教学反思

本课程是专业的核心课程，如何在教授学生知识的过程中巧妙地融合思政、做到润物细无声，需要在实践中逐步探索、持续积累。通过前期的探索和实践，有如下反思：

第一，教育者先受教育。教师应该做好自身的修炼，树立正确的世界观和价值观，为学生做好表率。立德树人是课程思政最基本、最朴素也是最直接和有效的方式。

第二，思政元素的融入。本课程具有很强的专业性和技术性，教师应对教学内容进行深入研究，挖掘课程思政元素，根据不同知识点的特点，嵌入合适的课程思政元素，不能千篇一律，应有侧重地选择和融入，需要巧妙设计教学案例，认真准备和打磨。

第三，方式方法。传统的以教师为主导的灌输型教学方式理论授课在课程思政方面效果欠佳。应根据具体的知识点和思政元素，探索线上线下混合、理论结合实践（实训）、互动式教学等多种教学手段，积极调动学生的主观能动性，引导学生自己去探索，不能生搬硬套、强行灌输，应做到无缝渗入思政元素，这还需进一步的实践和探索。

第四，总结和提高。课程思政不是一朝一夕之功，也不能一蹴而就，需要平时多积累，如目前较为缺乏的课程思政素材等。目前处在专业快速发展的阶段，每届学生的特点也不尽相同，因此，课程思政需要与时俱进，要及时总结和改进。

执笔人：陈玖玖、马晓钧

空调冷热源技术课程思政教学案例

一、课程基本信息

课程性质：专业必修课

学分：4　　学时：48

授课对象：本科三年级学生

二、授课教师基本情况

王浩宇，讲师，博士，主讲空调冷热源技术、机械工程基础、建筑电气技术等课程，主要研究方向为建筑环境与室内空气品质，2010 年获北京市青年教师教学基本功比赛理工类二等奖，同年获得北京联合大学优秀党员称号，曾主持北京市教委一般（面上）项目"人员密集型建筑空间高效供氧方式及流动特性研究"、北京市高等学校青年英才项目"富氧空调用低能耗太阳能电解水制氧技术研究"，2018 年获得北京市自然科学基金面上项目资助。

陈福祥，副教授，主讲供热工程、空调冷热源技术、暖通空调设计等课程，主要研究方向为暖通空调设计及系统优化，工程经验丰富，从事与暖通空调相关的工程设计、系统优化的相关工作。

三、课程内容简介

本课程主要讲授运用蒸汽压缩式制冷系统的基本理论对实际制冷系统进行分析；区分制冷剂的热力性质和物理化学性质，并合理选择制冷剂；探究常用冷热源系统的组成及各设备工作原理及其性能特点，根据不同地区、建筑形式、功能和使用模式，进行冷热源方案设计并进行节能分析。

四、课程思政教学目标

第一，具有解决工程实际问题的辩证思维。学生能够分析、评价和设计本城实际工程案例中的问题。

第二，具有绿色思维和环保意识。能够在平时生活中考虑社会可持续发展、环境保护等问题。

第三，具有团队协作意识。学生在工程设计、施工及运营管理中加强团队合作意识，培养学生相互配合、相互合作的意识。

第四，提升民族自信心和民族自豪感。在平时授课过程中介绍我们的空调冷热源发展过程及先进技术、空调冷热源前沿发展趋势，提升学生的民族自信心和自豪感。

第五，培养学生的创新思维，通过平时介绍新型制冷设备的研发、原有设备的性能改进等，逐渐增加学生的创新思维，提高未来学生就业核心竞争力。

五、课程思政融入设计

元素 1：在学习过程中逐渐培养起学生的辩证思维

融入点：针对授课内容——典型暖通工程案例分析，从设备选型到设计，可以融入实践是检验真理的唯一标准和理论联系实际等思政元素，要求学生在学习专业课知识时，多联系实际的生活和生产过程，能够利用理论知识解释生活中的现象。

元素 2：在学习的过程中逐渐培养起学生的绿色思维

融入点：针对授课内容——能源利用，可以融入建筑节能的思政元素。我们平时生活中所接触的办公大楼、教学楼、宿舍、食堂都会有不同程度的能源浪费的现象存在，本门课所讲授的建筑冷热源，作为建筑内部不可缺少的一部分，其设备占总能耗的比例巨大，如何实现绿色思维型校园，保护我们的生态环境？带领学生参观典型被动房建筑，并从冷热源节能设计方面与学生进行分析探讨，培养起学生的绿色思维。

元素 3：在学习的过程中逐渐培养起学生的环保意识

融入点：针对授课内容——制冷剂，可以融入能源的利用与可持续发展的思政元素，在课堂中培养学生的环保意识。全球的温室效应、酸雨、雾霾、臭氧层空洞等现象，对地球生态环境造成了严重破坏。要求学生在今后的课程设计、毕业设计及各类工程设计中要考虑环境、生态及安全等因素的影响。

元素 4：在学习的过程中逐渐培养起学生的团队意识

融入点：针对授课内容——典型案例分析，可以融入团队合作的思政元素，在课堂中培养学生的团队意识。一个完整的空调系统，从设计、绘图、施工、验收、使用及后期维护，都是需要我们专业的工作人员相互合作并协调完成，不是一个人独立完成的，需要大家相互配合、共同进步。

元素 5：在学习的过程中逐渐培养起学生的民族自豪感，并肩负起振兴祖国的重任

融入点：针对授课内容——制冷设备，讲授我国的节能领域的发展如何打破国外封锁、从无到有、建立自主独立的研究体系并逐渐赶超与领先，增强学生的民族自豪感。

六、典型教学案例

案例 1 制冷剂的发展及物理化学性质

1. 知识点

制冷剂的物理化学特性及选用原则；通过全球温室效应、酸雨、臭氧层空洞，真实反映制冷剂对生态环境造成的破坏程度，融入环境保护的思政元素。

2. 思政目标

培养学生的辩证思维、环境保护、创新思维，激发学生团队协作及民族自豪感。

3. 教学过程

问题导入：观看南极冰川融化、海平面升高、海岛逐渐消失的相关视频，引出全球环境问题，融入绿色思维及环保的思政元素。（5 分钟）

学习目标：正确认识空调冷热源与人类协调发展的关系。如何将空调冷热源的设计、制造、使用与地球环境保护统一发展？融入环保的思政元素。（2 分钟）

前测：全球温度升高的原因是什么？造成哪些环境问题？臭氧层空洞的原因是什么？造成哪些环境问题？善于观察周围环境变化，并思考原因及后果，培养学生勤于思考的能力。（3 分钟）

参与式教学：以小组形式分享 PPT，培养学生的绿色思维及团队意识、相互协作精神。

同学以小组形式展示全球变化及温室效应的破坏情况、臭氧层空洞对地球生物带来的危害。（1~2 组）

小组同学在收集资料、制作及展示 PPT 的过程中，已经深刻意识到地球

环境的严重破坏。

通过列举全球温度升高的原因，其中之一就是空调的过度使用，导致全球变暖的重要原因之一竟然是我们专业面临的问题，引起学生高度重视，引出空调系统常用的制冷剂，回顾制冷剂在制冷系统中的作用，深刻反省人类对地球环境的破坏，加深环保意识，如何将人类追求的舒适环境与地球自然环境相契合？（10分钟）

互动式教学：满足制冷需求的制冷剂的物理、化学特性；常用典型制冷剂的物理化学性质对环境、人体、设备的影响；如何改进，以及制冷剂的选用条件。融入辩证思维、安全意识、环保意识的思政要素：①制冷剂选择对环境有哪些破坏？②制冷剂选择的安全使用要求；③制冷剂选择对制冷系统中的制冷量及制冷效果的影响。（10分钟）

小组讨论：目前制冷剂的发展情况及未来制冷剂的发展趋势，培养学生民族自豪感及创新思维。①目前全球领域专家都在研制新型制冷剂，其特点及改进有哪些？②我国制冷剂的发展及对全球制冷剂发展的贡献；③未来制冷剂的发展方向。（5分钟）

思考：我们能为环境保护做些什么？融入绿色思维和创新思维的思政要素。（1分钟）

作业：对中国目前制冷剂的发展及趋势进行文献调研，并整理成调研报告。学生通过文献调研了解到目前我国制冷剂的发展和对世界制冷行业的贡献。学生通过文献调研深入了解祖国科研人员对制冷行业的贡献，从而提升民族自豪感和自信心。

4. 学习资源

①陆亚俊主编：《建筑冷热源》（第二版），中国建筑工业出版社2015年版；

②http://www.chinahvacr.com/，中国空调制冷网；

③http://www.chinahvac.com.cn/，中国暖通空调网；

④http://www.Ashrae.org/，美国供热制冷及空调工程师学会。

案例 2 热泵技术的原理及分类

1. 知识点

热泵技术的原理及实用性。

2. 思政目标

培养学生的辩证思维、绿色思维、环保意识，激发学生民族自豪感和创新思维。

3. 教学过程

导入：冬季北方多数地区雾霾严重，雾霾对人体有哪些危害？雾霾产生的主要原因是什么？从我国冬季多数北方地区雾霾严重引入本次课的主要内容——热泵技术，融入环保意识、绿色思维的思政元素。（3分钟）

学习目标：热泵技术原理、发展及适用性。通过引入热泵的概念和原理及使用范围，融入辩证思维及绿色思维。（2分钟）

前测：目前冬季取暖北方地区多数采用分散式供暖，能源利用效率低、能耗大及雾霾严重。如何改变当前冬季供暖的困境？"煤改电""煤改气"为热泵技术发展提供了机遇。融入环境保护、辩证思维的思政元素。（5分钟）

启发式教学：讨论家用冷暖两用空调的结构与组成。培养学生的工程师思维、学以致用的能力。①冷暖两用空调如何实现夏季供冷，冬季供暖？②介绍常用的热泵及热泵原理。（15分钟）

参与式教学：分小组绘制典型热泵系统流程图，并能说出系统流程。密切联系实际，加强学生的辩证思维及团队协作意识。①每个小组绘制不同的热泵系统，并通过同学之间相互讲解，加深对热泵原理的了解；②小组同学之间相互介绍本组所画的热泵系统流程图，对比各组所画热泵系统的相同与不同。（13分钟）

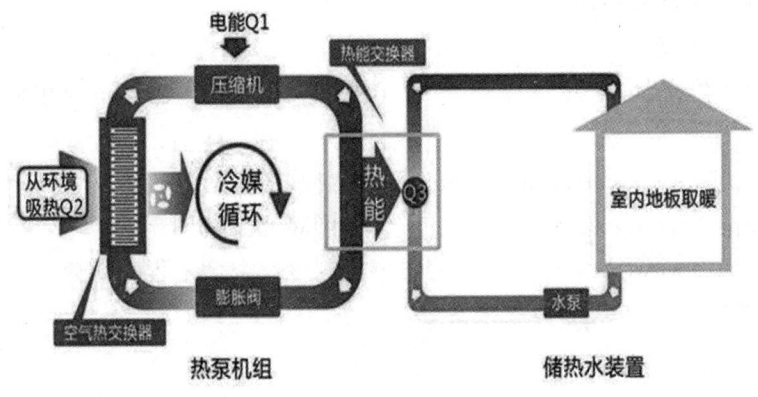

空气源热泵原理图

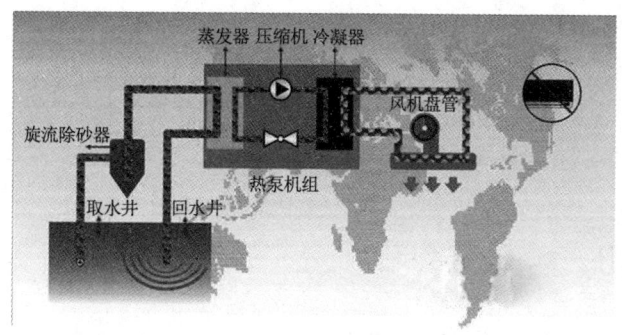

水源热泵原理图

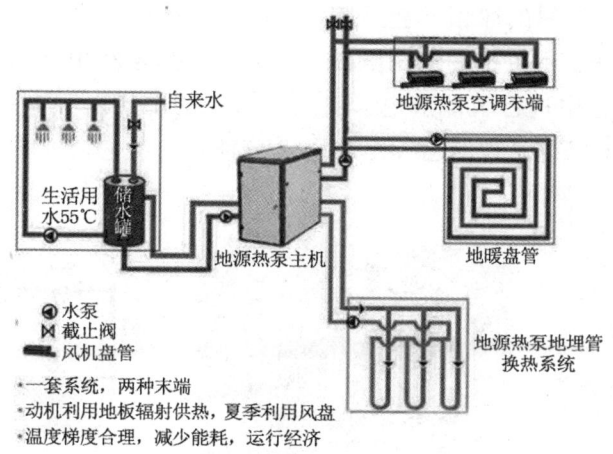

地源热泵原理图

小组讨论：分组对常用的热泵系统进行分析，并讨论施工过程中可能遇到的问题。培养学生严谨的工作态度、辩证思维及团队意识。（5分钟）

思考：热泵技术的发展机遇有哪些？融入绿色思维和环保的思政要素。（2分钟）

作业：对中国目前热泵技术的发展及趋势进行文献调研，并整理成调研报告，提升学生的辩证思维及民族自豪感和自信心。

4. 学习资源

①陆亚俊主编：《建筑冷热源》（第二版），中国建筑工业出版社2015年版。

②http://www.chinahvacr.com/，中国空调制冷网；

③http://www.chinahvac.com.cn/，中国暖通空调网；

④http://www.Ashrae.org，美国供热制冷及空调工程师学会。

案例3 制冷四大件及工作原理

1. 知识点

制冷四大件。

2. 思政目标

培养学生的辩证思维、绿色思维、环保意识，并激发学生的民族自豪感。

3. 教学过程

导入：我们家里的冰箱、空调形状不同，但都能提供冷量，冷量是如何产生的？从家庭必不可少的家用电器，到如何选择家庭用空调和冰箱、如何在平时使用过程中进行节能节电，引入本次课的主要内容——制冷四大件，融入绿色思维和环保意识的思政元素。（3分钟）

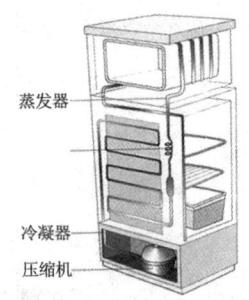 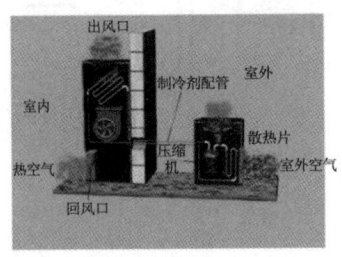

空调内部结构

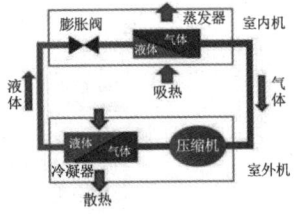

空调原理示意图

思考家用空调和冰箱如何选择？家用空调和冰箱如何节能节电？

学习目标：制冷四大件组成及基本原理，通过引入制冷的概念和原理及使用范围，融入辩证思维及绿色思维。（2分钟）

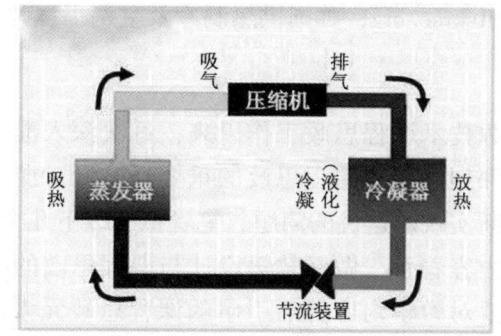

前测：家用空调在夏季炎热气候下可使我们房间凉爽舒适，家用冰箱能保持蔬菜瓜果新鲜，其原因是什么？使用空调时，房间内的热量去了哪里？融入环境保护、辩证思维的思政元素。(5分钟)

启发式教学：讨论家用空调的结构与组成，其是如何实现热量的转移的？制冷剂在制冷四大件里的状态变化是怎样的？对问题进行需求分析，培养学生的工程师思维和学以致用的能力。(15分钟)

参与式教学：分小组绘制制冷四大件的原理图。密切联系实际，加强学生的辩证思维及团队协作意识。①小组同学之间相互讲解制冷剂在每个制冷设备中的状态；②同学之间相互发问，彻底搞清楚制冷剂在制冷系统中流动制冷过程中的相态变化；③通过同学之间相互讲解，加深对制冷四大件原理的了解。(13分钟)

小组讨论：分组对常用的制冷系统进行分析，并讨论施工过程中可能遇到的问题。培养学生严谨的工作态度、辩证思维及团队意识。(5分钟)

思考：实际的制冷系统是什么样的？融入辩证思维的思政要素。(2分钟)①实际制冷系统与理论制冷系统有哪些不同？②增加了辅助设备的作用是什么？

作业：对中国目前制冷系统的发展及趋势进行文献调研，并整理成调研报告。提升学生的民族自豪感。

4. 学习资源

①陆亚俊主编：《建筑冷热源》(第二版)，中国建筑工业出版社2015年版；

②http://www.chinahvacr.com/，中国空调制冷网；

③http://www.chinahvac.com.cn/，中国暖通空调网；

④http://www. Ashrae. org，美国供热制冷及空调工程师学会。

七、教学反思

开展空调冷热源技术课程思政工作以来，每次深入准备课程思政的案例及要素，笔者都会深刻感受到课程思政的重要性。针对课程思政融入点方面尚需潜心设计和不断实践的迭代的问题，笔者拟从以下几个方面开展工作：

第一，从课程内容着手，做好教学设计与课程思政的结合，做到无缝渗入思政元素，这需要对教学内容背后引申的课程思政元素进行深入研究，认真准备课程思政的典型案例。

第二，通过对专业国内外的发展现状和趋势的梳理和分析，增强学生自觉意识，提升运用相关技能处理和解决当前学习和未来工作中出现的各种问题和困难的综合能力，提升学生实现民族复兴的理想信念和责任担当。

第三，引导及互动式教学。本课程概念多、公式多、图表多、理论性强，要求学生具有较好的数学基础和抽象思维能力，极大地降低了学生的学习兴趣。为了克服这一困难，任课教师采用引导及互动式的教学方法，即教师提出问题（工程应用实例）—引导学生质疑—课堂讨论—教师总结讲评，通过此种方法，较好地激发了学生的学习兴趣，活跃了课堂氛围。

第四，线上线下相结合。结合当代大学生的特点，对一味地被灌输理论知识比较排斥，喜欢网络交流，而且熟练掌握了网络平台的使用方法，本课程采用线上和线下相结合的授课模式。任课教师通过课程网络学习平台等方式，将与课程相关的新闻或文献资料上传，一方面拓展学科知识、了解行业动态，另一方面了解时事新闻与政策、关注社会发展、增强学生的行业意识和社会责任感。

执笔人：王浩宇

人机工程学课程思政教学案例

一、课程基本信息

课程性质：专业必修课
学分：4   学时：64
授课对象：本科学生

二、授课教师基本情况

孙秀芳，副教授，硕士，担任北京联合大学创新思维拓展、创新思维方法与应用、人机工程学课程主讲教师；2013 年国家自然科学基金科学仪器专项子课题负责人；2 项国家发明专利第一发明人；"手动操控装置工效学设计技术研究"等 3 项科技部子课题主要参与人；获得国际 TRIZ 协会认证三级证书；《创新创业理论研究与实践》期刊编委。

三、课程内容简介

本课程主要讲述人机工程学基础、系统中的人、环境和社会因素、人机工程系统化与信息化。具体包括人体尺寸和作业空间、人的感觉系统——输入系统、人的运动学基础——输出系统、信息理论、人的行为和心理生理状态、人的感性因素、物理环境和人文社会因素、人机系统化与信息化。

通过课程学习，能够把人的因素作为设计的主要条件和原则，为设计易用、安全、舒适的产品提供理论依据和方法；能在解决复杂设计问题的技术方案中体现节能、环境友好、可持续的发展价值观，以及体现以人为本的设计价值观。

四、课程思政教学目标

第一，深植家国情怀，培养文化认同，增强民族自信。
第二，培养学生在工业设计问题的技术方案中体现节能、环境友好、可持续的发展价值观，以及体现以人为本的设计价值观；培养为人民创造更舒适、安全、美好的产品和生活方式的社会责任感；培养创新精神、科学精神，树立正确的人生观和价值观。

第三，提高学生思想水平、道德品质、文化素养，做到明大德、守公德、严私德。

五、课程思政融入设计

元素1：人机学的思想萌芽在我国源远流长

通过"人机工程学概论"讲述人机学的思想萌芽在我国源远流长；通过中国优秀传统文化教育素材的讲解，将课程教学与爱国主义教育相结合；通过人机工程学的研究方法的讲授，对我国产品设计的发展状况和国情有一个客观的认识。

元素2：从事物本质分析问题的科学方法

通过"人体尺寸与作业空间"课后调查报告实践环节，将课程教学与辩证唯物主义教育相结合，引导学生学会科学的学科研究范式，培养实事求是的工作态度，教育学生要有设计师的责任心和职业操守。

元素3：个人品德、社会公德和职业道德教育

通过"人的可靠性及与安全设计中人机系统的安全性分析"与评价课程案例教学和"三德"教育相结合，提高学生思想水平、政治觉悟、道德品质、文化素养，做到明大德、守公德、严私德；鼓励学生课后开展"设备或工具设计制造的失效引起的事故分析研究"。

生产事故、环境污染等都是目前关乎人民健康和生命安全的头等大事。生产事故的原因，可分为物的原因和人的原因。物的原因是指设备或工具设计制造的失效引起的事故，而人的原因是指在作业过程中不安全行为引起的事故。人机工程学课内教学过程中，通过案例"作业行动事故的研究"，强调对上述事故进行预防和调查研究是防止工伤事故的重要内容，这要求设计人员具有过硬的专业技能，又要具有较高的思想道德素质。

元素4：以人为本的设计价值观和创造美好生活的社会责任感

通过"手工具的改良设计"教学环节的开展，培养学生以人为本的设计价值观，培养为人民创造更舒适、安全、美好的产品和生活方式的社会责任感。

通过涉及侵权案例的讲解，教育学生以后从事创新设计工作要有法律意识、要有防范风险意识，避免卷入法律纠纷，更不能做违反国家法律法规的事情，要自觉遵守法律法规、依法检验；当国家、人民和自身利益遇到侵害时，能够根据自己的专业知识，利用现有的法律法规，敢于揭露和曝光知识产权等方面的违法犯罪行为，维护国家、人民和自身的合法权益。

教育学生要做一个以人为本、有良知、讲正义的设计师，尽职尽责地为人民日益增长的对美好生活的向往努力。

元素5：关爱社会、尊老爱幼

通过"人机系统中老年人用品人机界面设计"教学环节的展开，让学生主动关爱社会弱势群体，弘扬尊老爱幼精神。

通过这部分的设计细化，学生们开展老年人身体和心理的调查，通过穿戴模拟老年人身体负荷的设备，体会老年人的日常生活和不便，加强学生的社会责任感并建立同理心。

六、典型教学案例

案例1 人机工程的起源与历史

1. 知识点

人机工程学课程的研究对象、人机工程学课程的内容体系。

2. 思政目标

在本教学案例中，通过向学生展示我国古代两部科技巨著《天工开物》和《考工记》中器物制作宜人性的论述，让学生切身感受中国文化为人类的进步所做出的贡献，增强文化自信，培养学生爱国精神。

3. 教学过程

线上学习部分使用教材和MOOC视频完成人机工程的起源与历史知识点的预习。（20分钟）

线下教学部分采用BOPPPS教学结构进行教学设计。

导入：图片分析《三国演义》里的猛将张飞所使用的丈八蛇矛，引导学生思考器物要与人的因素相适应的问题。（5分钟）

学习目标：正确认识人机工程学与工业设计学科的关系。（1分钟）

前测：通过《考工记》兵器宜人性的论述，同学们如何看待中国传统的人机工程学思想？（15分钟）

参与式学习：案例分析+分组讨论+教师点评；举例让学生对我国产品设计的发展状况和国情有一个客观的认识；分组讨论身边的不符合人机的产品设计、作为工业设计的学生应该如何通过自己的专业知识为提高人民的美好生活质量做贡献。

点评：我们既要做到不歧视国产设计、不盲目崇外、要有民族自信，更应该意识到中国人体尺寸与欧美、日本人体尺寸都有所不同，产品设计要符合中国人体尺寸标准；在科技和工业设计水平方面，要有民族使命感和紧迫感，要有致力于国产产品研发的志向、致力于打造民族品牌的决心和信念。（60分钟）

后测：人机工程学主要研究的是人、机、环境三者之间的关系，简述这三者的含义。（10分钟）

延伸思考和学习：课外阅读世界上第一部关于农业和手工业生产的综合性著作——明朝科学家宋应星的《天工开物》，并独立做出读书报告。中华民族的复兴历程中，要以提高人的效能和人性价值为目标，开发更多符合中国人人体尺寸的人机工程学设计，满足人民日益增长的美好生活需要。（8分钟）

总结：梳理本节重点内容，通过人机工程学概念和研究方法的讲授，对我国产品设计的发展状况和国情有一个客观的认识。（4分钟）

4. 学习资源

①闻人军译注：《考工记译注》，上海古籍出版社2008年版；

②（明）宋应星：《天工开物译注》，上海古籍出版社2016年版。

案例2 座椅案例分析及初步设计

1. 知识点

人体测量数据的应用原则、人体尺寸的应用方法、人体身高在设计中的应用方法。

2. 思政目标

通过人体测量和人体数据的设计应用的讲授，启发学生科学兴趣，激发对专业的热爱。测量实验培养学生科学思维、从事物本质分析问题的科学方法。此外，利用第二课堂时间参加北京设计周等活动，教育学生要有设计师的责任心和以人为本的设计思考。从实践中教育学生要尊老爱幼，做对社会、环境有意义的工作，为实现人民美好生活而奋斗。

3. 教学过程

首先，引入世界的本源是物质，自然、社会都是物质世界的不同形态，统一于世界的物质性。人机工程学是一门多学科的交叉学科，研究的核心问题是不同的作业中人、机器及环境三者间的协调。人机工程学的课堂教学中操作宜人性分析、协调结构和造型的关系，可以揭示物质存在的形态以及变化规律，从而更加全面、准确地认识物质世界。如何把握使用者和器物的关系？为了设计中考虑人的因素，需要用科学的方法提供人体尺度参数依据。

其次，讲解百分位、测量数据的标准化的概念，引导学生学会百分点的选择和人体尺寸的应用方法，完成人机实验 1 "座椅案例分析及初步设计"。突出将课程教学与辩证唯物主义教育相结合，引导学生学会科学的学科研究范式，培养实事求是的工作态度，教育学生要有设计师的责任心和职业操守。

再其次，思考与讨论。学生们开展老年人身体和心理的调查，从实践中教育学生要尊老爱幼，做对社会、环境有意义的工作，为实现人民美好生活而奋斗，培养学生将来从事工业设计师的社会责任感。

最后，布置课后作业。通过调查报告实践环节，在学习了人机工程学基本概念以后，要求学生去观察生活中的产品、设施，分别找出 3~5 个合理及不合理的设计，运用人机工程学的原理对其进行分析，阐明理由。要求学生运用心理学量表法，对某种公共设施（如教室桌椅、公交车站等）的舒适满意度进行分析，内容包括设计一张舒适满意度调查表、实施调查和完成调查分析报告。

通过学生对上述设计的案例分析，突出人机工程学对安全的基本要求，学会发现设计上的不安全、不健康问题，并提出改进建议。引导学生从日常生活中人机学问题的巡视，将社会主义核心价值观中的"爱国、敬业、诚信、友善"贯穿到教学过程，引导学生认识到设计人员的社会责任感与使命感，教育学生以后在从事相关工作中，要珍视自己的职业，诚实工作、遵守承诺，坚守道德和法律的底线，做到科学、公平、公正。

4. 学习资源

①戴吾三："齐国科技发展原因试析"，载《管子学刊》1995 年第 4 期；

②《工作座椅一般人类工效学要求》（GB/T 14774-93）；

③孙守迁等：《先进人机工程与设计——从人机工程走向人机融合》，科学出版社 2016 年版。

七、教学反思

开展人机工程学课程思政工作以来，每深入一步，就愈发体会到教育者只有先受教育，才能更好地从事立德树人的教育活动。

针对课程思政融入点方面尚需潜心设计和不断实践的迭代的问题，拟从以下两个方面开展工作：

第一，从课程思政的课程内容着手。做好教学设计，采用"科教融合""知识渗入""实践探索""技能提升"多种手段实现"知识传授"和"价值引领"的有机统一。其一，"科教融合"方式。将教师主持课题作为课程任务贯穿始终，提高学生的主动学习积极性，增强学生的文化自信。其二，"知识渗入"方式。通过将做人做事的道理融入人机系统设计原则知识点讲授环节，提高了知识内容的厚度和深度，将知识性和实用性紧密结合起来。其三，"实践探索"方式。让学生在观察中思考、在思考中提升。其四，"技能提升"方式。通过对专业国内外的发展现状和趋势的梳理和分析，增强学生自觉意识，提升运用相关技能处理和解决当前学习和未来工作中出现的各种问题和困难的综合能力，提升学生实现民族复兴理想信念和责任担当。

第二，从过程管理入手，通过加强期初、期中和期终三个阶段的过程管理，检验课程思政效果，加速迭代效率。

执笔人：孙秀芳

认识实习课程思政教学案例

一、课程基本信息

课程性质：专业必修课

学分：1　　学时：1周

授课对象：工业设计专业本科一年级学生

二、授课教师基本情况

曾凤彩，讲师，硕士，主讲课程有：认识实习、视觉传达设计、包装结构设计与制作、包装装潢设计与制作，主要研究领域为包装设计与工业设计，多年从事包装设计与工业设计等本科专业的教学和科研工作，具有一定的教学经验和科研能力，曾荣获北京联合大学暑期社会实践优秀指导教师称号，指导学生获得2019年全国广告大赛北京市二等奖、2019年北京市大学生工业设计大赛优秀奖等。

三、课程内容简介

本课程是工业设计专业的必修课程、针对大一学生开展的实践教学。通过本课程的学习，树立专业学习的兴趣和信心，培养学生的创新意识，为学习专业基础课、专业课打下基础。

本课程内容包括三部分：设计公司参观实践、参观产品制造生产线、产品造型及外观认识。引导学生初步了解产品的设计、制造过程，对产品的色彩、形态、材料、人机、工艺等方面有一个感性认识；了解工业设计中的造型艺术及作用，了解工业设计中的色彩构成及作用，了解工业设计对产品销售的影响；深入生产企业，了解企业经营理念、创业精神，感受设计氛围，对设计元素、材料和设计管理有一个直观认识。

四、课程思政教学目标

第一，培养学生诚实、守信的美德，在认识实习的整个过程中，通过严格要求学生不迟到、不早退，遵守企业规定，认真承担并认真完成项目的任务和分工，做到诚实、守信。

第二，进行中国优秀传统文化教育，培养学生的民族自豪感和文化自信，通过参观国家级非物质文化企业品牌发展历史和参观传统红木家具的生产制造过程，让学生感受中国古老传统文化和智慧，深刻体会工匠精神，进行中国传统文化教育，培养学生民族自豪感和文化自信。

第三，引导学生具有为了人民健康和美好生活而设计的社会责任感和职业道德，在对产品造型及外观进行市场调研的基础上，指引学生对当前快速消费品对生态环境所带来的环保问题和危害进行思考和分析，增强学生环保意识和社会责任感。

第四，在认识实习的过程中提高学生的视野，发现专业领域内的新问题、产生新想法、创意新方案或新产品，未来能将专业能力、综合素养和双创精神有机统一。在项目和任务的执行过程中充分交流研讨、密切合作，具有一定的设计项目组织能力、较强的沟通表达能力及团队协作能力。

五、课程思政融入设计

元素 1：诚实守信教育

参观要求遵守企业规定、文明参观、礼貌提问，做到诚实、守信。

分别融入设计公司参观实习项目、产品制造生产线参观项目、产品造型及外观认识项目。

在项目的考勤过程中融入三个实习项目，都需要在校外进行学习，任课教师严格出勤和纪律考核，要求学生遵守企业预约时间，提前五分钟到指定地点，做到按时到场，不迟到、不早退。

在三个项目的进行过程中，要求学生按照老师布置的任务和内容分组进行，每个同学在各组团队里面都要参与，承担一部分任务内容，要求分工明确、认真完成，做到诚实、守信。

元素 2：中国传统文化教育

在实习项目二中，带领学生参观龙顺城企业的传统红木家具生产线，在参观过程中，通过龙顺成的传承人讲解品牌历史和品牌发展历程，了解传统生产制造的历史和演变；参观红木家具产品生产加工的流程和步骤，深入体会传统家具产品生产过程中手工艺匠师们的工匠精神，感受工人精湛技艺，学习工匠精神，进行中国传统文化教育，树立文化自信。

元素 3：创新意识和团队精神教育

参观设计企业洛可可、可口可乐博物馆等，感受企业文化，学习企业精神和设计理念。聆听设计师分享获得国际大奖作品的创作心得和经验，对工业设计领域产生感性认识的同时，在项目和任务的执行过程中充分交流研讨、密切合作，提高设计项目组织能力、较强的沟通表达能力及团队协作能力，培养学生的创新意识和团队精神。

元素 4：生态意识和环保意识教育

在对产品造型及外观进行市场调研基础上，同时要求学生对当前快速消费品对生态环境所带来的环保问题和危害，以及现有的解决方式进行市场调研，了解与工业设计相关的环保法规，指导学生结合案例对自己所理解的"好设计"的标准进行阐述，树立生态意识和环保意识。

元素 5：社会责任感和职业道德教育

邀请设计师给学生进行专题讲座，带着任务对获得红点奖的产品或其他优秀产品进行市场调研，总结产品特点及获奖的原因并进行小组讨论，引导学生正确的设计观念和消费观念，具有为了人民健康和美好生活而设计的社会责任感和职业道德。

六、典型教学案例

案例 1 实习项目一 设计公司参观实践

1. 知识点

熟悉设计流程和感受设计企业文化氛围。

2. 思政目标

培养学生的创新意识和团队精神。

3. 教学过程

首先，按照预定时间和地点，集合出发，提前介绍洛可可公司；其次，参观洛可可公司，学习公司设计理念；最后，实习分为三部分进行：①由企业人员带领参观洛可可公司设计环境和感受企业工作氛围，学习企业文化，熟悉设计知识和设计流程；②设计师进行典型设计产品的详细创作过程介绍，聆听设计师分享获得国际大奖作品的创作心得和经验，学习企业创新精神，思考成为一个设计师需要什么素质；③带着任务，让学生分组参加设计构思项目，在项目和任务的执行过程中充分交流研讨、密切合作，提高设计项目组织能力、较强的沟通表达能力及团队协作能力，培养学生的创新意识和团队精神。

4. 学习资源

樊超然主编：《工业设计概论》，华中科技大学出版社 2005 年版。

案例2 实习项目二 参观产品制造生产线

1. 知识点

认识中国国粹榫卯结构及其在传统家具上的应用，深入了解中式家具的结构特点和工艺流程，学习榫卯结构特点、传统家具产品加工制造过程。

2. 思政目标

增强文化自信，进行中国优秀传统文化教育，学习工匠精神。

3. 教学过程

首先，由问题代入，引发对现代与传统的思考。通过参观可口可乐生产线、北京现代汽车组装线，学生在人工智能时代感受到现代化生产线带给我们的高效和便捷的同时，引导学生思考中国有很多传统手工制造业。在人工智能时代，这些传统生产企业经营如何呢？让学生思考，在人工智能时代，传统制造业和传统技艺是否会完全被取代或者消失呢？如何去创新？

其次，通过参观国家级非物质文化企业——龙顺成，了解其发展历程、品牌故事、传承精神和创新精神，认识榫卯结构及在中式家具上的应用并深入了解中式家具的结构特点和工艺流程、参与鲁班锁的拼接比赛。让学生近距离感受中国传统家具文化的博大精深、感受京作家具独特的制作技艺、感受精雕细刻的工匠精神。

4. 学习资源

①在线视频：《更生聊红木》《榫卯结构》《大国工匠》；

②吴廷玉主编：《中国元素与工业设计》，浙江大学出版社 2012 年版。

案例3 实习项目三 产品造型及外观认识

1. 知识点

了解设计市场，对产品的色彩、形态、材料、人机、工艺等方面有一个感性认识，了解产品设计对产品销售的影响，带着任务进行市场调研获得红点奖的产品或其他优秀产品。

2. 思政目标

引导学生树立正确的设计观念，具有为了人民健康和美好生活而设计的社会责任感和职业道德。

3. 教学过程

首先，介绍工业设计比赛和奖项，引导学生思考工业设计理念。要求学生对世界上知名设计竞赛中最大、最有影响的工业设计竞赛（德国红点奖与德国"IF 奖"、美国"IDEA 奖"）和历年获奖作品的网络调研和设计分析，引导学生树立促进环境和人类和谐的设计理念。

其次，由问题引入项目三。为什么会有价格差异？每个品牌针对的消费者是哪些人群？如何体现人群的用户需求？通过集体参观卡特尔家具专卖和宜家家居，认识产品市场及销售情况，了解设计市场，对产品的色彩、形态、材料、人机、工艺等方面有一个感性认识，了解产品设计对产品销售的影响，带着任务进行市场调研，感受设计产品给人们生活带来的改变和体验。要求每组同学在市场上寻找获得设计大奖的产品或其他优秀产品，对产品的色彩、形态、材料、人机、工艺等方面进行分析，并思考产品设计对产品销售的影响。

最后，课程要求。要求学生带着任务，认真调研、仔细分析，遵守商场规定，不大声喧哗。

4. 学习资源

① ［日］原研哉：《设计中的设计》，朱锷译，山东人民出版社 2006 年版；

② ［美］海施主编：《认知：设计意味着商机》，杨慧鸣译，京华出版社 2008 年版；

③ ［美］威廉·麦克唐纳、［德］迈克尔·布朗嘉特：《从摇篮到摇篮：循环经济设计之探索》，中国 21 世纪议程管理中心、中美可持续发展中心译，同济大学出版社 2005 年版。

七、教学反思

本课程为校外实践课程，在整个课程中采用外出参观、实地讲解、企业介绍、讨论总结的多种方式进行教学，指导教师联系实习单位，与实习单位沟通教学内容并进行共同教学，并且全程带队对学生进行及时交流互动。反思整个课程实施过程，主要还有以下问题：

第一，在贯彻落实课程思政过程中，有些地方还显生硬，需要不断学习和深化对课程思政的理解认识。还需要寻找更贴切的思政案例和元素，进一步改进教学方法，力求做到使学生在掌握专业知识的同时，达到思政教育的目的，做到润物细无声。

第二，课程思政素材还不够丰富，在今后的教学和课程中要挖掘和积累更多的思政素材。

第三，在培养单个学生细节指导方面显得单薄不足，要在今后的指导过程中更进一步细化和关注。

第四，不断提升自身的专业素养、政治素养和德行修养，努力把思想、理论、知识与教学方式有机结合，增强课程思政的亲和力、感染力，达到思政育人的目的。

执笔人：曾凤彩

设计程序与方法课程思政教学案例

一、课程基本信息

课程性质：专业必修课

学分：4   学时：64

授课对象：工业设计专业本科学生

二、授课教师基本情况

张媛媛，讲师，设计艺术学文学硕士，北京联合大学生物化学工程学院工程艺术系工业设计专业教师，主要研究方向为：特殊人群产品设计、交互设计，主要讲授设计程序与方法、模型及样机制作、包装结构设计、视觉传达设计、包装造型与装潢设计等专业课程，指导学生进行工业设计专业的毕业实习、毕业设计，课余，作为专业导师多次指导学生参加学生科技理想活动及专业相关竞赛并获奖，积累了一定的经验。

三、课程内容简介

本课程是工业设计专业学生大二第二学期的一门必修课程，是学生学习产品设计的课程，是工业设计专业本科学生接触产品设计课程的基础核心课程。产品设计程序与方法是工业设计专业的一门重要课程。作为一种现代设计的理论和方法，它不同于传统的工程设计，也不同于一般的艺术设计，而是具有多学科互相渗透、交融的特点，不仅包括对产品功能、结构、材料、工艺以及产品形态、色彩、表面处理、装饰工艺等方面的设计，还包括与产品有关的社会的、经济的以及人的各方面因素的综合设计。

四、课程思政教学目标

通过产品的设计程序与方法的课堂教学及课内外的设计实践，能够使正确的思想政治观念融入学生对专业设计课程的认识中，使在学生的专业学习基础阶段就受到与设计调查、设计分析、设计理论、设计方法、设计评价等相融合的思想政治教育，让学生能够系统、深入地了解产品设计程序与方法的实施进程与作用，强化学生理性设计的科学素养与设计方法实践能力，使学生更能将设计理论与设计实践相结合，在理性的、规范的程序与方法基础上进行产品设计的创新。

五、课程思政融入设计

元素1：传统文化教育

通过中国古代优秀设计案例讲解，让学生学会汲取中国优秀传统文化知识作为设计元素，讲授可作为设计元素的中国传统吉祥图案、器物造型、传统美学哲学等，融入产品设计实践中，去适应、引导学生价值观、文化观的正确建立，传递中国文化，增强民族文化自信。

元素2：增强民族自豪感

通过创新性产品设计优秀案例的讲解，在创新设计思维的讲解中，通过华为、小米等企业的产品设计案例及其背后的故事，增强创新性产品设计优秀案例讲解的感染力，让学生了解设计外围的情况，增强学生为了人民健康和美好生活而设计的社会责任感和职业道德，践行社会主义核心价值观。

元素3：突出以人为本的设计思想

关注特殊人群产品设计，课程讲授中的产品设计案例增加如：老年人助行产品设计、学龄前盲童玩教具设计等，加强学生对特殊人群产品设计的责任感，更加深入理解和谐社会的深刻含义。

元素4：锻炼团结协作能力

本课程是理论与实践相结合的专业课程，学生需要在课下进行设计调研、设计讨论、设计评价等，小组协作形式既可以较便利地完成任务，还可以锻炼他们之间的合作精神，增强团结协作能力。

元素5：加强法治观念

设计过程是一种创新活动，设计的作品要具有创新性。随着世界经济一体化的深入及我国提倡依法治国，人们的知识产权意识越来越高。在设计方法部分讲解作为设计师该如何避免侵权与被侵权，同时，我们也可以利用诸如公开专利等途径为自己的设计助力。学生要以端正的职业道德观念、法治观念和社会责任感进行本专业的学习和从事将来的专业设计工作。

元素 6：提升沟通与表达能力

设计师的设计构思、设计创意、设计方案的筛选等工作都需要与多方进行沟通和交流，设计作品的展示需要学生掌握设计手绘、数字建模、样机制作等技能实现设计创意的表达，能够综合考虑设计创意实现过程中的社会、健康、安全、法律、伦理、文化、成本以及环境等因素。

六、典型教学案例

案例 1

1. 知识点

产品开发概念与一般过程。

2. 思政目标

了解工业设计在产品开发中的位置及产品开发的概念与一般过程，理解工业设计在我国社会主义建设中所承担的重要作用。

3. 教学过程

首先，对我国工业设计的发展情况进行讲解。采用多媒体与案例教学方式，给学生展示相关的典型产品设计作品（实物或图片），以加强学生对所学内容的理解。社会进步给世界格局带来了新变化，通过世界及我国对工业设计定义的发展变更情况，让学生了解工业设计内容的发展与变化。

其次，对 2008 年北京奥运火炬设计案例进行讲解。选择在世界范围内最有影响力的活动——2008 年北京奥运会，对北京奥运徽章设计的联想集团创新设计中心参与火炬设计案例的整个过程进行讲授。通过给学生观看联想集团创新设计中心参选的三个火炬设计方案中落选的两个火炬，引出背后的故事。

进行联想集团创新设计中心火炬参选/火炬设计历程讲解：接受邀请—集思广益进行头脑风暴后"祥云"的雏形出现—团队搭建—方案成型（九个方案，经过提案、阐述、讨论和专业的评审，最终确立了三个方向：祥云、长城、凤凰。定位：祥云——中国文化元素的现代演绎；长城——强调时尚感；凤凰——强调高科技）—方案初选（三个方案参加初选，火炬方案"祥云"以对中国文化的深刻洞察、与奥运主景观的完美契合，进入九强）—试制模型（联想集团将整个火炬设计团队分工为云纹设计团队、设计调整团队和工艺实现团队，调整云纹设计和造型工艺，攻克多个科技难关，试制成功参加九进四复评的火炬模型）—方案复选（样机试制成功）—方案终选（第二次模型试制）—火炬工程化（完成火炬外观设计和内部燃气技术的协调配合完善过程）—产品量产（火炬正式通过技术验收）—火炬扩展设计（火种灯、展示台、适配器和包装的设计）。

这个过程中，将工业设计的一般程序与这个实际案例结合，让学生理解正是经过这样有序的集思广益、文化创新、技术创新、全方面合作等工作才把 2008 年北京奥运火炬展现在世界面前，加深学生对设计程序的理解。

再其次，对知识点进行归纳。通过这个案例可以看到，产品开发的概念与产品开发的一般过程主要有以下阶段：规划阶段、概念开发阶段、系统设计阶段、详细设计阶段、测试和提炼阶段、生产启动阶段。

最后，思考与讨论。思考我国还有哪些企业像联想集团一样通过设计促进我国经济发展，通过实际设计案例进行讨论与分析。

4. 学习资源

杨向东主编：《工业设计程序与方法》，高等教育出版社 2008 年版。

案例 2

1. 知识点

设计表达。

2. 思政目标

掌握设计报告书的内容和形式，掌握常见的设计表达方式，在设计实践作品的完成过程中能够通过恰当的设计说明与表达方式和方案，正确、清晰地传达设计意图；通过特殊人群产品的设计表达案例进行讲解，将以人为本、设计关爱的思政目标融入设计表达的教学中，进行全方位自然的融入。

3. 教学过程

首先，讲解设计表达的意义。产品表现技法是产品设计的语言，也是设计师传达设计创意的必备技能。它是在一定的设计思维和方法的指导下，把符合生产加工技术与消费者需的产品设计构想先通过技巧加以平面与立体视觉化的一种技术手段。

做好设计的尺寸图、模型图和效果图后，需要将其呈现在展板、报告书等展示载体上进行宣传。

其次，对"老年人拐杖设计"展板设计案例进行讲解。通过 2018 届毕业生覃亚东的"老年人拐杖设计"的展板作为教学案例进行讲授。

老年人作为需要社会关心和帮助的对象，设计师则更要关注这个特殊群体，设计出更加符合他们需求地产品，帮助他们更有质量地生活、快乐生活。覃亚东的老年人拐杖设计考虑到老年人外出过程中站立需要助力的问题，为拐杖增加了助起装置，并增加了健身用的弹力绳，扩展产品的功能，增加了夜光反光条，起到提示作用，增强安全性。

在老年人拐杖的展板设计中，标题需要突出，版式设计也要突出设计主题。作者在展板背景中增添了辅助老人挂拐杖的剪影图案，符合设计的主题。框架依据设计内容分为五个主要展示部分：设计主题及设计说明、结构示意、方案细节、使用方式、设计尺寸。

再其次，知识点讲解。进行作品展示设计时，要掌握设计原则，根据自己的设计内容，进行分区展示。设计时要考虑设计主题占据的面积，要在醒目位置，占据的比重要大，这样才能突出、吸引人的关注，随着观者的观看顺序，将其他细节部分可以按照设计的过程顺序等进行排布和展示。

最后，设计实践。指导学生按照设计表达原则将已设计的产品方案采用展板形式进行展示。采用多媒体与案例教学方式，给学生展示相关的典型产品设计作品图片，以加强学生对所学内容的理解。

4. 学习资源

杨向东主编：《工业设计程序与方法》，高等教育出版社 2008 年版。

七、教学反思

课程思政在工业设计教学中有很大的融合空间，只有将课程思政深入地融合到工业设计教学当中，才会让教学变得更加丰富多彩，使之形成更为深刻的教学模式。在设计程序与方法这门专业核心课中进行课程思政的教学融入，会加深学生对产品基本设计程序的理解，学生就会以思政的思考方式来开展设计，更加促进其对产品设计方法的掌握与运用，为工业设计注入无限的思政观念，在很大程度上改变工业设计教学的初衷，带来更具魅力的工业设计教学结果。

在教学内容的不断更新中，笔者将以课程思政为指导，以全新的教学面貌来做好工业设计教学，使课程思政更为深入地融入工业设计教学之中，培养德才兼备的设计人才。

执笔人：张媛媛

专业导论课程思政教学案例

一、课程基本信息

课程性质：专业必修课

学分：1　　学时：16

授课对象：工业设计专业本科一年级学生

二、授课教师基本情况

许翰锐，副教授，研究生学历，2002 年硕士毕业后到北京联合大学工作至今，工业设计专业教师，主讲专业导论、设计程序与方法等专业课程和创新思维方法通识选修课程，重视专业思政建设和课程思政建设，主持的"以'为特殊人群设计'为主线的工业设计专业学生德育智育培养探索与实践"项目获北京联合大学教学成果三等奖。

三、课程内容简介

专业导论是工业设计专业学生的一门必修课，是专业课程的导引，是学生认识专业的基础。本课程的目的是使学生广泛和深入了解有关工业设计的理论和概念，从历史、社会、文化、经济、生活方式、科学技术、材料等各个角度，了解工业设计的本质意义和发展趋势。

本课程开设在大一的第一学期，是工业设计专业本科学生接触到的第一门专业课程。在该课程开展课程思政教学改革，能够使在学生的专业学习之初就受到与专业特点、理论、概念、本质意义和发展趋势相融合的思想政治教育，能够使正确的思想政治观念融入学生对专业的认识，能够使学生以端正的职业道德观念、法治观念和社会责任感进行本专业学习和从事将来的专业工作。

四、课程思政教学目标

第一，能够充分认识工业设计行业对设计师的素养要求，树立为了人民健康和美好生活而设计的社会责任感和职业道德，践行社会主义核心价值观。

第二，了解中国设计成就和优秀传统文化，建立文化自信。

第三，培养生态意识，能够应用课程所学知识，理解和评价工业产品、服务等实践活动对环境、社会可持续发展的影响。

五、课程思政融入设计

元素 1：为人民健康和美好生活而设计的社会责任感和职业道德

在"绪论"中，让学生充分认识工业设计行业对设计师的素养要求，在"产品设计"中，强化对设计师社会责任感和职业道德的教育内容；就设计师的社会责任感和职业道德问题进行分组讨论，并以此为内容分组撰写和提交小论文。除此之外，其他章节中也都会有不同角度该元素的教育内容，全方位地帮助学生树立社会责任感和职业道德。

元素 2：新中国的发展成就

在"工业设计简史"中，向学生介绍各个时期工业设计发展的特点和工业设计未来的特点，加强对我国的设计发展历程的介绍。通过大量轻工产品案例印证改革开放以来家用电器设计的发展和品类的增加，让学生了解新中国的发展成就以及工业设计在改革开放中对人民生活改善起到的重要作用。安排学生参加北京设计周活动，通过该活动，使学生了解我国改革开放以来设计行业发展成果和设计实力。

元素 3：文化自信

在"产品设计"中，增加中国传统文化在设计中体现的内容，通过对文创旅游纪念品等结合了传统文化的产品设计案例分析，让学生直观感受中国风格现代产品设计的魅力；通过课外展馆展览，让学生了解北京传统文化在设计中应用的领域和现状，完成以对北京文创产品设计的建议（配设计草图）为内容的课后作业。

元素 4：具有法治观念

在"产品设计"中，通过在设计案例讲解中对其知识产权方面信息的介绍，培养学生的知识产权意识，了解作品抄袭的严重后果，在设计中尊重他人的知识产权，同时注意保护自己的知识产权成果；在"工业设计与环境"中，让学生初步了解与工业设计相关的环境保护法规和政策，让学生认识到自己的设计工作必须在符合相关法律法规的前提下进行。

元素 5：树立生态意识和环保意识

在"工业设计与环境"中，确立"掌握可持续发展的思想与原则，在设计中考虑节约能源、减少污染等问题"的教学目标，通过对可持续设计典型案例的分析，让学生树立生态意识和环保意识，对可持续发展的思想与设计原则有初步的了解和掌握。通过让学生在调研的基础上，对当前快消品、外卖包装等所带来的环保问题及可能的解决方式开展讨论，引导学生正确的设计观念和消费观念。

六、典型教学案例

案例 1 新中国的工业设计发展

1. 知识点

我国工业设计的发展。

2. 思政目标

了解并能够描述我国（特别是改革开放以来）工业设计的发展简史和成就，树立为了人民健康和美好生活而设计的社会责任感和职业道德。

3. 教学过程

首先，对我国工业设计的发展简史进行讲解。通过对我国（特别是改革开放以来）工业设计的发展简史的内容讲解，让学生从中了解我国工业设计的行业开端和促进因素、设计教育的发展、设计推进组织的成立、企业内设计部门的成立以及国家领导人的支持和社会实际需求等历史，更好地理解我国的工业设计发展脉络，有助于学生从当时社会现状的视角评价产品意义和价值，以及比较客观地分析和判断我国工业设计的发展趋势。

其次，对中国最广大民众深刻记忆的经典产品案例进行讲解。选择红旗牌轿车、上海牌手表、蝴蝶牌缝纫机、红灯牌收音机、海鸥牌照相机等这些带着 20 世纪中国最广大民众深刻记忆的经典产品为案例，向学生讲述中国现代工业设计一路走来的艰辛和曲折、我国设计研发人员的聪明才智和自力更生精神，让学生从中了解不同时期我们国家的工业发展，特别是改革开放以后的轻工业产品发展对人民生活的不断改善所发挥的重要作用。

再其次，思考与讨论。启发学生思考解放牌汽车车头的造型设计、华生电风扇扇叶设计的演变、同一时期农村和城市的钟表造型不同等问题的原因。通过学生讨论和教师讲解，让学生了解这些产品造型背后的设计知识，让学生对产品设计要符合科学、符合本土化需求，要因地制宜体现中国文化特点有一定程度上的了解和认识。

然后，对我国企业发挥设计重要作用的案例进行讲解。通过对联想集团等企业如何通过设计促进我国经济发展的案例介绍，让学生了解到设计对增强我国国力的重要作用，直观地了解设计发展与产业、社会、经济、政策等各项要素之间的具体关系，感受我国一代代设计师为提高人民生活水平和树立民族品牌所倾注的心力，树立为了人民健康和美好生活而设计的社会责任感和职业道德。

最后，课后作业（每人单独完成）。安排学生利用课余时间参加与课程进度相符的"北京设计周"活动，通过设计周活动，加深学生了解我国改革开放以来设计行业发展成果和设计实力，了解传统文化在设计中应用的领域和现状，结合本课程内容撰写活动心得。

小结：该教学案例通过以上五个教学环节，在达成"了解中国设计成就和优秀传统文化，建立文化自信"思政教学目标的同时，也深化了"树立为了人民健康和美好生活而设计的社会责任感和职业道德"目标的教育。

4. 学习资源

①沈榆："国货自强——百年中国工业产品的设计实践"，载《装饰》2015年第9期；

②毛溪："中国民族工业设计100年"，载《美术向导》2014年第4期。

案例2 工业设计与环境

1. 知识点

环境问题与设计对策。

2. 思政目标

培养学生生态意识，能够应用课程所学知识，理解和评价工业产品、服务等实践活动对环境、社会可持续发展的影响。

3. 教学过程

第一，总体介绍设计对环保的影响作用。了解设计中的环境问题，如温室效应、水污染、资源消耗和噪声污染等。

第二，对废弃产品二次利用的设计案例介绍（第一部分）。包括：废弃百叶窗条制成的直尺、欧洲货车覆盖用帆布制成的个性化图案书包。

第三，设计思路讲授。向学生讲授进行此类二次利用的产品设计思路：

一个物品经历了从产品到商品再到用品的过程之后成为废品，物品被视为废品的主要原因——它不再具备在设计和生产之初就被限定给它的使用功能。所谓废品就是它失去了最初被限定为某一产品时应具有的相应功能属性，但它具有的其他属性很可能仍然存在且有效，仍然具有可利用价值。发掘其中的一个或一类（或几类）属性的特点并应用于产品设计，就有可能由此在新产品中发挥新作用，并以废弃矿泉水瓶二次利用开发成的新产品为例进行说明。

第四，课堂讨论。在向学生介绍了废弃矿泉水瓶二次利用现有设计案例的基础上，让学生以"废弃的矿泉水瓶还可以开发出什么用途?"为题进行启发式讨论。

第五，对废弃产品二次利用的设计案例介绍（第二部分）。包括将啤酒瓶切割打磨制成的水具、以啤酒瓶为建材单元的流浪者小屋。

第六，提问和设计思路讲授。让学生思考第二部分介绍的两个案例设计流程上有什么区别，然后通过对这两个案例设计流程的比较，为学生依次进行设计介入时间不同的原态再生利用的比较分析、废弃品加入地点不同的原态再生设计的比较分析，以及它们各自的特点和适用条件，让学生能够有思路可循并举一反三地使用。

第七，课后作业（6人一组，自行分工）。思考设计师的社会责任，同学间讨论设计、市场与环保问题的关系（可就手机、共享单车、快消品、外卖包装等问题有重点地讨论），每组撰写小论文一篇，有标题、观点、分析（暂不用写摘要和关键词），注意格式，不少于 1500 字，其中引用不超过 250 字，完成时间为 1 周之内。

小结：该教学案例通过以上七个教学环节，既达成"培养生态意识"的思政教学目标，也潜移默化地培育了学生作为未来设计师在环境保护方面的社会责任感。

4. 学习资源

① ［英］安妮·切克、保罗·米克尔斯维特编著：《可持续设计变革：设计和设计师如何推动可持续性进程》，张军译，湖南大学出版社 2012 年版；

② 许翰锐、贾海斌、杨舒淇："以用户自有废弃品为新成品零部件的绿色设计"，载《设计》2014 年第 2 期。

七、教学反思

经过在工业设计专业导论课程中实施课程思政教学改革，深刻体会到"育人者先受教育"，为准备相关教学素材除查阅文献外，还走访了中国工业设计博物馆并参加了"非物质文化遗产保护"等相关培训，在备课过程中教师自身对于我国工业设计史和中国传统文化的认识也得到了很大提升，今后还要不断学习，将新内容充实到教学当中。

本课程可融入的思政元素比较丰富，但学时、学分较少，又因为是学生接触到专业课程的第一门课，在完成作业时学生相关的专业知识储备较少，所以作业论述的深度有待提高。为此，笔者计划从课外加强知识补充，通过网络为学生提供更多学习资料。

"具有法治观念"这一思政元素在课后作业落实中，要求学生的课后设计作品和小论文均不得抄袭他人，但学生对写论文缺乏经验，部分同学对引用和抄袭混淆不清，因此需要额外在此方面对学生进行解释和辅导。

执笔人：许翰锐

合理用药与健康生活课程思政教学案例

一、课程基本信息

课程性质：通识教育选修课

学分：2   学时：32

授课对象：全院各专业学生

二、授课教师基本情况

李可意，副教授，硕士，所授课程：生理学基础、药物分析、药学综合知识与技能等，研究方向：天然产物提取、纯化、制剂及分析，主编教材《药物制剂生产设备及车间工艺设计》获得中国石油和化学工业优秀出版物二等奖，另外，多次被评为校级大学生科技竞赛和创业大赛优秀指导教师。

三、课程内容简介

合理用药与健康生活是一门通识教育选修课，是研究合理用药与人体健康关系的科学。教学内容包括常用药品的基础知识、如何指导人们的健康生活和合理用药。通过本课程的学习，一方面可以扩大学习者的知识面，能指导日常生活中常见疾病的用药知识，实现健康生活的目标。另一方面利用本课程的知识能为自己和周围的人提供一定的用药指导和帮助，培养学生勤于学习、善于思考，利用所学知识提高理论联系实际的能力。

四、课程思政教学目标

第一，树立学生严谨的科学态度和负责的工作作风。通过药品特性、剂型、处方药与非处方药、保健品、批准文号、药品的命名、药品说明书的解读及合理用药与健康的关系等药品基本知识进行学习。了解"齐二药"假药事件、龙胆泻肝丸等药害事件，培养学生对良好的职业素养和工作作风重要性的认知。

第二，培养学生坚持不懈、勇于奉献的科学态度。通过胃的运动形式、消化液的组成及胃溃疡的成因的学习，了解幽门螺杆菌的发现历程，培养学生科学研究的内涵和勇气。

第三，增强学生的文化自信。通过学习发热的用药知识，了解中医药安宫牛黄丸的神奇疗效，激发学生热爱中国文化的情感。

五、课程思政融入设计

元素 1：事物的两面性——马克思主义哲学的辩证思维

事物运动发展是矛盾运动的结果，所以事物总是具有两面性，既对立又统一。药品是用于"治病"，而不是"致病"。由药品的两面性知识点引入药害事件：龙胆泻肝丸事件——阐述科学、严谨的科学态度和负责的工作作风的重要性，同时加强学生对药品是把双刃剑的认识，增强学生的责任感。

元素 2：先做人，再做事的育人理念

由药品的特性、药品质量的重要性知识点引入"齐二药"假药事件——由于使用了假冒的药用辅料而造成 9 人死亡。这个事件暴露的是检验、管理、规范等各个方面的问题。阐述执业者的职业素养和职业道德的坚守至关重要，帮助学生树立良好的职业道德意识。

元素 3：百年传承——中华老字号

作为药物的选择考虑因素之一——药品的生产企业，请同学说出在北京最信赖的药品生产企业，引出同仁堂。同仁堂的百年辉煌是建立在同仁堂文化传承上的，从而介绍同仁堂的历史和企业文化精髓——"炮制虽繁必不敢省人工，品味虽贵必不敢减物力"，以及其重义、爱人、厚生的价值观。体会企业文化中所蕴含的"忠诚"与"诚信"的中国文化，增强学生的文化自信。

元素 4：中华的文化瑰宝——中医药

通过发热用药、高热惊厥引入国家级非物质文化遗产——同仁堂安宫牛黄丸的故事。故事一：1976 年唐山大地震，一位叫卢桂兰的妇女被压在废墟下很长时间，得救后，由于伤口感染，高烧昏迷数日。北京医疗队一位医生把安宫牛黄丸调成糊状，从卢桂兰的口中灌进去，两丸吃下后烧退了。这在当时被称为奇迹。故事二：2004 年冬，著名主持人刘海若在英国不幸遭遇车祸，一直处于深度昏迷中，英方医生宣布其脑干死亡，十几个小时后住进首都医科大学宣武医院。不久后，刘海若奇迹般地苏醒了，从国外医院诊断为终生植物人到逐步走向康复，其中中医药立下了汗马功劳，危急时刻是安宫牛黄丸将刘海若从死亡的边缘拉了回来。2002 年 8 月 19 日《亚洲周刊》报道了刘海若在最危急之际医院给她用了安宫牛黄丸，当时无论是新加坡、马来西亚，还是中国台湾市面上的安宫牛黄丸都被抢购一空，大家都将此药视为"家居必备急救良药"。故事三：2005 年 4 月 30 日零时许，一名歹徒劫持一对杭州母子，由被劫妇女开车，从沪杭高速公路进入上海。当日凌晨 5 时许，上海特警通过强攻果断击毙了歹徒。被劫持的 3 岁男孩彭彭在解救过程中意外受伤，急用了 10 年前的安宫牛黄丸拯救孩子垂危的生命。

2014 年 12 月，北京同仁堂等单位申报的安宫牛黄丸制作技艺获批成为国家非物质文化遗产。上述事例都说明了中医药是中华的瑰宝，其精髓博大精深。

元素 5：专研精神

幽门螺杆菌是胃溃疡和胃癌的罪魁祸首，其发现并被关注的过程极为艰辛，最后是由研究者亲自喝下含有大量幽门螺杆菌的培养液进行求证，但仍然在 10 年后才被认可和重视，获得诺贝尔医学奖。阐述科学发现过程是艰辛的，要有坚持的勇气和牺牲精神。

六、典型教学案例

案例 1

1. 知识点

消化性溃疡的药物治疗、消化性溃疡的病因。

2. 思政目标

在本教学案例中，不仅要引导学生体会科学是在不断质疑常规和不懈的探索中突破的，培养学生的创新意识，还要通过讲述幽门螺杆菌的发现过程，让学生切身感受科学发现过程是艰辛的，要有坚持的勇气和牺牲精神，激发学生探索科学知识的勇气和献身精神。

3. 教学过程

首先，问题背景。消化性溃疡多位于胃和十二指肠，常由感染、长期服用非甾体抗炎药及应激（如重大手术或精神刺激后）等引起。而 67% ~ 80% 的胃溃疡和 95% 的十二指肠溃疡是由幽门螺杆菌引起的，众所周知，胃液的环境是酸性的，pH 0.9~1.5，这样的酸性条件有菌存在吗？在传统的认知中，菌在这样的环境下是不能存活的，所以，当幽门螺杆菌引起胃溃疡和十二指肠溃疡的推测出现时，遭到了群嘲，并无人理睬。因此，幽门螺杆菌的认知历经波折。

其次，教学过程。讲授消化性溃疡主要指发生于胃和十二指肠的慢性溃疡，是一种多发病、常见病。溃疡的形成有各种因素，其中酸性胃液对黏膜的消化作用是溃疡形成的基本因素，绝大多数的溃疡发生于胃和十二指肠，故又称胃、十二指肠溃疡。药物治疗常采用四联单的组合药物。

讨论：为什么四联单中含有抗生素？在强酸条件下，能有菌类存活吗？

还真有，它就是幽门螺杆菌，正因为在传统意识里认为胃的酸性环境不可能有菌类存活，它的发现可谓是历经周折。

消化性溃疡的形成原因：①幽门螺杆菌是消化性溃疡的主要病因，胃溃疡和十二指肠溃疡患者的幽门螺杆菌感染率是 80%~90% 和 90%~100%。②长期服用非甾体抗炎药。由于非甾体抗炎药的结构中具有酸性，长期服用此类药物是引起消化性溃疡的另一个主要原因，它被摄入后与胃黏膜接触的时间比十二指肠黏膜长，它与胃溃疡的关系更为密切。③胃酸分泌过多。消化性溃疡的最终形成是由胃酸/胃蛋白酶对黏膜自身消化所致。而胃蛋白酶原的激活和胃蛋白酶活性的维持都依赖胃酸（pH<4.0），因此胃酸和胃蛋白酶在消化性溃疡的发病过程中发挥重要作用。

根除治疗：①一般采用三联或四联的治疗，不推荐单种药物治疗，目前主要推荐质子泵抑制剂、铋剂两种抗生素，推荐疗程为 10~14 天。②抗酸分泌——质子泵抑制剂和组胺受体拮抗剂，质子泵抑制胃酸分泌作用比组胺受体拮抗剂抑制强而且持久。质子泵抑制剂的治疗疗程推荐胃溃疡患者为 6 周，十二指肠溃疡患者为 4 周，代表药：奥美拉唑。组胺受体拮抗剂代表药物如西咪替丁、雷尼替丁、法莫替丁、尼扎替丁等。③保护胃黏膜。主要包括镁铝合剂、替普瑞酮、瑞巴派特等。

反思幽门螺杆菌的发现给了我们什么样的提示？传统的认知束缚了幽门螺杆菌的发现和认可速度，不同国界、不同时代的科研人员，不惜以身试菌来证实它的存在。从 1892 年首次意识到胃内可能有这种菌存在到被证实，历经了近百年。为了提供更确切的证据来证实幽门螺杆菌感染是胃疾病的直接致病因素，该细菌的分离发现者巴里·马歇尔于 1982 年 4 月进行了一次吞服该菌的人体志愿者试验，志愿者就是他自己。在马歇尔之后不久，新西兰的莫里斯医师作为志愿者也进行了吞服幽门螺杆菌的自身感染试验。2005 年，研究者罗宾·沃伦和马歇尔因发现幽门螺杆菌、胃炎和溃疡病之间的关联获得了诺贝尔生理学或医学奖。科学发现过程是艰辛的，不但要有坚持的勇气，而且要具有牺牲精神。同时对于新事物的认知和认可，除需要坚持、勇于面对外，还需要有耐心、有恒心，这也是一个由量变到质变的过程。

案例 2

1. 知识点

药品基本知识、药品的特性。

2. 思政目标

第一，树立学生严谨、坚持不懈、勇于奉献的科学态度和负责的工作作风。

第二，培养学生良好的道德水平。

3. 教学过程

首先，互动。大家列举一下各自熟悉的药物，从用药引入药品的概念。

其次，什么是药品？药品的特性是什么？讲授：①药品的专属性：药品和病症与疾病是对应的；②药品的两重性：药品是把双刃剑。

讨论：关木通事件，或称龙胆泻肝丸事件，又称马兜铃酸肾病事件。以关木通事件为例，讨论药品是把双刃剑的含义。

反思：这件事反映了什么问题？龙胆泻肝丸为古方传承下来的，为什么出现了问题？主要原因是方中的木通。古方中，药名为木通。后来东北有一种类似的植物，药效相同、价格便宜，人称关木通。民国时期开始大量木通被关木通替代。大约 20 世纪 70 年代有人提出关木通有毒，该药物的不良反应导致多人重病缠身，但并未引起重视。这起药害事件的发生，说明科学是严谨的，不能有丝毫的懈怠，引导学生要有严谨的科学态度。

最后，质量重要性。讲授"齐二药"事件—问题分析—职业道德—科学管理，培养学生具有敬业、诚信、人道、利他的职业精神素养，科学、严谨、认真、负责、守规的职业道德德育目标。

讨论：为什么会发生"齐二药"事件？该事件反映了哪些方面的问题？如何避免？

反思：齐齐哈尔第二制药厂购入和使用以二甘醇假冒的丙二醇作为涉案

药品的辅料，违反了《中华人民共和国药品管理法》第 43 条第 1 款的规定：从事药品生产活动，应当遵守药品生产质量管理规范，建立健全药品生产质量管理体系，保证药品生产全过程持续符合法定要求。从药品的采购到生产管理到执行，该制药厂各级人员都没有按规定进行开展，暴露了各级从业人员职业素养和敬业精神方面的问题。坚守职业道德底线、遵守规则、敬业诚信是医药人必须具备的职业素养和社会价值观，也是各行各业必须具备的职业道德。

七、教学反思

第一，通过讲故事、讨论和查阅资料等方式与学生交流，发现学生对示例是能够进行正面分析的，也能抓住问题的中心，但不能结合时代背景进行深入分析，看问题比较片面，需要老师的补充引导和梳理。比如，对于关木通事件，学生对背景了解得不多，会提出中国的传统古方为什么古代用没问题，现在用就有问题、是谁动了配方的疑问，这个时候就需要老师就这几点根据背景进行梳理，从新中国成立前配方的变动到药品不良反应的联动，让学生深刻意识到严谨、认真的科学态度是多么重要，这个过程中多数时候还是需要老师引经据典地引导。除此之外，还应引导学生了解从量变到质变的马克思主义观点。

第二，所选示例一定要经典，能够引起学生的兴趣，同时能引发学生的思考，使学生学会透过现象看本质，提高学生的社会责任感和使命感，让学生引起共鸣，发自内心地提出自己的想法，而不是别人的故事，这对学生和老师都是挑战。

执笔人：李可意

无机及分析化学实验课程思政教学案例

一、课程基本信息

课程性质：专业必修课

学分：1.5　　学时：24

授课对象：本科一年级学生

二、授课教师基本情况

侯春娟，北京联合大学生物化学工程学院生物医药系基础化学教研室讲师，博士，主要讲授无机及分析化学、无机及分析化学实验、有机化学实验、化工原理和化工原理实验等课程，主要研究方向为光催化还原二氧化碳及光催化处理污水中催化剂的合成和性能研究，作为主要参与人完成"十二五"国家科技重大专项子课题 1 项，作为负责人申请校级科研课题 3 项、院级教学课题 1 项，目前以第一作者发表的论文被 SCI 收录 1 篇、EI 收录 2 篇，指导学生参加北京市大学生化工原理竞赛获得二等奖、三等奖若干。

三、课程内容简介

本门课程共 5 次课，10 个实验，通过无机及分析化学实验课程的学习，使学生掌握无机及分析化学实验基本操作技能（化学实验常用仪器的操作和使用、滴定分析基本操作、物理常数的测定方法等），在加深对无机及分析化学基本原理和基础知识的理解和掌握的同时，使学生获得物质变化的感性认识，培养学生严谨、求实的科学态度、精益求精的工匠精神。

四、课程思政教学目标

第一，通过对本门课程的学习，能够产生对我国文化的自信。中国传统文化博大精深，尤其在中医药学方面，有着几千年的知识积累。运用现代的化学分析方法，结合中医药典籍，可以解决很多难题。

第二，通过实验课的学习，能够养成实事求是、吃苦耐劳、精益求精的工匠精神，并能够在不断反思中加强知识技能的学习和创新。

第三，在实验过程中培养团队合作精神，增强学生的团队合作意识，为更好地融入社会做准备。

五、课程思政融入设计

元素1：引入国内名人事迹，增强学生的文化自信

中国传统文化博大精深，尤其在中医药学方面，有着几千年的知识积累。运用现代的化学分析方法，结合中医药典籍，可以解决很多难题。具体融入内容和方式如下：

实验一：实验室安全教育；认识、清点、洗涤仪器；粗硫酸铜的提纯。学生都是大一新生，第一次接触专业实验，且有些实验耗时较长，学生会觉得比较辛苦，现在很多学生追求功利，无名无利的事情不做，没有报酬的事情不做，对于化学实验觉得既辛苦又没有成效，糊弄了事。向学生们渗透我国优秀的中医药学文化，并与化学有机结合，增加学生的文化自信。此处举例我国著名药学家——诺贝尔医学奖获得者屠呦呦，其被戏称为"三无"科学家，但是屠老师不看重这些，几十年如一日地进行科学研究，通过孜孜不倦地努力，终于提取出青蒿素，为人类抗击疾病做出了巨大贡献，同时也为中医药走向世界指明了方向。通过屠呦呦的事迹讲述，使学生增强文化自信，增加学习化学实验的兴趣。

元素2：严格要求，培养学生实事求是、吃苦耐劳、精益求精的工匠精神

实事求是是中国共产党的光荣传统，是毛泽东同志提出的重要思想，在科学研究中尤其重要。同时，科学实验容不得半点差错，要胆大心细、不怕吃苦，要具有精益求精的工匠精神。具体融入内容和方式如下：

将工匠精神贯穿整个实验过程，尤其是在解离平衡及弱酸解离常数的测定过程中。实验内容较多，实验现象相应地会有很多需要记录的地方，要求学生认真观察，实事求是，不能看到别人的实验变成什么颜色，自己的不同，就认为不对过程中，应该用辩证的思维去看待此事件，通过合理的分析解释得到正确的结论。鼓励学生提高自己各方面的能力，尤其是专业技能。教育学生培养坚定的意志力，敢于面对各种困难。

元素3：及时总结所学内容，让学生学会反思

学而不思则罔，思而不学则殆，让学生养成良好的勤学、勤思考的习惯。

具体融入内容和方式如下：

将好习惯贯穿整个实验过程。针对学生书写实验报告时，不做数据处理，或者不重视数据处理，只把实验课上的数据记录完成就了事这一现象，提出学生要善于思考，善于用已经学过的理论知识解决实际问题，善于处理自己实验所得数据，并能进行分析、得出结论，做到理论联系实际。这样才能更好地学习新知识、提高自身素质、增长才能。

元素 4：通过分组实验，培养学生团队合作精神，学会先做人、后做事

增强学生的团队合作意识，为更好地融入社会做准备。

实验二：分析天平称量练习；酸碱标准溶液的配制与滴定分析基本操作练习。

实验三：氢氧化钠标准溶液浓度的标定；醋酸溶液中醋酸含量的测定。

实验四：盐酸标准溶液浓度的标定；碱石灰中碱度的测定。

实验五：解离平衡；弱酸解离常数的测定。

实验六：可溶性氯化物中氯的测定。

这些实验内容需要学生两个人一组，合作完成。因此从课堂上就开始练习分工合作，只有合理分配任务、处理好同学之间的关系，才能又快又好地完成实验内容，从而有效提高学生的综合素质。

元素 5：在实验过程中使学生明白 "实践是检验真理的唯一标准"

检验真理的标准只能是社会实践，理论与实践的统一是马克思主义的一个最基本的原则，任何理论都要不断接受实践的检验。在整个实验课程中，学生通过实验过程和数据处理过程来验证理论课上学到的知识，做到理论与实践相统一，用实践去检验理论，同时也可以用理论去检验实践结果是否合理，如果不合理应该思考怎样运用理论知识来解释并更正实验中出现的错误。

六、典型教学案例

案例 1

1. 知识点

学习实验守则及实验室安全制度，认识并洗涤常用仪器。

2. 思政目标

养成实事求是、吃苦耐劳、精益求精的工匠精神。

3. 教学过程

首先，课前检查学生书写的实验预习报告，未写预习报告者不允许进行实验，教师签字后生效。

其次，引入新课，通过近期新闻播报的校园实验室安全事件，引入本节课安全教育主题。

再其次，讲解实验室安全规则，并播放安全教育小视频，使学生深刻认识到化学实验室安全的重要性以及出现意外自救的方法。

然后，学生清洗实验室常用玻璃仪器，教师检查合格后才算完成任务，并选择合适的烘干设备。

最后，学生整理实验台，完成实验。

4. 学习资源

①清华大学实验室安全教育小视频；

②倪静安等主编：《无机及分析化学实验》，高等教育出版社 2007 年版。

案例 2

1. 知识点

解离平衡、弱酸解离常数的测定。

2. 思政目标

学生通过对本门课程的学习，能够产生对我国文化的自信，尤其是中医药学方面的自信。

3. 教学过程

首先，课前检查学生书写实验预习报告，未写预习报告者不允许进行实验，教师签字后生效。

其次，引入新课。本次实验课耗时长，并且实验测试项目众多，有些学生可能会产生抵触心理，因此引入我国诺贝尔医学奖获得者屠呦呦的事迹鼓励学生不怕困难、迎难而上才能取得胜利、发现新大陆。

再其次，采用启发式教学方法讲解实验原理，促进学生认真思考每一个实验现象，并用理论知识分析是否合理，如果不合理问题出现在哪里，怎么解决？

最后，学生分组合作，完成实验任务。

第五，整理实验台、清理实验仪器、记录实验数据，完成实验。

4. 学习资源

倪静安等主编：《无机及分析化学实验》，高等教育出版社 2007 年版。

七、教学反思

本轮课程是开展课程思政以来的首次实际应用，课堂上除将重点知识给予讲解之外，还加入了我国诺贝尔医学奖获得者屠呦呦的事迹，增加学生的文化自信和民族自豪感，效果很好。在学生实验操作过程中，对学生严格要求，不合格必须重新开始实验，培养了学生严谨求实、精益求精的科学态度。在实验过程中容易出现安全问题的地方，笔者会特别强调并举例提高学生的安全意识，让学生分组合作以提高学生的团队合作精神，在今后的教学过程中，笔者争取开拓更多的思政元素加入课程中，真正达到不但传授知识还要育人的目标。

执笔人：侯春娟

化工原理课程思政教学案例

一、课程基本信息

课程性质：专业必修课

学分：2　　学时：32

授课对象：制药工程、生物工程专业学生

二、授课教师基本情况

刘红梅，副教授，硕士，化工原理、化工原理课程设计的主讲教师，于2015年面向北京联合大学生物化学工程学院全院学生开设食品营养与健康选修课，主持多项教研课题和科研课题，近年来主要进行基于学习产出的教育模式理念的教学改革与研究，科研方向主要包括天然产物活性成分提取、分离和生物学表征以及生物农药的研制，发表相关教改论文近10篇、学术论文20余篇，多次指导学生参加北京市化工原理课程竞赛，多人次市级二、三等奖项，同时连续两年获得团体二等奖，2019年指导学生参加创新创业大赛获北京市优秀创业团队一等奖、第五届全国"互联网+"大学生创新创业大赛（北京赛区）一等奖，第五届全国"互联网+"大学生创新创业大赛（北京赛区）优秀指导教师，2019年北京联合大学优秀导师。

三、课程内容简介

化工原理课程是制药工程和生物工程专业的必修课程，是工程类课程的基础。通过本课程的学习，学生能够运用单元操作的基本原理与方法进行典型单元操作的操作计算和设备计算，进行初步的药品和生物制品生产工艺设计和设备选型；能运用热量传递和质量传递的基本知识，设计产品剂型的制备工艺；能运用工程分析方法解决药品和生物制品生产过程中遇到的实际工程问题；能综合运用本课程的知识结合制药工程技术和生物工程技术的发展趋势，对现有生产工艺和设备进行技术改进；能与团队成员进行沟通，具备团队协作意识。

四、课程思政教学目标

第一，增强民族自豪感和自信心。

第二，培养学生求真求实的情怀、科学严谨的作风。

第三，培养学生安全生产意识和责任意识、节能降耗意识和可持续发展的理念。

第四，培养学生的科学思辨精神和创新意识。

五、课程思政融入设计

元素1：民族自豪感

在研究流体流动的阻力影响因素时，以中国高铁为例，引导学生比较高铁和传统火车外形上的区别，分析高铁速度远高于普通火车的原因，进而分析流体阻力的影响因素，并进一步分析我国科学家将流体动力学的基本原理用于解决实际工程问题方面所取得的伟大成就，激发学生的学习兴趣和民族自豪感、增强自信心。

元素2：安全生产意识和责任意识

在学习精馏时，会涉及易挥发成分的提取分离，对于诸如乙醇、甲醇、丙酮这样的易燃易爆化学品，以近年来的化工厂爆炸案为例，如江苏响水天嘉宜化工有限公司3·21特大化工厂爆炸案、河南义马化工厂爆炸案等，探讨化工操作安全的重要性和违规操作带来的严重后果，引导学生在化工仪器/设备的操作和设计过程中要具有安全意识、责任意识，关注每个细节，并探讨采用更安全的工艺取代的可能性。

元素3：节能意识和可持续发展观

精馏和干燥都是能耗较大的单元操作，在学习相关内容时，引导学生分析精馏过程和传统干燥过程能耗所在，探讨从工艺、设备等方面进行技术革新降低能耗的可行性，提高经济效益和环境效益，培养可持续发展观。通过学习，学生在解决实际工程问题时，可以有意识地从节能降耗、绿色生产的角度出发。

元素4：求真求实的态度、科学严谨的作风

从图表查询、有效数字、实验数据的原始记录等方面入手，要求学生明确工程实践过程中求真求实的重要性，明白失之毫厘，谬以千里的道理，明白一个小数点的差距可能带来千万元的损失，从而在实验过程中认真如实记录实验数据，设计计算的过程中保持科学严谨的作风，在优先考虑技术可行性的前提下，同时兼顾工程可行性、经济可行性等问题。

元素5：学以致用

在学习流体流动、热量传递等内容时，引导学生关注生活中的流体问题和传热问题，用所学知识分析解释生活中的流体现象，比如下水管的 S 弯、动车的流线型造型等，冬天如何从传热学的角度选择不同的被子等，做到学以致用。

六、典型教学案例

案例 1

1. 知识点

流体静力学方程及应用、流体阻力的影响因素及计算、不同物体的导热系数、多层平壁和多层圆筒壁的计算。

2. 思政目标

增强民族自豪感和自信心、学以致用。

3. 教学过程

首先，从学生熟悉的茶壶出发，引导学生利用高中所学的知识分析其中所涉及的静力学基本原理，进而从受力分析的角度推导出流体静力学方程，体会其中所涉及的工程思想，在学习静力学基本方程式的应用时，引导学生寻找生活中的流体力学例子，并利用所学的基本原理进行分析解释，能够做到学以致用。

其次，在学习流体阻力的影响因素及计算时，从学生熟悉的溜冰出发，从地面粗糙程度对溜冰速度的影响引导学生分析其中可能的原因，进而分析流动阻力的影响因素，然后引出中国交通史上的伟大成就——高铁，从流体力学的角度分析高铁高速度的技术原理，体会流体力学在提高高铁速度方面的应用。

再其次，在学习不同物体的导热系数时，首先明确气液固三种状态下的物体导热系数的大小关系，明确气体导热系数较小，然后让学生进行头脑风暴，列举气体在保温、金属在导热方面的应用，并布置一项不同地区购买被子的任务，让学生去超市调查被子的种类、材质、价格，分析无暖气且温度较低的南方和有暖气的北方应如何选择被子，从而理解物体导热系数在保温和传热方面的应用。

最后，在学习多层平壁和多层圆筒壁传热时，从热量损失的角度分析冬天应如何穿衣。

案例 2

1. 知识点

精馏原理和精馏过程设计。

2. 思政目标

培养学生节能意识、安全生产意识。

3. 教学过程

首先，通过学习精馏的原理，明确精馏是一个耗能过程，在这样一个过程中既需要在塔釜提供大量的热量，又同时需要在塔顶移除大量热量。让同学们先计算塔釜需要提供的热量和塔顶需移除的热量，再计算塔釜需要加热蒸汽的量和塔顶需要冷却水的量，然后进行经济核算，算一笔能源账。

其次，通过核算学生了解到精馏过程能耗巨大、能源成本较高，引导学生思考如何进行合理的能量利用、降低能量消耗。

最后，精馏过程处理的多是挥发性液体，比如乙醇、丙酮以及各类挥发油等，易发生爆炸危险，以江苏响水天嘉宜化工有限公司 3·21 特大化工厂爆炸案、河南义马化工厂爆炸案为例，说明化工生产过程的危险性，强调安全生产的重要性，并引导学生思考可以采用什么样的替代方案降低化工生产过程中的不安全因素。

七、教学反思

化工原理是一门理论性和实践性很强的课程，学时少、课程难度大、课堂信息量大，课程思政融入也有较大难度，因此在课程思政的设计上主要还是从化工原理解决实际生活问题着手，激发学生的学习兴趣，然后利用中国在交通方面的伟大成就——高铁，分析流体力学在现代交通工具方面的应用，一方面增强学生的民族自豪感和自信心，另一方面也明确了课堂上所学的知识，使学生认识到除能解决制药过程的问题外，我们的生活也离不开流体力学。

学生们在学习了流体力学和传热学之后，寻找到很多生活中的例子，比如高尔夫球及球杆的设计、下水道 S 弯的设计、家用轿车和越野车的设计、五孔被和九孔被的区别、砂锅和铁锅的差异等。

在进行精馏过程设计时，同学们不是简单地用冷凝水移除塔顶热量、用水蒸气加热塔釜，而是有意识地注意能量的合理利用问题，能考虑到利用塔顶蒸汽作为热源的一部分使水汽化，用作塔釜的热源，从而降低系统的能耗。

专业课的思政设计还需要进一步改进，课程中有些地方还缺少思政内涵，这也是后续需要注意的地方。

执笔人：刘红梅

环境与环境保护课程思政教学案例

一、课程基本信息

课程性质：通识教育选修课

学分：2　　学时：32

授课对象：生物化学工程学院在校本科学生

二、授课教师基本情况

韩永萍，副教授，博士，主讲制药设备与车间设计、药物分离技术、制药工程课程设计和制药工程技术实训专业核心课或必修课，以及环境与环境保护通识教育选修课，在教学过程中，积极探索科教融合、产教融合，注重学生批判性思维和创新思维的培养，主持教改项目9项，发表相关教研论文16篇，作为指导老师，辅导学生申请并获批校级大学生科技立项19项，获得市级以上竞赛奖项9项，并多次被评为校级优秀班导师。

三、课程内容简介

环境与环境保护是指人类为解决现实或潜在的环境问题、协调人类与环境的关系、保障经济社会的可持续发展而采取的各种行动的总称。课程主要内容包括：人与自然、生态系统、环境问题与环境污染、可持续发展与清洁生产、我国的环境问题与重大举措、我国的可持续发展之路六个单元。通过本课程的学习，一方面使学生理解生态系统的组成和特性、环境污染的基本理论，了解水和大气相关环境标准、人类对可持续发展的认知，理解清洁生产在工农业生产中的具体实施。另一方面通过分析我国的环境问题以及北京所面临的具体环境问题，回顾我国广大劳动人民在历史上改造生存环境的智慧和伟大壮举，探讨近年来我国实施的一系列与生态环境有关的重大举措，体会可持续发展观在现代社会经济发展中的应用。

四、课程思政教学目标

第一，帮助学生正确认识环境保护与经济发展的关系，建立可持续发展观。

第二，通过回顾我国广大劳动人民在历史上改造生存环境的智慧和伟大壮举，协助学生建立民族自豪感。

第三，通过对近年来我国实施的南水北调、西部大开发、供给侧结构性改革以及京津冀一体化发展等重大举措探讨，让学生体会到社会主义制度有利于"团结一致，集中精力办大事"，帮助学生理解社会主义制度的优越性，树立爱国情怀。

五、课程思政融入设计

元素 1：八大公害事件——人类与自然环境的协调发展

在人与自然单元中，引入八大公害事件，通过公害事件的分析，引导学生思考经济发展与环境保护的关系。

元素 2：《星际穿越》——地球是目前人类赖以生存的唯一家园

在人与自然单元中，引入科幻电影《星际穿越》，通过对地球以外的生存空间的探索，引导学生正确认识人与自然的关系，要爱护我们的地球家园。

元素 3：英国泰晤士河治理历程——生态系统自我调节的有限性

在生态系统单元中，引入"英国泰晤士河长达近 60 年的治理历程"，引导学生理解生态系统自我调节的有限性。

元素 4：《重返·狼群》——生物多样性对生态系统结构的影响

在生态系统单元中，引入电影《重返·狼群》——引导学生思考生物多样性对生态系统结构稳定的重要性。

元素 5：焦裕禄事迹——生态系统的可塑性

在生态系统单元中，引入"焦裕禄带领兰考人民与艰苦的自然环境做斗争，改善生存条件""在我国三年自然灾害期间，河南林州市人民自力更生，克服重重困难，于太行山悬崖绝壁之上和险滩峡谷之中，开凿和架设红旗渠，引漳河水彻底改变当地十年九不收的生存窘态"，引导学生思考生态系统对人类生存的重要性。出于生存目的，人类曾以愚公移山的精神改造自然，营造好的生态环境。

元素6：南水北调——珍惜和爱护资源环境

在我国的环境问题与重大举措单元中，引入"南水北调"，引导学生思考在科技突飞猛进的今天，我们可以针对社会经济发展的重大限制因素，进行大刀阔斧地改造自然，调配自然资源。但是如果不加保护、肆意浪费，终将扭转不了资源短缺的局面。因此，我们在创建美好家园的同时，要懂得珍惜和节约资源、爱护环境。

元素7：西部大开发和供给侧结构性改革——中国的可持续发展之路

在我国的环境问题与重大举措单元中，引入"西部大开发"和"供给侧结构性改革"，引导学生思考经济发展并不只有依靠大量资源消耗和环境破坏这一条路，深刻体会习近平总书记说的"绿水青山就是金山银山"，生态经济已经成为当今社会经济发展的重要方向。

元素8：北京城六区人口疏解、城市留白增绿——北京的环境生态治理

在我国的环境问题与重大举措单元中，引入"京津冀一体化发展——北京城六区人口疏解、城市留白增绿"，通过引导学生结合亲身感受分析城市人口疏解后的利与弊，体会生态环境对现代文明社会发展的重要性。

六、典型教学案例

案例1

1. 知识点

公害事件、人类与自然环境的协调发展。

2. 思政目标

帮助学生正确认识环境保护与经济发展的关系，建立可持续发展观，了解资本主义国家在经济发展初期也存在大量环境污染和资源过度消费的问题。我国在改革开放和经济发展过程中出现的环境污染问题有其必然性。我国一直致力于环境污染治理，并取得了一定成效。因此针对西方国家对我国环境污染问题的攻击应有十分清醒的认识。

3. 教学过程

首先，介绍两个概念。①逆温层：正常地球表面温度沿高度分布为下高上低，导致地球表面空气密度低于高空，地球表面气流在垂直方向上形成强烈的对流。但逆温层发生时，正好相反，地球表面温度沿高度分布为下低上高，地球表面空气密度大而高空密度小，使得地球表面气流在垂直方向上无

法形成强烈的对流。②公害事件：指因环境污染造成的在短期内人群大量发病和死亡的事件。

其次，介绍八大公害事件：

事件名称	发生时间	发生地点	污染类型	污染源/物	对人类产生的危害
马斯河谷烟雾事件	1930年	比利时马斯河谷	大气污染	谷地中工厂密布，烟尘、二氧化硫排放量大	上千人暴发呼吸道疾病 原因：吸入污染空气
1943年洛杉矶光化学烟雾事件	1943年	美国洛杉矶市	大气污染；光化学污染	该市当年250万辆汽车，每天约燃烧掉1100吨汽油	65岁以上老人集中死亡 原因：吸入污染空气
美国多诺拉事件	1948年	美国宾夕法尼亚州多诺拉镇	大气污染	河谷内工厂密集，排放大量烟尘和二氧化硫	6000人突然发病 原因：吸入污染空气
1952年伦敦烟雾事件	1952年	英国伦敦市	大气污染	燃煤中含硫量高，排放大量二氧化硫和烟尘	当月因此死亡人数达4000人 原因：吸入污染空气
日本水俣病事件	1956年	日本熊本县水俣湾	海洋污染；汞污染	氮肥厂含汞催化剂随废水排入海湾	当地居民暴发"水俣病" 原因：食用污染海产品，甲基汞侵害头部和人体的神经系统
日本四日市事件	1961年	日本四日市	大气污染	工厂大量排放二氧化硫和粉尘、重金属颗粒	当地居民哮喘病暴发 原因：吸入污染空气
日本米糠油事件	1968年	日本九州、四国	农饲料污染	米糠油生产中用多氯联苯作热载体	截至1978年，确诊患者人数累计达1684人 原因：多氯联苯在人体内蓄积引起的机体中毒

续表

事件名称	发生时间	发生地点	污染类型	污染源/物	对人类产生的危害
1955～1972年骨痛病事件	1955～1972年	日本富士县神通川流域	水体污染；土壤污染；镉污染	炼锌厂未处理的含镉废水排入河中	沿河居民暴发"骨痛病"原因：食入含镉食物，在骨骼中大量蓄积

公害事件产生原因分析：工业发展初期经济发达国家的工业相对发达。

对当地居民造成重大健康伤害，甚至死亡的根本原因：只关注经济发展，产生的污染物乱排、乱放，没有考虑环境保护。

讨论：八大公害事件中有五项为大气污染，联想我们生活地区的冬季雾霾天气频发，能给大家带来什么启示？

重度大气污染会引起群聚性呼吸道疾病大暴发，而且影响区域广。重度大气污染危害严重，尤其对年纪较大或有呼吸道基础疾病的人。大气污染治理难度大，污染源确定困难，必须引起重视，吸取教训，尤其加强对工业烟尘的治理，不能让20世纪的悲剧在我们现代社会发展中重现，尤其是工业生产过程，如果将产生的各种污染气体直接排放进入大气，无异于对地球上的生命进行谋杀。随着私家车的数量增加，汽车尾气成为大气污染的重要污染源，一定控制好汽车尾气污染，避免洛杉矶烟雾事件的悲剧重现。

总结：人类在谋求自身发展的同时，要注意对造成的环境污染进行及时的治理，保护好我们所要赖以生存的环境，这是每个地球公民的责任。

4. 学习资源

① "世界著名的八大环境污染公害事件盘点"，载 http://www.huiguo.net.cn/news/show/id/569/；

② "警钟长鸣：世界八大环境公害事件"，载 https://www.sohu.com/a/227967880_100143669。

案例2 我国水资源利用的重大举措

1. 知识点

我国的水资源现状与利用；珍惜和节约水资源、爱护环境。

2. 思政目标

让学生体会到社会主义制度有利于"团结一致，集中精力办大事"，帮助学生体会社会主义制度的优越性，树立爱国情怀。

3. 教学过程

首先，介绍我国的水资源现状。

缺水：中国淡水资源总量排在世界第四位，但人均水资源量只有 2300 立方米，仅为世界平均水平的 1/4。全国 600 多个城市中，超过 2/3 的城市供水不足，100 多个城市属于严重缺水。同时我国水资源地区分布也很不平衡，总体来说东南多、西北少，时空分布不均。

浪费严重：工业和农业生产用水效率低，人们生活节水意识淡薄，浪费严重。

污染严重：地表水污染严重，近 50% 的重点城镇水源不符合饮用水标准；地下水过量开采，导致地下水位下降严重、海水倒灌和城市地面沉降。

特别是北方城市，水资源短缺已经成为制约经济发展、全面建设小康社会的主要因素之一。

其次，介绍长江与黄河。我国境内有两条横跨多省市的河流：长江和黄河。

长江是世界水能第一大河，全长 6300 余公里，仅次于非洲的尼罗河和南美洲的亚马孙河，居世界第三位。长江从青藏高原的唐古拉山主峰——各拉丹冬雪山发源，干流流经 11 个省、自治区、直辖市，支流延至 8 个省、自治区的部分地区。

长江水系庞大，浩荡的长江干流加上沿途支流，纵贯南北。且长江流域大部分处于亚热带季风气候区，温暖湿润，径流多年平均降水量约为 1100 毫米，年均入海水量近 1 万亿立方米，相当于 20 条黄河的水量。

黄河有中华母亲河的美誉，全长约 5464 公里，为中国第二长河。黄河发源于青藏高原巴颜喀拉山北麓的约古宗列盆地，流经 9 个省、自治区，最后流入渤海。

黄河流域幅员辽阔，地形复杂，各地气候差异较大，气候类型有：高原山地气候、温带大陆性气候、温带季风气候。黄河流域年平均降水量为 400 毫米左右，平均年径流总量仅为 580 亿立方米。此外，黄河含沙量极大，年输沙量 16 亿吨，是举世闻名的多沙河流。

最后，介绍南水北调的目的与技术难点。南水北调工程就是把中国长江流域丰盈的水资源抽调一部分送到华北和中国西北地区。目的是改变中国南涝北旱、北方地区水资源严重短缺局面。

南水北调工程有东线、中线和西线三条调水线路，干线总长度达4350公里，通过三条调水线路将长江、黄河、淮河和海河四大江河联系，构成以"四横三纵"为主体的中国大水网。

南水北调工程有利于实现我国水资源的南北调配、东西互济的合理配置格局，对协调北方地区东部、中部和西部水资源的需求，具有重大战略意义。同时南水北调工程也是当今世界上最大的远距离、跨流域、跨省市调水工程。其中，东线已于2002年12月27日正式开工，2014年12月12日中线工程一期正式通水运行，2013年11月15日东线一期工程正式通水运行。中线和东线工程完成历时10余年，西线尚未动工。

建设中几个典型的技术难题：丹江口大坝加高扩容，新老混凝土如何结合才能满足大坝挡水稳定和应力要求？穿黄隧道工程中南水北调的中线和东线都存在穿越黄河的问题。在中线，穿黄是南水北调的"咽喉工程"，也是南水北调技术难度最大的工程之一。采用隧道方案，不仅要考虑隧洞外部的黄河水和土层压力，还要考虑洞内水流压力。此外，黄河河底泥沙沉积量大，土质疏松，施工难度极大。中线输水总干渠经过南阳、沙河及邯郸等地，均分布有膨胀土，累计长达300多公里，约占总干渠长度的27%。膨胀土遇水膨胀，失水收缩、干缩龟裂。

讨论：就世界范围而言，南水北调工程具有工程体量巨大、总投资巨大、施工技术难度巨大三大特征，什么原因促成我国仅用10余年的时间就实现这一人类创举呢？与美国相比，举例说明我们国家在基础建设方面有何优势？我国拥有强大的调水系统，如何保证水资源可持续发展？

水资源短缺已经严重影响了我国大部分北方城市的经济发展。社会主义制度有利于资源的统一调配，有利于"团结一致，集中精力办大事"。与我国相比，尽管美国的社会保障体系以及科技水平均处在世界领先行列，但资本主义的社会制度并不利于资源的统一调配。众所周知，铁路是国家重要的基础设施、国民经济的大动脉和大众化的交通工具，在推动国家经济社会发展中发挥着重要作用。截止到2019年，我国铁路固定资产投资超8000亿元，其中高铁营业里程达到3.5万公里。然而，目前美国却因无法统一各洲之间的规划，不能建设高铁。

同时，我们也应清楚地认识到，如果依然肆意浪费和污染，终究摆脱不了水资源短缺的现状。我们应该重视水源地的保护，尤其对长江和黄河的水源涵养保护，节约用水、提高工农业用水的使用效率，对生产和生活中产生的废水应及时治理，防止污染程度和污染范围进一步扩大。

总结：在科技突飞猛进的今天，我们可以大刀阔斧地改造自然、调配资源，但是如果不加保护、肆意浪费，终将摆脱不了资源短缺的现状。因此，我们在创建美好家园的同时，要懂得珍惜和节约资源、爱护环境。

4. 学习资源

《中国南水北调工程》编纂委员会编著：《中国南水北调工程（文明创建卷）》，中国水利水电出版社 2017 年版。

七、教学反思

党的十八大以来，习近平总书记高度重视中国高等教育的发展和高校思政教育工作，强调要坚持把"立德树人"作为中心环节，把思政工作贯穿于教育教学的全过程，实现全程育人、全方位育人。课程思政就是提醒广大高校教师，应将知识传授与价值引领并重，课程教学目标不仅是希望学生较好地掌握专业知识与技能，还要让学生将所学的知识更好地服务于他人与社会。环境与环境保护课程本身就是引导学生建立科学发展观。为此，在教学过程中，要一方面使学生理解生态系统的组成和特性、环境污染的基本理论；另一方面通过组织学生从可持续发展角度上对我国经济发展中的一些重大举措进行解析和探讨，在弘扬中华民族自强不息、坚韧不拔伟大精神的同时，让学生领会到社会主义制度的优越性，在实践中增强环保意识，根植可持续发展观。

通过一轮的教学实践，笔者深刻体会到高等教育中价值引领的重要性。就教学内容而言，教师应将思政元素无痕迹地融入教学内容中去，真正做到润物细无声。另外，随着教学工作的展开，课程思政目标的层次应该逐步提高。因此，教师需要进一步对课程思政目标进行系统设计。

执笔人：韩永萍

生物分离工程课程思政教学案例

一、课程基本信息

课程性质：专业必修课

学分：2　学时：32

授课对象：生物工程专业本科三年级学生

二、授课教师基本情况

华威，讲师，博士，北京联合大学生物化学工程学院生物医药系教师，主讲生物工程专业生物分离工程、生物技术制药等课程，曾指导学生参加大学生"启明星"科技立项4项，指导学生参加北京市大学生生物学竞赛获市级二等奖，自工作以来，一直针对所任课程特点，逐步改进课程内容与授课方式，推进"学以致用，学以育人"的教育理念，完善课程的知识体系，更有效地实现了课程的教学目的。

三、课程内容简介

生物分离工程是生物工程专业必修课程。通过本课程的学习，学生能够掌握生物技术产品生产过程中常用分离提取与纯化技术的基本原理、基本方法及应用范围，运用所学的基本理论知识进行药品和生物技术产品的分离提取及纯化工艺设计和单元操作，了解新技术在生物活性物质生产过程中的应用进展，了解生物技术产品的最新发展动态。通过对本课程的学习，培养学生团队意识及团队组织、协作意识，提高分析问题、解决问题的能力及利用基础理论知识进行自主创新的意识，为将来从事生物技术产品相关工作奠定基础。

四、课程思政教学目标

生物分离工程是生物工程专业必修课程，授课内容主要围绕生物技术中常用的分离技术展开学习，属于理论与实际应用相结合的课程。从课程的特点出发，在融入思政元素时着重从以下几方面入手：

第一，培养学生的民族自豪感和自信心。

第二，培养学生实事求是的精神。

第三，培养学生规范、有序，坚持职业道德和正确的价值观。

第四，培养学生科学思辨、勤于思考、客观理性的思维。

五、课程思政融入设计

元素 1：中国本土培养的科学家获诺贝尔奖是中国科学的一大突破

在讲解萃取概念及萃取原理的知识点时，引导学生思考是否有重大的科学发现过程中运用了萃取的分离技术。列举我国第一位自然科学类诺贝尔奖本土中国科学家屠呦呦，利用低温萃取技术，从青蒿中提取出青蒿素，从而挽救了无数人的生命，并为亚非地区抗疟疾治疗工作做出卓越贡献。由此，培养学生对我国科学技术的发展有自信心和认同感，提升学生对国家和民族的自豪感。

元素 2：中国科研团队也可以创造先进技术成果

讲解结晶形成的原理及晶核结构的内容时，由无机物的结晶形成过程拓展到生物产品结晶，引导学生讨论复杂分子结构结晶的可能性。在讨论过程中，介绍 1965 年我国科学家联合完成牛胰岛素的人工合成，并获得人工合成品与天然产物完全一致的结晶形态，从而形成世界上第一个人工合成蛋白质。培养学生对中国科学发展史上重大事件的认知，鼓舞学生学习的热情，培养学生的自豪感与自信心。

元素 3：务实求真是高素质人才的必备条件

讲解柱层析色谱分离原理及柱层析色谱填料种类时，引出手性化合物分离技术，介绍"反应停"事件是由忽视手性化合物药理作用而导致的严重不良反应事件，与学生探讨手性分离方法在生物医药领域的重要性，同时引导学生对科学研究要有打破砂锅问到底的精神，要求真、求实，不虚、不浮躁。

元素 4：追求真理

讲解膜分离的方法之一——电渗析时，从电极的变换、电子运动的过程，引出这一方法中关键性部件之一的电极电场特点，拓展介绍瑞典化学家阿伦尼乌斯通过十几年坚持不懈的实验，最终建立电极理论，从而打破了法拉第提出的电极理论权威，为后续进行电化学研究提供理论支持。让学生体会到科学的过程从来不是一帆风顺的，是要坚持不懈地追求真理，把求真、求实作为科学家终生追求，才能使科学客观、理性并最终引导人类文明的进步。

元素 5：职业道德与安全意识是维系和谐社会的要素

沉淀法是生物产物的分离方法之一，在讲解蛋白表面特性时，引入山东非法疫苗事件、大连金港安迪狂犬疫苗非法添加事件、山西高温暴露疫苗事件等案例，让学生根据蛋白质特性分析上述事件对疫苗质量产生怎样的影响，同时引导学生增强职业道德意识和安全意识，以及遵守规范的重要意义。

元素 6：诚信守法是现代社会的要求

在讲解盐析沉淀原理过程中，引入日常食品咸鸭蛋流油这一贴近生活的小实例，介绍咸鸭蛋流油的制作原理，并引入工业盐加入苏丹红制作咸鸭蛋的食品安全事件，引发学生对食品安全问题的思考，同时与学生讨论在工作岗位有基本的职业道德意识，以及遵纪守法的重要性。

元素 7：科学的灵感源于对事物细致的观察

在介绍电泳发展历史时，引入 1807 年俄国物理学家罗伊斯在一次实验中偶然地用湿黏土加入电压发现带电黏土会发生移动，他细致观察并将这一现象进行记录，100 多年后科学家利用这一原理建立了分离蛋白质的电泳，使得电泳对生物学的研究产生深远影响。利用这一科学小故事，引导学生在学习过程中，善于观察、勤于思考、认真的工作态度。

元素 8：细节决定成败，实践出真知

在讲解冷冻干燥法时，引入青霉素的发现与如何一步步解决青霉素的不稳定性，使之走进医院治疗疾病的故事，使学生理解在科学研究的过程中总是存在一定反复，对于科研中出现的异常现象予以重视，不要轻易言败。可以通过不断实验、勤于思考、从实际问题出发、持客观理性思维、稳步向前，最终实现目标。

六、典型教学案例

案例 1

1. 知识点

萃取法的基本概念、原理。

2. 思政目标

通过我国著名科学家屠呦呦发现青蒿素的案例，培养学生对我国科研工作的自信心，打破学生对我国科研成果落后的认识。

3. 教学过程

第一，以油、水互不相溶的现象入手，讨论油跟水不能互溶的原因。（3分钟）

第二，提出问题：这种现象我们可以利用来做什么？学生思考回答问题。教师针对学生的回答进行补充，油、水互不相融可以使得不同极性的物质在油与水中存在的量产生差异，从而将这类物质从原有溶液中分离出来，引出萃取的概念。（5分钟）

第三，介绍萃取法的基本概念，萃取就是利用液体或超临界流体为溶剂提取原料中目标产物的分离操作过程。引导学生关注定义中的"液体""超临界流体""目标产物"等关键词，由萃取法的基本概念引出萃取法在使用过程中针对的对象的特征。（5分钟）

第四，提问：课前预习的萃取法有几种？学生回答问题，教师总结：有机溶剂萃取法、反胶束萃取法、超临界萃取法、双水相萃取法。简单介绍四种萃取法各自的特点，指出本节课重点讲解的有机溶剂萃取法原理。（6分钟）

第五，介绍有机溶剂萃取法原理，关键词：互补相溶的溶剂，图片展示液液萃取过程图，图片模拟有机相、水相中溶质的分布状态，介绍分配定律和分配系数的概念。提问：生活中有哪些例子是遵循有机溶剂萃取法原理的？学生回答，教师点评，并例举生活中油炒胡萝卜油变黄，水洗胡萝卜不变色，说明胡萝卜素的脂溶性特点。（10分钟）

第六，介绍实验室进行物质分离时的主要操作步骤，将有机溶剂萃取法原理再次强调，并讲述如何利用有机溶剂萃取法原理完成分离的关键点。提问：有没有重大的科研发现是利用了萃取的方法实现的？学生回答。展示青蒿的植物图片，提问是否有学生认识？引发学生思考、讨论。引申出青蒿素与青蒿的关系，介绍抗疟疾活性成分青蒿素的脂溶性，及利用低温有机溶剂萃取法纯化过程，逐步引出因发现青蒿素而获得诺贝尔奖的中国科学家屠呦呦，并介绍其发现青蒿素的艰难历程，及青蒿素对世界抗疟疾的贡献。（11分钟）

第七，总结本节课程的关键知识点——有机溶剂萃取法原理。以中国科学家的坚韧不拔的刻苦钻研精神获得世界认可的实例，增强学生对我国科学研究的信心，增强学生的民族自豪感，增加学生对科学研究的兴趣。（5分钟）

4. 学习资源

①"屠呦呦诺贝尔之路"，载 https://v.youku.com/v_show/id_XMTQx-NDVIODg5Mg==.html（节选2分钟）；

②王继刚等："青蒿素的研究历程与价值"，载《新发传染病电子杂志》2019年第4期。

案例2

1. 知识点

利用沉淀法进行蛋白质分离过程。

2. 思政目标

通过对我国近些年发生的各类疫苗事件进行分析，结合章节课程内容中蛋白质特性，培养学生增强职业道德意识和安全意识，以及遵守法律法规的重要意义。

3. 教学过程

第一，以常见的生物产品——疫苗开始，引导学生讨论疾病治疗的药物重要类型之一——疫苗的本质特征——蛋白质。（3分钟）

第二，提出问题：这类生物药物在生产与分离过程中有哪些方法可以进行纯化和分离？学生思考回答问题。教师总结：目前已学课程中过滤、离心的方法可以进行生物药物的分离纯化，但这些方法的前提是要使蛋白质能够从溶液中析出，引出沉淀法分离生物制品知识点。（3分钟）

第三，沉淀法的理论知识教学。介绍沉淀法的基本概念，引导学生通过概念中的"沉淀剂""溶解度""固形物"等关键词，理解并熟悉沉淀法的基本概念。提出问题：生物产物分离使用沉淀法的目的是什么？学生回答。总结：目的一是浓缩；目的二是选择目的产物初步纯化；目的三是样品易于存储。（6分钟）

第四，教师根据学生对沉淀法概念的理解提问：是否可以解释为什么会出现沉淀？哪些实例反映出蛋白质沉淀现象？学生自由发言，回答问题。教师总结：改变溶液中的性质会产生沉淀，举例说明 pH、离子强度、溶剂极性、温度等引起的生物样品沉淀现象，着重让学生从生活、科研实验中理解沉淀的原理，教师总结沉淀的基本原理，引出蛋白质表面特性的决定性作用。（8分钟）

第五，提问：蛋白质表面有什么特性？学生回答。教师列举两个例子，一是山西高温暴露疫苗事件，另一个是大连金港安迪狂犬疫苗非法添加事件，通过讲解事件背后的信息，引导学生思考疫苗事件与蛋白质表面特性间的关系，引起学生的好奇心。

学生思考疫苗事件的过程中，教师展示蛋白质表面的图示，介绍蛋白质表面特性，亲水区、疏水区、正电荷、负电荷等，学生直观理解蛋白的特征，增强理解和记忆。（10分钟）

教师提问：蛋白质表面特性与蛋白质溶解度有何关系？学生讨论。教师总结：改变蛋白质表面特性会促使蛋白质分子间产生聚集或排斥作用，影响蛋白质结构与活性。（5分钟）

第六，教师重新提出所列举的山西高温暴露疫苗事件与大连金港安迪狂犬疫苗非法添加事件，组织分组讨论如何由蛋白质特性解释上述事件？（3分钟）

第七，选取两个小组代表分别就两个事件进行简短分析总结。（3分钟）

第八，教师做本节课的总结。第一点是温度变化引起蛋白质防聚集屏障被打破，第二点是带电粒子改变蛋白质表面结构引起聚集沉淀。沉淀现象是把双刃剑，既可以有利于分离蛋白，也容易让生物药物失去活性。

教师最后列举山东非法疫苗事件，让学生清楚疫苗的运输、存放过程也是有相应规范的，要从生产到医院使用全流程符合要求才可以避免非法疫苗事件的出现，提醒学生在今后生产、销售工作环节要遵守职业道德、遵纪守法，保证生产规范有序。（4分钟）

七、教学反思

自习近平总书记提出思政工作贯穿教育教学全过程以来，针对工科课程的特点，笔者一直思考如何恰当引入思政内容，使课堂生动活泼的同时，突出"育人"的教育理念和宗旨，在实践过程中不断总结、改进，也不断反思。

第一，工科课程的思政教育着眼于"实事求是"能有更多的拓展空间。"实事求是"是一种思想、一种精神，是从事自然科学类工作人员必须具有的基本素质。围绕"实事求是"科学态度，有太多的实例可供我们借鉴。在讲解生物分离工程这门课时，许多重要的科学发现都源自科学家们实事求是的专研精神。因此，笔者在授课过程中，特别注意课程讲解的单元内容与科学发现间的联系，挖掘其中的思政素材，并结合课程内容，传递给学生。

第二，工科课程的客观性决定了思政内容的融入不能生搬硬套，不能"强买强卖"，必须在讲知识、学原理过程中，顺其自然地融入。从学生自身特点入手，理解学生是有独立思维能力的个体，他们善于思考、注重逻辑，生搬硬套只能让学生感觉思政内容的融入是老师有意为之，容易增加厌恶情绪，课程思政的效果也会大打折扣。所以，教师要从社会的热点事件入手，挖掘热点事件背后的科学道理，对此学生接受程度高，容易引起共鸣，课程思政理念容易实现。

第三，课程思政元素的融入需要教师首先与时俱进，跟上社会发展的步伐，理解年轻学生心理动态，接受新鲜事物，并能用心将思政元素挖掘出来，整理展示给学生。笔者在这一过程中深刻感觉到自身综合素质的不足，思政在课程中的融入还缺少亮点，这也需要在今后工作中努力补足、改进。

总之，课程思政的建设是我们大学教师的必修课。课程思政工作的开展，不但能够提高教师授课的水平，将学生牢牢地吸引在课堂上，还能让教师在这一工作过程中提升自身的综合素质，真真正正达到社会对教师的期望值。

执笔人：华威

食品营养与健康课程思政教学案例

一、课程基本信息

课程性质：通识教育选修课

学分：2　　学时：32

授课对象：全院学生

二、授课教师基本情况

刘红梅，副教授，硕士，化工原理、化工原理课程设计的主讲教师，于2015年面向北京联合大学生物化学工程学院全院学生开设食品营养与健康选修课，主持多项教研课题和科研课题，近年来主要进行基于学习产出的教育模式理念的教学改革与研究，科研方向主要包括天然产物活性成分提取、分离和生物学表征以及生物农药的研制，发表相关教改论文近10篇、学术论文20余篇，多次指导学生参加北京市化工原理课程竞赛，多人次市级二、三等奖项，同时连续两年获得团体二等奖，2019年指导学生参加创新创业大赛获北京市优秀创业团队一等奖、第五届全国"互联网+"大学生创新创业大赛（北京赛区）一等奖，第五届全国"互联网+"大学生创新创业大赛（北京赛区）优秀指导教师，2019年北京联合大学优秀导师。

三、课程内容简介

食品营养与健康是面向全院各专业学生开设的一门生命科学类通识教育选修课，是研究食物、营养与人体健康关系的科学。本课程旨在向学生介绍食品营养学的基础知识，包括人体需要的能量和营养素、食品的营养、公众营养、人体健康与功能性食品、食品污染与危害、食源性疾病、居民的膳食结构、不同人群食谱的编制等，并结合人们日常的膳食结构和饮食习惯，介绍营养缺乏症、营养过剩导致的"现代社会文明病"、饮食宜忌、饮食与美容等现代营养学问题。通过本课程的学习，可以扩大学习者的知识面，认识到合理膳食结构和营养的重要性，能客观评价食品与健康及其相关问题的影响因素，帮助人们达到吃得健康、吃得安全的目标。

四、课程思政教学目标

第一，弘扬中国优秀传统文化，培养学生文化自信。

第二，构建和谐家庭、和谐社会，提升幸福指数。

第三，运用马克思主义哲学的唯物辩证法，培养学生科学精神和批判精神。

第四，使学生学会自我管理和自主发展。

第五，培养学生责任意识和担当意识。

五、课程思政融入设计

元素1：传统文化

弘扬中国优秀传统文化，培养学生文化自信。利用《素问》《黄帝内经》《本草纲目》《饮食男女》《舌尖上的中国》等古代关于养生的著作以及现代的视听资料，进行中西方饮食文化的对比，体现中国传统饮食文化的博大精深。

元素2：和谐家庭、和谐社会

通过油脂和各种调味品的学习，引导学生学会油脂和日常调味品的挑选与储存，通过学习各种美食的做法，并亲自操作，培养基本生活能力；通过学习中老年人的生理特征和营养需求特点，引导学生关注即将或已经进入更年期的父母的生理和心理反应，利用所学的知识从饮食上给予父母一些帮助，从心理上给父母更多的关爱，帮助父母平稳度过更年期；通过给父母做一顿饭、制定一周食谱活动，引导学生关注合理膳食，并向周围的亲人、朋友宣传合理膳食的重要性和必要性，同时懂得孝顺父母。

元素3：培养科学精神和批判精神

通过对有机食品和转基因食品利弊的辩论、食用野生动物的利弊分析、食物相克的辩论，引导学生运用马克思主义哲学的辩证法学会对社会上的一些言论进行思考与辨析，了解事物的各个方面，树立正确的饮食观和生活观，不人云亦云。

元素4：自我管理和自主发展

绪论开篇结题，让学生了解合理膳食和健康生活方式的重要性和必要性，合理规划自己的膳食和生活方式，始终保持一种健康向上的精神状态，同时能够引导身边的亲人和朋友一起养成健康向上的生活方式，培养学生自主管理和规划的能力。

元素5：培养责任意识和担当意识

引导学生利用自己的知识服务社会，具有社会责任意识和担当意识，向自己的亲人和朋友宣传营养学知识，宣传合理膳食的重要性，降低因食物带来的各种疾病发生概率；宣传食品营养强化和功能性食品的知识，并具备帮助身边年长的亲人和朋友对一些保健品进行甄别的能力，避免不必要的损失。

六、典型教学案例

案例1

1. 知识点

食物营养价值相对性及评价方法、各类食物的营养价值、不同人群营养需求。

2. 思政目标

构建和谐家庭、和谐社会，提升幸福指数。

3. 教学过程

首先，从食物的营养价值与其所种植地区、食用时人的生理状态及人们的膳食结构出发，探讨食物营养价值的相对性，进而学习食物营养价值的评价方法，讨论不同评价方法的应用范围及注意事项，并请同学们分析自己、父母、祖父母的生理特点和营养需求，计算不同人群的营养需求，了解自己、父母、祖父母在营养需求上的差异。

其次，学习各类食物的营养价值，包括谷类、薯类、蔬菜水果类、肉类、油脂和各种调味品等，和学生探讨不同人群的膳食结构，进而根据实际情况为自己的父母、祖父母提供一周的健康食谱，向他们普及营养学常识，树立健康膳食观。同时引导学生关注即将或已经进入更年期的父母的生理和心理反应，利用所学的知识从饮食上给予父母一些帮助，从心理上给父母更多的关爱，帮助父母平稳度过更年期。

最后，要求北京的同学周末和父母一起去超市，利用所学的知识挑选适合自己和家人的油脂以及日常调味品，并尝试各种美食的做法，亲自操作，培养基本生活能力。同时利用周末时间为父母做一顿爱心餐，尽量兼顾色、香、味以及营养均衡，引导学生将目光聚焦在自己的父母和祖父母身上，学会孝敬父母、关爱老人。

案例 2

1. 知识点

有机食品、转基因食品、功能性食品。

2. 思政目标

培养学生科学精神和批判精神，学会思辨，不人云亦云。

3. 教学过程

首先，在学习这部分知识之前，先布置课下作业，要求学生查阅有机食品、功能食品和转基因食品的相关资料，了解国家在有机食品、功能性食品、转基因食品方面的相关政策，调查身边的同学、朋友、家人对有机食品、功能性食品和转基因食品的认知，总结有机食品和转基因食品的区别、学术界存在的争议及缘由，了解大众对功能性食品认知的误区，并表达自己的观点。

其次，课上先通过讨论的形式学习有机食品、转基因食品的概念，然后分成两个小组进行辩论，分别阐述支持或反对有机食品、转基因食品的理由，并总结陈词。

再其次，通过观看有机食品和转基因食品的争议视频，分析视频中专家的意见和建议，结合国家政策，形成自己的观点，并给有机食品和转基因食品的发展提出科学的建议。

最后，分组汇报所调查到的公众对于功能性食品认知的相关信息，结合社会上有关功能性食品的一些负面消息以及国家对功能性食品的管控，分析市场上功能性食品存在的问题以及公众对于功能性食品认知的误区及原因，并寻求相应的对策，同时给家人或社区科普如何通过食品标签、健字、食字、药字等区分普通食品、功能性食品、药品，引导家人或大众科学理性选择保健品。

七、教学反思

食品营养与健康是面向全院学生开设的一门通识教育选修课，是一门生活化比较浓厚的课程，考虑到选修的学生基本都是文科，因此在教学过程中没有过于强调一些学术性特别强的内容，比如食品的吸收消化过程等，而是从七大营养素的概念、食品营养价值的评价方法、各类食品的营养价值、功能性食品、不同人群的营养需求等出发，采用课堂讲授、讨论、观看视频、辩论等方式开展教学，并鼓励学生以家庭、社区为单位开展社会实践，宣传营养学知识，普及合理膳食观，服务社会。

在进行思政内容设计时，主要的出发点是从弘扬中国传统的饮食文化、培养健康科学的膳食观、学会关爱自己和家人、学会思辨等，比如通过以家庭/社区为单位的社会实践，以所学服务家人、服务大众，通过为父母做一餐饭的活动，鼓励学生将目光聚焦到父母身上，学会关爱家人，懂得回馈父母的爱。

通过辩论，学生们了解到有机食品的发展历史，认识到有机食品并不一定就是最好的，了解曾经多次发生过因有机肥料的使用不当导致食品的污染问题，认识到单纯种植有机食品不能解决世界上所有人口的粮食问题；了解到什么是转基因技术、什么是转基因食品、转基因食品和杂交水稻的区别等，更深刻地理解了人们排斥转基因食品的原因，意识到了转基因粮食作物的安全性问题，同时也意识到了在科学管理的前提下，转基因食品可能是解决世界上人口不断增加的粮食需求的一个必要的途径。

执笔人：刘红梅

微生物学实验课程思政教学案例

一、课程基本信息

课程性质：专业必修课

学分：2   学时：32

授课对象：生物相关专业学生

二、授课教师基本情况

孙少倩，讲师，博士，本科毕业于西北农林科技大学生物工程专业，博士毕业于北京大学，主讲微生物学实验、基因工程、发酵食品、发酵食品实验等课程。

三、课程内容简介

微生物学实验是生物工程专业重要的一门必修课。通过对本课程的学习，要求学生记住微生物学的基础知识，加深理解课堂讲授的理论知识，熟练掌握微生物学实验的基本实验技能。通过实验训练，培养学生观察、思考、分析问题、解决问题和提出问题的能力。使学生具备较为扎实的学科基础知识及生物工程专业基本理论知识，了解本专业现状、前沿发展和趋势，具有生化产品检测分析评价核心应用能力、生物工程仪器设备熟练应用能力、生物技术信息获取能力、解决生物工程实际问题的综合能力和创新能力四大能力。

四、课程思政教学目标

首先，学生能够将专业能力、综合素养统一结合，能够对生化产品进行检测分析评价，能够熟练地应用生物工程仪器设备，能够获取生物技术信息，能够解决生物工程中的实际问题。

其次，学生能够具有人文社会科学素养和社会责任，能够在生物工程实践中理解并遵守职业道德和规范、履行责任，能够进行团队合作。

五、课程思政融入设计

元素 1：培养学生的使命感

讲解药物的最低抑菌浓度测定实验时，例举屠呦呦发现青蒿素获得诺贝尔奖，而真正利用微生物生产成药的则是美国科学家杰伊·科伊斯令，激发学生们开发创新药物的使命感。通过讲解，讨论融入。

元素 2：培养学生的安全意识、责任意识与规范意识

因部分实验所用的微生物是机会致病菌，如金黄色葡萄球菌和大肠杆菌，具有一定的致病性，教师要提醒学生不仅要注意自身操作的安全，也要注意防止病原微生物的扩散，要对自己、他人和社会负责。此外，实验中所分离的未知菌种也要按病原菌来进行操作与管理。

实验课上要求学生穿工作服、扎头发，做好防护措施；实验前后要洗手，实验中不随意抓挠皮肤，尤其是有伤口的部位；实验器具要注意消毒、杀菌，如接种针使用后要灼烧杀菌；清洗带菌器具前要先灭菌，实验所用菌株和菌液不能随意丢弃和倾倒。

通过讲解、示范融入。

元素 3：培养学生良好的职业素养和道德观

在第一节实验课时给大家例举长春长生生物疫苗、武汉生物百白破疫苗，江苏常州延申生物科技股份有限公司的疫苗案例，教育学生不能唯利是图、置道德和良心而不顾、危害社会，培养学生日后走上工作岗位，绝不生产制造假产品，不做假报告，不随意更改设备参数和生产工艺，一定要有崇高的职业道德、良好的职业素养和极强的责任心。

通过讲解融入。

元素 4：培养学生团队合作意识

根据实验内容对学生进行分组，要求小组的每一位学生都要积极参与实验过程，分工合作，共同商量解决实验当中遇到的问题。

在培养基配制这个实验中要求大家能够分工合作，共同去完成。

通过实际操作融入。

元素 5：培养学生保护环境、从我做起的责任感

在进行水中细菌总数测定这个实验时，给学生讲解微生物六大营养要素之一的水，让学生认识到水不仅是微生物的生理功能之源，也是一切生物的

生命之源，认识到水对生命的重要意义，结合目前我国形势严峻的水资源匮乏和污染问题，倡导学生在日常生活中节约用水、保护水资源。

在进行水中大肠菌群总数测定这个实验时，强调微生物既能治理环境污染又能污染环境，要让学生深刻感悟到环境保护的重要性，保护环境就是保护人类自己，这不仅仅是一句口号，保护环境要从我做起，进而影响身边人，也要从现在做起，从日常饮食、购物等生活的点滴做起，号召大家共同建设我们的美丽中国。

在实验教学中，注重学生的劳动及社会公德教育和环境保护意识。安排学生参与实验室的整理和清扫，培养学生的责任心，以及热爱劳动的品质和乐于奉献的精神；实验中要教育学生爱护实验器具、正确清洗和存放实验用品、节约化学药品、保持良好的实验秩序，养成良好的社会公德；实验所产生的废液和垃圾不能随意倾倒，要进行垃圾分类，正确回收废弃药品和消耗品，防止污染下水管道和环境，培养学生的安全意识和环境保护意识，教育学生环境保护不仅仅是口号，要从我做起、从小做起、从现在做起。

通过实验案例，操作和团队合作融入。

元素6：教育学生运用马克思主义哲学的辩证法，认识事物的两面性

比如在实验中用到大肠杆菌时，让学生去思考大肠杆菌到底是有益菌还是有害菌，让学生学会运用马克思主义辩证哲学去对待生活中的事物和现象。

六、典型教学案例

案例1 食品中细菌总数和大肠菌群总数的测定

1. 知识点

食品中细菌总数和大肠菌群总数指标的意义、细菌总数和大肠菌群总数测定方法的原理、细菌总数和大肠菌群总数的测定技术和操作。

2. 思政目标

培养学生能够进行团队合作，具有保护环境、节约用水等人文素养。

3. 教学过程

复习：微生物生长必需元素都有哪些，复习细菌和大肠杆菌。

导入新课：给大家集中展示超市买到的食品的包装图片，讨论两个问题：食品卫生标准具体指的是什么？每种食品的卫生标准一样吗？

实验样品：水。

讨论：水的重要性。

总结：水是微生物六大营养要素之一，水不仅是微生物的生理功能之源，也是一切生物的生命之源，认识到水对生命的重要意义，结合目前我国形势严峻的水资源匮乏和污染问题，倡导学生在日常生活中节约用水、保护水资源。

实验测定指标：细菌总数和大肠杆菌菌落数目。

讨论：大肠杆菌到底是有益菌还是有害菌。

总结：教育学生运用马克思主义哲学的辩证法，认识事物的两面性，大肠杆菌既可以是有益菌也可以是有害菌。强调微生物既能治理环境污染又能污染环境，要让学生深刻感悟到环境保护的重要性，保护环境就是保护人类自己，这不仅仅是一句口号，保护环境要从我做起，进而影响身边人，也要从现在做起，从日常饮食、购物等生活的点滴做起，号召大家共同建设我们的美丽中国。

实验方法：初步发酵实验（是否产酸、产气？）—平板分离（伊红美蓝鉴别培养基）—革兰氏染色复发酵实验（可疑菌落是否产气菌？）

总结：根据实验内容对学生进行分组，要求小组的每一个学生都要积极参与实验过程，分工合作，共同商量解决实验当中遇到的问题。在培养基配制中要求大家能够分工合作，共同去完成这个实验。

实验结束，整理实验台：注重学生的劳动及社会公德教育和环境保护意识。安排学生参与实验室的整理和清扫，培养学生的责任心，以及热爱劳动的品质和乐于奉献的精神；实验中要教育学生爱护实验器具、正确清洗和存放实验用品、节约化学药品、保持良好的实验秩序，养成良好的社会公德；实验所产生的废液和垃圾不能随意倾倒，要进行垃圾分类，正确回收废弃药品和消耗品，防止污染下水管道和环境，培养学生的安全意识和环境保护意识，教育学生环境保护不仅仅是口号，要从我做起、从小做起、从现在做起。

讨论、思考题、作业：大肠菌群的定义是什么？大肠菌群中的细菌种类一般并非是病原菌，为什么要选用大肠菌群作为食品被污染的指标？

4. 学习资源

①沈萍、陈向东主编：《微生物学实验》（第4版），高等教育出版社2007年版；

②周德庆主编：《微生物学实验教程》，高等教育出版社2006年版。

案例 2 微生物的分离与纯化

1. 知识点

微生物分离与纯化的概念和原理、无菌操作。

2. 思政目标

能够进行团队合作，并有实验安全和无菌操作的意识。

3. 教学过程

复习：什么是微生物的分离与纯化？为什么要对微生物进行分离与纯化？

导入新课：给大家展示土壤不经分离微生物的图片，讨论两个问题：土壤中的微生物是单一的吗？如何对土壤中的微生物进行分离与纯化呢？

实验样品：大肠杆菌和金黄色葡萄球菌的混合培养液。

讨论：实验后剩余的菌液能直接倒掉吗？

总结：金黄色葡萄球菌是致病菌，在操作的时候一定要小心，剩余的培养液不能直接倒掉，需要进行灭菌处理再倒掉。

实验前期准备：培养基的配制及消毒灭菌。

实验方法：超净台（紫外消毒）—倒平板梯度稀释菌液稀释—涂布法涂板进行分离画线—分离法进行划板分离。

讨论：无菌操作中应该注意哪些事项？

总结：根据实验内容对学生进行分组，要求小组的每一个学生都要积极参与实验过程，分工合作，共同商量解决实验当中遇到的问题。并要求大家掌握无菌操作及无菌操作中的注意事项。

实验结束，整理实验台：实验所剩余菌液一定要先经过灭菌处理才能倒掉，枪头一定要放入专门回收的垃圾桶，培养学生的安全意识和环境保护意识，教育学生环境保护不仅仅是口号，要从我做起、从小做起、从现在做起。

讨论、思考题、作业：微生物的分离与纯化的方法有哪些？无菌操作的注意事项有哪些？

4. 学习资源

①沈萍、陈向东主编：《微生物学实验》（第 4 版），高等教育出版社 2007 年版；

②周德庆主编：《微生物学实验教程》，高等教育出版社 2006 年版。

七、教学反思

第一，德育目标要明确，且不怕重复。在案例筛选过程中，讲述案例时，直接点明思政主题，或以讨论、作业的形式引导学生得出结论。

第二，选择最恰当的切入点和切入方式，把握思政内容的量。

第三，课程思政教学案例库需要不断扩充和丰富、与时俱进、引入最新鲜的事例。

第四，评价方法还不够灵活、不够客观。学生更希望多途径、全方位的评价方法，而不是仅以考试、写感想体会的形式。今后可以采用课堂表现、平时作业、日常思想行为表现等方式综合评价。

执笔人：孙少倩

化学实验与生活课程思政教学案例

一、课程基本信息

课程性质：通识教育选修课

学分：2　　学时：32

授课对象：全院学生

二、授课教师基本情况

杨宏伟，高级实验师，本科学历，理学硕士学位，从事教学 10 多年，所授课程有：化学实验与生活、大学化学实验、物理化学、无机及分析化学实验、有机化学实验等，研究方向为分析化学和天然产物化学等，多次获得优秀班主任称号和就业先进个人荣誉。

三、课程内容简介

本课程主要是以生活中的化学实验为教学内容，通过联系化学与环境及环境保护、化学与生命及身体健康、化学与日用化学品、化学与食品及膳食平衡等几方面的生活实验案例，使学生了解看似简单却奥妙无穷的化学原理，认识化学学科的重要性，激发学生探究科学的兴趣与热情，拓宽学生的视野，使学生加深了解化学与各学科的相关性，同时使学生加深对化学基本原理、基础知识的理解和掌握，培养学生严谨、求实的工匠精神和科学态度。通过化学实验与生活课程的学习，学生在掌握一定的实验技能的基础上，学会运用化学原理来分析、解决生活、学习中出现的各种化学问题；加强文、理知识的渗透和结合，发展学生的跨学科、跨专业的能力和综合素质，培养复合型人才。

四、课程思政教学目标

本课程为通识教育选修课程。通过本课程的学习，使学生能够达到以下目标：

第一，能够认识到团队协作在实验项目设计和任务执行过程中的重要作用，注重沟通与交流，主动寻求各方面资源以解决实际遇到的问题，并能在此过程中树立信心、提高沟通与协作能力，培养学生的团结协作精神。

第二，能够在实验设计过程中的各个环节上，提高逻辑思维能力、创新思维能力，能将化学知识作为一种工具，作为一种解决问题的本能灵活应用，重视"人、化学、生活"的关系，培养学生的创新精神。当代的大学生作为未来的接班人应树立正确的人生价值观，树立可持续发展的价值观，树立良好的职业道德，增强社会责任感。

第三，学生通过对"生命生存的重要资源——水"重要性的认识和污水处理技术的了解，揭开科技活动背后的人文情怀，有助于激发学生的科学兴趣，激发学生对专业的热爱。而科技在生活中如何运用才能更好地服务于人类，又需要专业学生具有相应的职业素养和社会责任感。同时增强人类节约用水和保护环境的意识。

第四，融入中国古代历史知识，深植家国情怀，培养文化认同，增强民族自信心和民族自豪感，增强学生的社会使命感，树立学生文化自信，培养学生实现民族复兴的理想和责任。

第五，对京味传统文化——京剧脸谱制作拓展到京剧知识的学习，增强祖国的文化自信，同时为宣传北京文化、服务首都奠定了基础。

五、课程思政融入设计

元素1：关注身体健康和安全感

在鲜牛奶新鲜度的测定项目中融入。通过讲授化学与生活知识、身边的化学无处不在，引入每天喝的牛奶，由牛奶成分的知识引出其对人的身体健康的作用，进而融入关注人的身体健康和安全感。

元素2：加强食品质量安全意识，培养职业素养和社会责任感

在鲜牛奶新鲜度的测定项目中融入。从生活的角度出发由牛奶成分的知识，引出当年三聚氰胺、大头娃娃事件和目前国外奶粉代购热的新闻报道，通过分析这些事件的起因，告诉当代的大学生作为未来的接班人，应树立正确的人生观——永不作假，不能为了挣钱而作假。食品行业，道德至上，要树立良好的职业道德，同时增强学生对食品质量安全的意识。科技在生活中

更好地服务于人类需要专业学生具有相应的职业素养和社会责任感。

元素3：深植家国情怀，培养文化认同，增强民族自豪感和自信心

在分子美食——液氮冰淇淋的制作项目中融入。由液氮引出对氮元素知识及其作用的了解，使学生学习到我国的四大发明中火药的知识，从而增强学生对中国古代历史知识的认识。培养学生的民族自豪感和爱国情怀，增强学生的社会使命感，树立学生文化自信以及增强学生实现民族复兴的理想和信心。

元素4：增强节约用水、保护环境的意识

在水中化学需氧量（COD）的测定项目中融入。了解世界水资源紧缺的现状，以及污水的概况和先进污水处理的方法，提高学生对"生命生存的重要资源——水"重要性的认识，增强人类要节约用水和保护环境的意识。

元素5：增强文化自信，激发对专业的热爱，培养创新精神、团队合作精神

在喷雾作画之京味儿文化实验项目中融入。讲授显色反应原理和国粹——京剧知识，根据原理制作"京剧脸谱"，使学生在此基础上增加对京味传统文化——京剧的学习，增强祖国的文化自信，同时为宣传北京文化、服务首都奠定基础。两人一组共同创作反映"北京文化"的画作，培养学生创新精神，提高学生团队合作精神。

六、典型教学案例

案例1

化学实验与生活课程中的实验一：鲜牛奶新鲜度的检测。

1. 知识点

知识点一：牛奶新鲜度与酸度的关系。

知识点二：滴定法测定鲜牛奶新鲜度的检测及滴定操作的终点判定。

知识点三：实验数据记录及结果计算。

2. 思政目标

第一，关注人的身体健康和安全感。鲜牛奶新鲜度的测定项目中，通过从生活的角度出发讲授化学与生活知识、身边的化学无处不在，引入每天喝的牛奶，由牛奶成分的知识引出其对人的身体健康的作用，在新型冠状病毒有可能长期与人类共存的当下，我们更应该合理膳食、锻炼身体、健康生活，

提高自身免疫力。从而融入关注人的身体健康和安全感。

第二，加强食品质量安全意识，培养职业素养和社会责任感。鲜牛奶新鲜度的测定项目中由牛奶成分的知识，引出当年三聚氰胺、大头娃娃事件和目前国外奶粉代购热的新闻报道，通过分析这些事件的起因，告诉当代的大学生作为未来的接班人，应树立正确的人生观——永不作假，不能为了挣钱而作假。食品行业，道德至上，要树立良好的职业道德，同时增强学生对食品质量安全的意识。科技在生活中更好地服务于人类，亦需要专业学生具有相应的职业素养和社会责任感。

3. 教学过程

知识复习：由化学与生活的知识、身边的化学无处不在，引入每天喝的牛奶，复习牛奶的成分、每天喝的牛奶对人的身体健康的作用——补钙、补充蛋白质，以及缺钙引起的并发症等知识，因此我们要合理膳食、健康生活，进而融入关注人的身体健康和安全感，增强社会使命感。（3分钟）

授课方式：启发式教学、视频、图片展示。

问题提出：例举当年三聚氰胺、大头娃娃事件和目前国外奶粉代购热的新闻报道，提出这些事件与牛奶的成分的关系是什么？通过分析这些事件的起因，告诉当代的大学生作为未来的接班人，应树立正确的人生观——永不作假，不能为了挣钱而作假。科技在生活中更好地服务于人类，亦需要专业学生具有相应的职业素养和社会责任感。（5分钟）

授课方式：视频、图片展示、小组讨论、师生互动式教学，教师提示该问题与牛奶的成分中的哪些因素有关系。

引入新课：我们每天喝的牛奶还会存在什么样的问题呢？通过提问与学生互动，进而引出如何检验牛奶的"新鲜度"，引出这节课的实验项目——鲜牛奶新鲜度的检测。引出本节课的知识点一：牛奶新鲜度与酸度的关系。引出吉尔涅尔度（°T）和乳酸度（乳酸%）的概念及二者之间的换算，鲜乳的酸度为15%~18%（16°T~18°T）。带着问题去学习，培养学生积极探究科学的兴趣，激发对专业的热爱。（7分钟）

授课方式：讲授式。

由知识点一深入知识点二：引出滴定法鲜奶酸度的测定、滴定分析常用仪器的正确洗涤方法和操作技术、指示剂的选择、滴定法鲜奶酸度的测定注意事项及滴定终点的观察。（10分钟）

授课方式：讲授式、演示操作。

由知识点二的影响因素引出知识点三：我们如何准确地判断出鲜奶是否过期呢？需要我们用滴定法准确地测出鲜奶的酸度，也就是在实验过程中应该准确地滴定和读数，并做好实验数据记录及结果计算。在实验过程中，实验室提供三种牛奶样品，其中有过期牛奶，需要学生通过实验检测出来。让学生自己动手通过实验去检测，从而得出检测结果。在实验过程中操作要认真、读数要准确，讲授正确的操作技术和读数方法以及数据的处理。培养学生严谨的科学态度和科学素养。（10 分钟）

授课方式：讲授式、公式计算与分析。

由知识点三回归所提问题——牛奶的"新鲜度"的检测，将知识点一至三合并分析：学生自由回答，教师总结并要求学生带着问题去实践，培养学生严谨的科学态度和科学素养。（10 分钟）

授课方式：互动式教学。

4. 学习资源

①张静主编：《无机及分析化学实验》，化学工业出版社 2011 年版；

②梁春华等编著：《无机及分析化学实验》，西南交通大学出版社 2011 年版。

案例 2

化学实验与生活课程中的实验八：喷雾作画之京味儿文化。

1. 知识点

知识点一：显色反应的定义。

知识点二：氯化铁溶液与不同试剂间的离子反应——遇到硫氰化钾溶液显红色，遇到亚铁氰化钾溶液显蓝色，遇到铁氰化钾溶液显绿色，遇到苯酚溶液显紫色。

2. 思政目标

讲授显色反应原理和国粹——京剧知识，根据原理制作京剧脸谱，使学生在此基础上增加对京味传统文化——京剧的学习，深植家国情怀，增强对祖国的文化自信，由趣味化学实验激发对专业的热爱，同时为宣传北京文化、服务首都奠定基础。两人一组共同创作反映"北京文化"的画作，培养学生创新精神，提高学生团队合作精神。

3. 教学过程

问题提出：由本项实验的题目"喷雾作画"引出今天的实验是跟画有关系，而画画的方式有多种，大家了解的画画方式有哪些？学生自由回答问题。比如水彩、油画、素描等，这些与化学又有什么关系呢？介绍水彩、油画等知识，它们的区别是颜料材质不同。说到颜料自然离不开色彩，这些美丽的色彩又是如何形成的呢？色彩分为两种，一种是天然的色素，一种是通过化学反应生成的合成色素，而我们的喷雾作画又是如何体现出不同颜色的呢？引出知识点一显色反应的定义。（10分钟）

授课方式：互动式教学。

引入新课：我们的喷雾作画就是根据显色反应的原理来实现的。讲授知识点一显色反应的定义。（5分钟）

授课方式：讲授式教学。

由知识点一深入知识点二：今天所用的化学试剂是氯化铁，氯化铁溶液本身喷在白纸上显黄色。讲授氯化铁溶液与不同化学试剂间的离子反应原理，遇到硫氰化钾溶液显红色，遇到亚铁氰化钾溶液显蓝色，遇到铁氰化钾溶液显绿色，遇到苯酚溶液显紫色。（5分钟）

授课方式：讲授式教学。

由知识点二引出实验内容：这次实验给大家提供的是白色京剧脸谱的胚子，让学生用喷雾作画的方法制作京剧脸谱。京剧脸谱是中国戏曲特有的化妆艺术，具有很强的表现力和艺术价值，用化学反应制作脸谱表现了化学学科与美术学科的衔接，又复习巩固了有关离子反应的化学知识。既弘扬了民族文化，又增添了学习化学的兴趣。京剧脸谱有许多种，脸谱的色彩又包含哪些含义呢？讲解京剧脸谱的知识、脸谱的色彩和人物的性格之间的关系。学生在学习过程中增加对京味传统文化——京剧知识的学习，深植家国情怀，增强对祖国的文化自信，同时为宣传北京文化、服务首都奠定基础。（20分钟）

授课方式：讲授式教学、互动式教学、演示教学。

知识点的巩固：通过完成规定的京剧脸谱制作的基础上，两人一组，用所给试剂喷雾作画的形式，共同创作反映积极向上的北京文化的画作，培养学生创新精神，提高学生团队合作精神和工匠精神。

4. 学习资源

①北京市艺术研究所、上海艺术研究所组织编著：《中国京剧史》，中国戏剧出版社 1999 年版；

②吴同宾、周亚勋主编：《京剧知识词典》，天津人民出版社 2017 年版；

③苏移：《京剧二百年概观》，北京燕山出版社 1989 年版。

七、教学反思

本课程在融入课程思政进行教学过程中，学生对实践课程的兴趣明显提高，课堂上的互动次数增加，反映出学生通过本课程学习对化学知识学习认知程度加深，师生互动交流情况说明了学生的自信心提升。具体如下：

第一，让学生认识到了"化学情系人民生活"，重视"人、化学、生活"的关系，学习到了我国的四大发明中的火药的知识，从而增强了学生对中国古代历史知识的认识。培养了学生的民族自豪感和爱国情怀，增强了学生的社会使命感，树立了学生的文化自信。

第二，学生联系生活实际的实验案例，掌握了一定的实验技能，更为重要的是他们了解了化学基础知识在社会生活各个方面的应用，学会了运用所学过的化学原理来分析和解决生活、学习中出现的各种化学问题。

第三，学生对京味传统文化的学习，增强了对祖国的文化自信，同时为宣传北京文化、服务首都奠定了基础，增强了文化自信。

第四，学生可以从身边的小事做起，从点滴做起，增强了节约用水、保护环境、保护生态的意识，增强了人与自然和谐共生的意识。润物细无声地、潜移默化地将我们的学生培养成为德才兼备、全面发展型人才。

笔者在不断地进行课程思政学习与建设的过程中，对课程思政的认识也不断加深，课程思政的理念最大的进步在于规范了教师教学工作的发展方向。同时"教育者先受教育"要求教师始终保持终生学习的态度，要开阔视野、不断接触新的知识体系，使自己的专业知识逐步提高。另外，在以后的教学中，还需要提高自身的政治素质以及学习如何巧妙地、润物细无声地融入社会时政相关的内容，来增强学生的学习兴趣和社会责任感，以及实现民族复兴的理想信念。

执笔人：杨宏伟

微生物学 A 课程思政教学案例

一、课程基本信息

课程性质：专业必修课

学分：2.5   学时：40

授课对象：生物工程专业本科学生

二、授课教师基本情况

赵有玺，副教授，博士，主讲微生物学 A、微生物学 B 和美酒的奥秘课程，主持多项科研课题，发表论文近 20 篇，其中被 SCI 收录 6 篇，曾获得校级师德先进个人、优秀教师、中青年教师执教能力比赛二等奖等多项奖励。

三、课程内容简介

微生物学 A 是生物工程专业的一门必修课程。通过本课程的学习使学生掌握微生物学的基本概念、基本原理、基本理论及生命活动的规律，理解微生物的生命活动与其他生物之间的关系及与自然界和人类的关系，了解微生物在实际中的应用及微生物资源的开发利用，了解微生物学的研究进展和发展方向，了解微生物学的发展对现代生命科学的贡献。培养学生发现问题、分析问题、解决实际问题和自主创新的能力，为将来成为国家需要的创新人才奠定基础。

四、课程思政教学目标

第一，培养学生独立思考，科学思辨的能力。

第二，培养学生的社会责任意识。

第三，培养学生献身科学、服务人类的精神。

第四，通过我国科学家勇攀科学高峰的案例，增强学生的民族自信心。

五、课程思政融入设计

元素1：关注社会热点事件，培养学生独立思考能力

在讲解艾滋病病毒的知识点时，首先引出2017年共享单车艾滋针事件，引发学生的强烈关注。在课堂教学中，讲解艾滋病病毒传播方式、艾滋病病毒体外存活时间等知识，引导学生分析通过共享单车艾滋针传播病毒的可能性。提高学生根据微生物学知识科学思辨社会事件的能力。

元素2：追踪科学问题，培养学生的科学思维

在讲解微生物学的奠基人柯赫的贡献——发现传染性疾病的病原体时，引入2020年我国科学家如何确定"新型冠状病毒肺炎"的病原体的过程。通过让学生回顾"新型冠状病毒肺炎"病原体发现过程，思考如何才能严谨地确定病原体，进而讲解柯赫法则的内容和科学意义。通过案例的引入，使学生体会到科学的严谨性，通过独立思考，提高对相关问题的科学思辨的能力。

元素3：关注"抗生素滥用"，培养学生科学用药的社会责任意识

在讲解基因突变的性质时，引出抗生素耐药性的问题。通过对抗生素滥用带来的严重后果的讲解和讨论，引发学生对合理使用抗生素是每个公民应负的社会责任的思考，培养学生的社会责任意识。

元素4：通过"环保事件"，培养学生保护环境的意识

在讲解水体的富营养化与环境污染时，引入2007年太湖蓝藻水华事件。使学生意识到环境污染带来的严重后果，深刻思考微生物与环境污染的关系，思考如何科学地控制水体污染，培养学生的社会责任意识。

元素5：通过科学家以身试菌，提高学生献身科学的意识

在讲解支原体的致病性时，引入沙眼病原体。通过讲解汤飞凡以身试菌发现沙眼病原体的过程，让学生体会科学家献身科学、严谨求实、为人类健康献身的伟大贡献，培养学生献身科学、服务人类的精神。

元素6：通过科学家以身试药，体会科学家的伟大的家国情怀

在讲解疫苗的作用时，引入顾方舟亲身试验研制"糖丸"，攻克脊髓灰质炎疾病，对人类做出的重大贡献。让学生体会科学家的伟大的家国情怀，献身科学、严谨求实、为人类健康献身的伟大贡献，培养学生献身科学、服务人类的精神。

元素 7：关注我国科学家最新病毒研究成果，培养学生服务人类的大爱精神

在讲解病毒的结构时，以猪肉贵的现象，引出猪瘟病毒。通过讲解饶子和院士"猪瘟病毒结构"研究的重大成果，使学生掌握病毒的基本结构，同时了解到我国科学家勇攀科学高峰的成果、为人民的幸福生活而奋斗的精神，增强学生的对我国微生物科学发展的信心，增强他们的民族自信心。

元素 8：关注我国科学家最前沿的科研成果，培养学生的民族自信心

在讲解细胞的程序性死亡的方式时，补充邵峰院士的最新成果。使学生全面掌握细胞凋亡领域的最新成果，增强学生对我国微生物科学发展的信心，培养学生民族自信心，鼓励学生献身科学事业、献身中华民族的伟大复兴事业。

六、典型教学案例

案例 1

1. 知识点

病毒的结构。

2. 思政目标

通过我国科学家勇攀科学高峰的案例，增强学生的民族自信心。

3. 教学过程

首先，以"猪肉贵"的现象，讨论猪肉贵对人民生活质量的影响和造成猪肉贵的原因，逐步引出猪瘟病毒。（5 分钟）

其次，提出问题：如何攻克猪瘟病毒呢？

学生思考回答。

教师总结：知己知彼，百战不殆！要想攻克病毒，首先要了解病毒，那么病毒长什么样子呢？病毒的结构如何？引出病毒结构的教学内容。（2 分钟）

再其次，病毒的基本结构教学。病毒的基本结构是核衣壳。引导学生采用文字分析法分析其结构，方便记忆。核——核心，核酸。壳——外壳，由蛋白质组成。展示常见病毒的结构图片，增强学生的理解和记忆。（8 分钟）

提问：大家知道流感病毒的核酸是什么种类吗？

总结：单链核糖核酸病毒。还有其他种类吗？

学生回答。

总结和讲解病毒核酸的四种类型。(4 分钟)

那么病毒的外壳是什么样子呢？演示病毒的图片，学生看到一个五彩斑斓的病毒世界。

提出问题：五彩斑斓的病毒外壳，有无共同点？有无规律可循？以烟草花叶病毒为例，讲解螺旋对称的病毒外壳结构。以腺病毒为例，讲解病毒的二十面对映体结构。以噬菌体为例，讲解螺旋对称和二十面对映体的复合结构。

总结：目前所有病毒的外壳结构都是以上几种形态。(10 分钟)

展示病毒图片提问：简单的三种构造，就能组成如此形态多样的病毒吗？

以新型冠状病毒为例，引发学生思考"冠状病毒的皇冠结构是什么？"引出病毒的包膜结构。引导学生思考包膜的来源。(3 分钟)

总结病毒的结构。(3 分钟)

最后，大家再回顾一下，上课时我们提出了"攻克猪瘟病毒"的任务。目前科学家的进展如何呢？我们离猪肉降价还有多远？

展示饶子和院士 2019 年 10 月 18 日在世界顶级学术期刊《科学》杂志上发表的猪瘟病毒结构研究成果。结合课上刚学过的病毒的结构，介绍猪瘟病毒的结构。同时介绍，饶子和研究团队在解析了猪瘟病毒结构的基础上，高效猪瘟疫苗的研究成果进展，指出疫苗的使用是攻克猪瘟的利器。

使学生了解我国科学家勇攀科学高峰的成果、为人民的幸福生活而奋斗的精神，增强学生对我国微生物科学发展的信心，增强学生的民族自信心。(10 分钟)

案例 2

1. 知识点

基因突变。

2. 思政目标

培养学生的社会责任意识。

3. 教学过程

教学内容引入：2020 年 3 月报道了北京大学陆剑研究员和中国科学院崔杰研究员发现新型冠状病毒已经演化出 L 和 S 两个亚型。新型冠状病毒为什么会有新的亚型出现？判断依据是什么呢？

学生思考回答。

教师总结：通过对 103 个新型冠状病毒全基因组测序分析，发现病毒株已发生了 149 个核苷酸的突变点，而且多数是近期产生的。简而言之，是基因已经发生了突变。那么什么是基因突变呢？基因突变有哪些类型？基因突变会造成什么后果呢？接下来我们学习基因突变的教学内容。（3 分钟）

基因突变的定义：一个或少数几个碱基的缺失、插入和置换以及导致遗传性状的变化。（2 分钟）

基因突变的类型：提问密码子、核苷酸序列、氨基酸序列等相关知识。通过图片演示，讲解同义突变、错义突变、无义突变和移码突变的概念。（10 分钟）

表型变化：介绍表型的定义——遗传性状的变化。①营养缺陷型。定义：缺乏一种或几种生存所必需的营养物质的突变型。特别强调和补充，教材上没有说清楚，实际上微生物学研究者强调此处所指的营养物质为碱基、维生素、氨基酸。阐释缺陷型的筛选机制、缺陷型的生理学意义。提问：什么是反馈抑制？引出缺陷型可以解除反馈抑制，可以用来筛选高产菌株。演示酵母菌质粒图谱，讲解缺陷型可以作为遗传标记，用于基因工程菌的筛选。（5 分钟）②抗药性突变型。提问：大家知道什么是超级抗生素吗？学生回答，教师总结：万古霉素。教师讲解万古霉素的江湖地位。万古霉素是人类目前对抗革兰阳性菌的最后一道防线。临床上不可轻易使用。但是，目前的情况是，随着耐药菌株的泛滥，万古霉素已经被降级为临床一线用药，其"江湖"地位大大降低。提问：为什么致病菌的耐药性越来越强？学生回答，教师总结：抗药性突变型的定义。致病菌抗药性变强的原因是：抗生素的滥用。师生一起举滥用抗生素的例子。药店可以买抗生素，抗生素使用门槛低；患者缺乏科学常识，追求疗效，刻意使用新抗生素；农村由于农民缺乏必要的医学常识，在养殖业滥用抗生素；等等。大家一起分析滥用的后果。以同仁医院患者每次餐后服用抗生素，普通感冒导致死亡的极端例子，引发学生强烈的忧患意识，引发学生的思考，提高学生的科学素养和社会责任意识。（10 分钟）③条件致死突变型。（5 分钟）④形态突变型。

从中学时学过的蓝白斑引入教学内容。讲解形态突变型的定义。观察图片，了解形态突变型的分类。以红曲霉桔霉素突变株的筛选为例，讲解形态突变的意义。（5 分钟）

总结教学内容。（5分钟）

七、教学反思

自2018年初，开展微生物学课程思政的教学以来，已经有了近三年的实践。这期间，笔者在实践的过程中加深了对课程思政的理解，逐步积累了一些有效果的做法，也有了一些反思。

首先，课程思政教学研究的开展，督促笔者更多地反思课程的育人功能。传统的教学尽管也强调教书育人，但是更加注重知识的传递和能力的培养。自开展课程思政以来，笔者认真思考"守好一段渠，种好责任田"。微生物学课的责任是什么？微生物学课程如何发挥思想政治教育功能？如何把握住意识形态的主阵地？这些问题是笔者始终在思考的问题，尽管已经总结出了一些课程思政的教学目标、挖掘了一些元素，并且设计了教学环节，但是这只是起步，需要我在实践中不断总结、不断摸索。

其次，课程思政元素的挖掘丰富了教学内容，也督促老师在不断地进步。笔者的经验之一是时刻关注时事政治，从大家关注的热门事件中，以专业视角挖掘学生感兴趣的思政元素，使教师的课堂对学生始终保持新鲜感。笔者的经验之二就是时刻关注微生物学科前沿进展。对于一个快速发展的学科，如果教师不能及时了解学科进展，其课堂就是落伍的，其知识就是陈旧的。从学科前沿进展中，有目的地挖掘思政元素，可以极大地丰富我们的教学、促进我们的教学。

再其次，思政元素的融入教学需要认真设计，让思政元素成为课程教学有机的一部分，而不显得突兀，笔者觉得最重要的是教师要善于挖掘思政元素。教师的思政元素库要大，而且要及时更新，保持新鲜度和热度。

最后，笔者特别想说一句话：课程思政工作的推开，促进了教师的教学研究工作，提高了教师的课堂教学效果，使得高校教师的课堂更加精彩和富有吸引力！

执笔人：赵有玺

制药工程课程设计课程思政教学案例

一、课程基本信息

课程性质：专业必修课

学分：3   学时：3 周

授课对象：制药工程专业本科三年级学生

二、授课教师基本情况

韩永萍，副教授，博士，主讲制药设备与车间设计、药物分离技术、制药工程课程设计和制药工程技术实训专业核心课或必修课，以及环境与环境保护通识教育选修课，在教学过程中，积极探索科教融合、产教融合，注重学生批判性思维和创新思维的培养，主持教改项目 9 项，发表相关教研论文 16 篇，作为指导老师，辅导学生申请并获批校级大学生科技立项 19 项，获得市级以上竞赛奖项 9 项，并多次被评为校级优秀班导师。

三、课程内容简介

制药工程课程设计是制药工程专业的重要实践教学环节，是通过组织学生针对具体的药物，利用所学的药剂学、制药工艺学、制药设备、洁净厂房车间设计基本程序和方法等相关专业知识，围绕设计要求进行生产工艺设计、确定生产制度、物料衡算、能量衡算、设备选型、生产车间工艺布置设计、相关图纸绘制及设计说明书撰写。要求学生在综合生产技术、经济可行性等基础上，优选设计方案。培养学生恰当地选择与使用信息资源能力；在车间布局和设计过程中，能从个人防护、安全节能、环境保护等多维度思考，理解药物的特殊性及制药工程师应有的职业道德和社会责任，在不断对设计成果完善中，培养学生的批判性思维和创新能力。

四、课程思政教学目标

第一，通过体现药物重要性案例分析，引导学生建立职业认同感。

第二，通过重大药物事件的工程设计原因解析，加强学生的职业素养及安全与环保意识，培养学生的社会责任感。

第三，通过回顾我国制药工业的发展历程，引导学生建立民族自豪感，激发学生爱国情怀。

第四，在设计中培养学生的抗挫能力及工匠精神，以及思辨能力和创新精神。

五、课程思政融入设计

元素1：新型冠状病毒检测用核酸试剂盒——建立社会使命感和树立职业道德观

在课前培训中，通过对新型冠状病毒检测用核酸试剂盒重要性分析，协助学生理解制药工程从业人员的社会使命，建立职业认同感。

元素2："欣弗"假药事件——建立社会责任感

在课前培训中，通过对"欣弗"假药事件产生原因和社会危害的分析，引导学生体会制药工程从业人员的重大社会责任，并树立"质量源于设计"的理念。

元素3：我国制药工业的发展——建立民族自豪感、激发爱国情怀

通过回顾近30年我国制药工业在药品生产质量管理及制药设备方面的飞速发展，协助学生在确定设计原则的同时建立民族自豪感，激发学生的爱国情怀。

元素4：设计项目的技术经济分析——树立职业道德观

通过对设计项目的技术经济分析，引导学生体会制药工程设计的重要性，加强自身职业素养的必要性。

元素5：安全、环境与社会——加强社会责任感

在车间布局和设计过程中，引导学生从个人防护、安全、环境保护等多维度考虑，培养学生的安全与环保意识及社会责任感。

元素6：设计方案选择和优化过程——培养学生的思辨能力和创新精神

在设计方案选择和优化过程中，引导学生以工艺先进、自动化程度高、安全节能、经济环保等为原则，综合考虑技术、经济、文化、社会、环境、法律、安全、健康、伦理等制约因素，培养学生的思辨能力和创新精神。

元素7：在对设计成果不断完善过程中，培养学生的抗挫能力及工匠精神

六、典型教学案例

案例1 课前培训——课程设计的学习要求

1. 知识点

F_0 是指相当于 121 ℃所达到的灭菌效果，灭菌品在当前温度下所需要的灭菌时间，即灭菌品在 121 ℃的等效灭菌时间。F_0 受灭菌柜载荷影响。

2. 思政目标

加强职业素养，培养学生的社会责任感。

3. 教学过程

首先，介绍新冠肺炎疫情检测手段。

2020 年初，新型冠状病毒引发的肺炎疫情突袭而至。该病传染性较强，早发现、早隔离，控制传染源、降低发病率是有效遏制疫情蔓延的重要途径。患者在发病初期症状并不明显，有些患者甚至没有发病症状，就已经具备传染能力。可见，及时确诊对疫情防控非常重要。

根据国家卫健委监测方案，核酸检测是新型冠状病毒肺炎疑似病例确诊的一个重要依据。因此，检测新型冠状病毒用的核酸检测试剂盒，就成为有效判断患者是否被感染的重要手段。疫情初期因缺乏核酸检测试剂盒，一些患者无法得到及时确诊。

随着我国相关核酸检测试剂盒产能增大、检测性能提升（检测用时缩短），再加上全国各地启动重大突发公共卫生事件一级应急响应，疫情很快得到了遏止。

讨论：核酸检测试剂盒与制药工程专业关系。核酸检测试剂盒的研发和生产就属于制药工程专业的范畴。作为人民生命健康和生命安全的护卫者，制药人所从事的工作，关系到国计民生。因此，我们应为自己所将从事的行业而感到骄傲，同时也要清楚身上社会责任的重大。

其次，介绍"欣弗"假药事件。事件始末：2006 年 6~7 月，青海、山东、浙江、黑龙江和广西壮族自治区等省、自治区陆续有患者使用安徽华源生物药业有限公司生产的克林霉素磷酸酯葡萄糖注射液（欣弗）后，出现胸闷、心悸、心慌、寒战、过敏性休克、肝肾功能损害等临床症状。短时间内，注射"欣弗"死亡人数达到 11 人。

经查该公司的注射剂在生产过程中未按批准的 F_0 工艺参数进行灭菌，人为降低灭菌温度、缩短灭菌时间、增加灭菌柜装载量，致使产品的无菌检查和热原检查未达到相关要求。

讨论：从这次假药事件中，同学们想到了什么？如何完成好制药工程课程设计？

药物属于特殊商品，事关患者生命健康；药品生产无小事。因此，作为制药人，我们应该时刻保持严谨认真的工作态度。

从设计角度来讲，本次事件的根本原因是灭菌柜的生产能力过小，与前端生产工艺不相匹配。设备选型既要在生产能力上满足生产工艺要求，还需考虑未来发展以及生产的灵活性，任何一个环节的小失误（如批次生产量的计算或热量衡算）都有可能为后续大的医药事件埋下隐患，因此我们一定要秉承"质量源于设计"的理念，尽最大可能地避免药品生产和管理中可能出现的漏洞。

在设计中，同学们应认真解读设计任务书，在确定设计方案时一定要经过充分的调研和翔实的论证，做到精益求精。

总结：作为制药人，同学们一定要时刻牢记使命，认真对待每一项工作任务。尤其在制药工程设计中，一定要树立"质量源于设计"的理念，从根源上规避药品生产可能存在的质量风险。

4. 学习资源

①朱瑜琪："新冠肺炎诊断标准"，载 https://www.sohu.com/a/374322216_101336；

②"假药事件（案例）"，载 https://www.doc88.com/p-779370411361.html。

案例 2 药物生产车间工程设计的设计原则确定

1. 知识点

设计原则。

2. 思政目标

建立民族自豪感，激发学生爱国情怀。

3. 教学过程

首先，介绍我国药品生产质量管理的发展历程与设计原则。

药品事关人民群众生命健康安全和民生福祉，其生产质量应严格把控。

GMP 是《药品生产质量管理规范》的简称，主要为防止生产过程中药品产生污染、混药和错药，保证药品质量的不断提高。美国国会于 1963 年颁布了世界上第一部 GMP。1975 年世界卫生组织正式颁布 GMP，1980 年日本正式施行 GMP 制度。

我国于 1985 年 12 月颁布《药品生产管理规范》。先后并历经多次修订，现有 1992 年修订版、2010 年修订版和 2015 年修订版，其中 2010 年修订版已经全面与国际接轨。

我国卫生部于 1995 年 7 月下达通知，要求对药品生产企业（车间）实施 GMP 认证制度。截至 2000 年底，我国已经有 713 家药品生产企业通过了 1992 年版 GMP 认证，并于 2015 年 12 月 31 日前全部达到 2010 年版 GMP 要求。

对认证实施前后药厂制剂生产车间的生产环境和自动化程度进行对比。

总结：尽管与发达国家相比，我国的 GMP 实施落后几十年，但发展速度较快，用了不到 30 年的时间完成与国际接轨，已经开启智慧药厂新篇章。因此，在设计中既要考虑满足我国目前药品生产质量管理，又要考虑未来发展。

其次，介绍我国的制药设备发展历程与设计原则。

改革开放以来，我国制药机械产品历经几十年的快速发展，在自动化、智能化、集成化、信息化等方面取得了一定突破。

改革开放初期：我国制药机械技术水平普遍低下、产品种类有限、生产功能无法满足 GMP 的要求。

20 世纪 90 年代：制药机械产品以仿制为主。通过多年科研开发、技术引进、消化吸收，制药设备产品的品种系列已基本满足医药企业的装备需要，总计有 1100 多个制药机械产品品种规格。但与国外先进水平相比，设备的自控水平、品种规格、稳定性、可靠性、全面贯彻 GMP 等方面还存在不同程度的差距。

近年来我国逐渐发展成为制药装备生产大国，制药机械产品已经进入自主研发阶段，在自动化、智能化、集成化、信息化等方面都取得了一定突破。国内涌现出一批大型药机企业，如楚天科技、千山药机、东富龙、迦南科技均积极开启智慧药厂，快速响应市场在智能化领域的需求。

目前国内的药机企业不仅为中国制药企业提供强有力的机械装备，而且还出口到美国、日本、韩国、俄罗斯等数十个国家和地区。

讨论：如何看待我国制药工程发展？同学们现在要进行的药品生产车间

工程设计的原则如何确定？

中华民族是个自强不息的民族，制药人仅用了 30 年的奋斗，突破发达国家的各种技术封锁，使得我国制药工业得到了突飞猛进的发展。作为制药人，同学们一定要继承这种坚强不屈、开拓进取、勇于创新的精神，为我国制药工业发展尽自己的一份力。

我国的制药工业发展日新月异，为了更接近实际生产，在设计药品生产工艺时应考虑技术先进、安全可靠、经济环保并适合智能化管理。

制药设备选取应经济合理、节能高效、自动化程度高，利于开启智慧药厂。

制药车间布局应结构简单、紧凑，满足生产工艺和操作的 GMP 相关要求。同时节能环保，并考虑未来发展。

总结：药物生产车间工程设计的设计原则既要技术先进，又要安全可靠。同时要考虑经济性和满足未来发展的需要，并兼顾节能环保。

4. 学习资源

①钟喻海："中国药品 GMP 的发展与比较"，载《山东工业技术》2015年第 9 期；

②解石磊："我国制药机械发展的新趋势思考"，载《城市建设理论研究（电子版）》2014 年第 29 期。

七、教学反思

药品事关人民群众生命健康安全和民生福祉，药品生产无小事。制药工程专业的学生培养，无论是社会责任感还是职业素养都不容忽视。

制药工程课程设计在制药工程专业培养中有着举足轻重的作用，是完成学生从理论学习到实际应用"最后一公里"对接的重要媒介。因此，在教学中不仅要提高学生的专业技能、培养学生的批判性思维和创新能力，还要加强学生对专业的认同感，帮助学生树立科学严谨、求真务实、精益求精的职业道德观，引导学生牢记使命、勇于担当社会赋予制药人的责任。

通过一轮的教学实践，笔者深刻体会到价值引领在制药工程专业课程教育中的重要性。根据习总书记的讲话，作为一名制药工程专业教师，要用好课堂教学这个主渠道，守好一段渠、种好责任田，尽力做到在专业知识传授的同时不忘价值引领。此外，笔者也感受到实践类课程的课程思政，应该在学生完成教学任务过程中逐步渗透完成。在价值观的引领方面，教师既是主导者，也是先行者，教师要首先正其身，学生通过教师的言行在潜移默化中被影响。

执笔人：韩永萍

BIM 全过程项目管理综合实训
课程思政教学案例

一、课程基本信息

课程性质：专业选修课

学分：4　　学时：96

授课对象：工程管理专业本科四年级学生

二、授课教师基本情况

蔡红，北京联合大学生物化学工程学院系教授，硕士，主讲专业导论、房屋建筑学、BIM 理论与实务、BIM 全过程项目管理综合实训课程。研究方向：建筑设计信息化。

吕明，北京联合大学生物化学工程学院讲师，博士，主讲工程项目管理、国际项目管理、BIM 全过程项目管理综合实训课程，研究方向：城市地下空间安全管理、可视化管理。

三、课程内容简介

本课程的主要内容包括：BIM（建筑信息模型）绿色建筑设计、东易日盛 DIM+（数字化家装设计云平台）室内设计、工程岗位仿真演练、BIM 施工组织设计、BIM5D 协同设计。本课程旨在系统了解 BIM 技术在项目策划、设计、交易、施工及竣工等全过程中的应用、方法和措施，综合运用各类、各阶段的 BIM 软件，对项目进行绿色建筑设计、室内设计、三维渲染、施工图设计、投标报价、施工模拟、进度计划编制、5D 协同设计，从而验证、巩固和掌握工程技术和项目管理方面的理论知识与管理工具，具备运用 BIM 技术进行项目全过程精细化管理的能力，并通过虚拟的建造环境，熟悉实际项目中的业务场景和业务知识，为未来从事基于 BIM 的建设工程项目管理工作打

下坚实的专业基础。

四、课程思政教学目标

第一，工程师职业精神目标。学生能够在设计实践中理解工程师科学、严谨、细致的职业精神和社会责任，自觉遵守建筑设计规范，培养节约工期、降低成本的职业意识，利用 BIM 技术进行绿色建筑设计及工程项目全过程的精细化管理。

第二，绿色可持续发展目标。学生在建筑的设计与管理中充分体现节约与绿色的设计思想，掌握绿色建筑模拟分析与优化设计的理论及方法，树立可持续发展的价值观。

第三，团队合作目标。学生能够在多学科背景下的工程项目团队中承担团队成员及负责人的角色，具有团队合作精神。

五、课程思政融入设计

元素 1：科学、严谨、细致的工匠精神

通过运用 BIM 技术对指定项目进行绿色建筑设计、室内设计、施工图设计、投标报价、进度计划编制的过程中，保证信息数据的精确无误，学生可以充分意识到，BIM 设计中"失之毫厘"就可能"差之千里"，一旦信息错漏会导致工程的巨大损失。进一步引导学生在未来工作岗位上，要先做人再做事。

元素 2：追求质量、工期与成本最优化的全过程精细化管理能力

BIM 技术在工程项目管理中运用的根本目的就是在保证工程质量的前提下，节约成本并缩短工期。学生在对项目进行 BIM5D 协同设计中，充分考虑项目的造价及工期的关系，合理安排，以求得最佳的项目管理计划。同时，以雷神山、火神山医院的建设过程为例，展示其中的各项 BIM 技术，使学生充分认识 BIM 技术在建设项目管理中的作用与意义，感知我国的 BIM 技术发展水平和高效的协同作业能力。

元素 3：社会主义核心价值观

在雷神山、火神山医院的建设中，两医院的设计者、建设者为尽快治疗患新型冠状病毒引起的肺炎的同胞而忘我地加班加点工作，以高强度、高效率的劳动，以及无私的奉献精神，十几天完成建设任务，体现了社会主义人与人之间的和谐关系，为医生争取了宝贵的治疗时间，挽回了大多数患者的

生命，充分说明只有社会主义制度才能集中力量做大事的优越性，鼓励学生在人命关天的建设任务中体现奉献精神。

元素 4：发展绿色建筑，树立可持续发展的价值观

在项目的设计阶段，让学生充分运用绿色建筑模拟分析技术，对建筑方案进行能耗分析、采光分析、日照分析、声环境分析和风环境分析，并基于各类分析报告，提出绿色建筑改进策略。培养学生综合运用绿色建筑设计理论及现代工具对建筑物进行绿色建筑模拟分析及改进设计的能力。同时，同学们在设计中自觉遵守绿色建筑设计规范，体现节约与绿色的设计思想，树立可持续发展的价值观。

元素 5：多学科背景下的团队协作能力

学生按 3~4 人组成项目团队，项目团队成员可基于任务书内容进行任务分解，按照任务书要求完成 BIM 设计各模块的任务内容，要求每位小组成员按时保质保量地完成自己的任务分工，并熟悉同组队员的工作内容，以小组为单位进行答辩，学生可以充分体会团队协作的重要性。让学生以雷神山、火神山医院的建设过程为例，展示在多领域、多层次、多工种的背景下，团队协作能力对项目的进度及质量的影响。

元素 6：沟通与协调能力

本课程通过建筑工程岗位仿真软件，要求学生利用计算机岗位模拟系统，扮演施工员、测量员、质量安全员、材料实验员、预算员等角色，与项目经理、总工、监理等进行项目施工现场沟通协调，完成实战项目进度计划、劳务进场、材料采购、施工质量监督、成本管控等工作任务，从而切实提高学生的沟通与协调能力。

元素 7：实践是认识的来源和推动认识发展的动力

本课程是实践类课程，需要做到理论与实践相结合，引导学生通过实践出真知，对于工程项目建设过程的认知，需要不急不躁、由表及里、全面观察，由感性到理性、了解建设过程、分清事物彼此间的区别联系，大胆假设、小心求证、循环往复，不断加深对建筑工程全过程的认识。本课程要求学生从一切可以获得的文字、图纸、视频、交流、思考中提取特性，逐一记录和建模，提取过程中要保持科学客观的态度。

六、典型教学案例

案例 1

1. 知识点

BIM 技术在装配式建筑全过程中的应用。

BIM 技术是装配式建筑得以快速、有效、高质量地建成的关键核心，参与了装配式建筑从设计、构件制作、构件运输、现场施工、交付运维等各个环节，可以消除设计隐患、缩短工期、减少浪费、减少能耗、提升项目效益。

2. 思政目标

第一，学生能够充分感知社会主义制度的优越性，增加民族自信心。

第二，学生能够意识到 BIM 工程师所必须具备的严谨的工作态度。

第三，学生能够体会多学科背景下团队协作的重要性。

3. 教学过程

首先，提出问题。火神山医院建设工期极短，又涉及多部门、多工种、多部件的协调和集成，这无疑需要很多先进技术的支撑，BIM 技术+装配式建筑的应用起到了关键作用。

其次，讲解 BIM 技术在工程建设中的作用。其一，BIM+装配式建筑的应用。火神山医院建筑主体结构为箱式板房，即装配式建筑。装配式建筑就是指把传统建造方式中的大量现场作业工作转移到工厂进行，在工厂加工制作好建筑用构件和配件（如楼板、墙板、消毒间、病房间等），运输到建筑施工现场，通过可靠的连接方式在现场装配安装而成的建筑。最大限度地采用拼装式工业化成品，大幅减少了现场作业的工作量，提高了工作效率，节约了大量的时间。其二，BIM 技术在设计阶段的应用。在设计阶段使用 BIM 技术中的可视化技术即所见即所得，能对建筑效果进行动态模拟，从而快速确定最优设计方案。还可以在工程开始之前对数据进行参数化集成分析，尤其适合装配式建筑设计，同时利用模型进行各专业协同设计，最大限度地通过深化设计避免交叉感染，极大地提高了工程设计的效率。其三，BIM 技术在施工阶段的应用。利用 BIM 技术可以在前期进行各专业碰撞检查，直观解决空间关系冲突，优化工程设计，减少施工阶段可能存在的错误和返工，缩短工期。施工人员可以利用 BIM 技术，进行施工交底、方案模拟，提高施工质量。同时利用 BIM 技术进行协同，信息交互更加高效，竣工后交付的数字模型让后期运维更加便捷直观。

最后，学习总结与应用。BIM+装配式建筑的应用，未来一定是建筑行业发展的重要趋势，要求每位同学要不断培养自身的 BIM 技术实力，为未来的职业发展打下良好的基础。

雷神山、火神山医院在疫情期间，能够保质保量快速完工，充分展示了雷神山、火神山医院建设各环节所运用的 BIM 技术，展现了我国 BIM 技术及装配式建筑的先进性。

学生组成项目实战小组团队，利用 BIM 技术进行建模，并进行深化设计，对 BIM 技术的应用加深理解与认识。

4. 学习资源

①范华冰等："数字孪生医院——雷神山医院 BIM 技术应用与思考"，载《华中建筑》2020 年第 4 期；

②工业和信息化部教育与考试中心编：《装配式 BIM 应用工程师教程》，机械工业出版社 2019 年版；

③柏慕进业编著：《Autodesk Revit Architecture 2017 官方标准教程》，电子工业出版社 2017 年版；

④卫涛：《基于 BIM 的 Revit 装配式建筑设计实战》（视频教学版），清华大学出版社 2019 年版；

⑤黄亚斌、王全杰、赵雪锋主编：《Revit 建筑应用实训教程》，化学工业出版社 2016 年版。

案例 2

1. 知识点

绿色建筑分析。

绿色建筑指在建筑的全寿命周期内，最大限度地节约资源，包括节能、节地、节水、节材等，保护环境和减少污染，为人们提供健康、舒适和高效的使用空间，与自然和谐共生的建筑物。

四节一环保：节能、节地、节水、节材和环境保护。

节能：积极推广应用新型和可再生能源。可再生能源指从自然界获取的、可以再生的非化石能源，包括风能、太阳能、水能、生物质能、地热能和海洋能等。

节地：合理布局，科学规划，提高土地利用的集约和节约程度。

节水：降低供水管网漏损率。利用非传统水源，包括中水（将小区居民生活废/污水，包括沐浴、盥洗、洗衣、厨房、厕所用水，集中处理后，达到一定的标准回用于小区的绿化浇灌、车辆冲洗、道路冲洗、家庭坐便器冲洗等，从而达到节约用水的目的）、再生水、雨水和海水。

节材：积极采用建筑学专业中新型建筑体系，推广应用高性能、低能耗、可再生循环利用的建筑材料，因地制宜，就地取材。

环境保护：实现居住区生活垃圾按照"分类分拣"袋装化进行归集处理，采用垃圾生化处理技术。

通过绿色建筑模拟分析软件对建筑的日照、通风、采光、节能等进行分析。

2. 思政目标

第一，学生在工程的设计和管理中体现节约与绿色的设计思想，树立可持续发展的价值观。

第二，学生通过实践出真知，在绿色建筑分析过程中，大胆假设、小心求证、循环往复，抓住主要问题，提出解决方案。

第三，学生能够体会多学科背景下团队协作的重要性。

3. 教学过程

本次课程按照校园现状数字建模—通风分析—采光分析—声环境分析—热环境分析—改造建议展开授课，授课过程中，学生分组自行建模，并进行分析，通过学生动手建模分析体会绿色建筑要求，并建立绿色可持续发展观念。其一，校园现状数字建模。学生根据二维图纸及项目信息，通过斯维尔采光 DALI2018、建筑声环境 SEDU2018、建筑通风 VENT2018、能耗计算 BE-SI2018 等五个软件对校园现状进行数字建模。其二，通风分析。让学生以建筑物的物理信息结合建筑物周围环境进行分析，其中包括建筑物的开窗尺寸、建筑物周围绿化带高度等信息，进行 8 幢建筑通风分析，以北院实验楼、北院办公楼、南院教学楼、北院图书馆为例展示分析所得（夏季）建筑迎风面外窗表面风压云图情况。其三，采光分析。采光分析是根据建筑物自身采光物理性质结合周围建筑物的遮挡性进行采光、眩光等分析。让学生进行校园内 8 幢建筑的采光分析，得到各层采光分析图，根据图中颜色可以直观地观察各层采光情况。眩光分析是以距窗户 1.5 米处设置眩光点所得分析，项目共进行 8 幢建筑的眩光分析，分析得到各层视野分析图，根据图中颜色以及百分比可以直观地观察各房间视野情况。其四，声环境分析。声环境分析是根据项目周围声源、建筑物周围绿化带、项目门窗隔音性等信息对目标建筑进行噪声分析，并根据楼板、墙等构件属性进行室内噪声分析。项目对 8 幢建筑进行室内外噪音分析，得到 8 份室内外噪音分析报告。其五，热环境分析。热环境分析是根据项目的地区气象参数、绿化覆盖率、通风等情况结合建筑信息进行热环境分析，以教学楼为例。本项目对南院教学楼进行热环境分析。其六，改造建议。本项目共对项目内 8 幢建筑进行 5 项绿色建筑分析，项目设计将对部分专业提出改进策略，经分析所得，能耗主要体现在供冷、供暖、照明方面。改造建议包括：①加强建筑物保温措施，例如：墙体保温、屋顶隔热、门窗隔热等，降低温度的交换以降低能耗；②对教室、宿舍等房间的墙体、楼板、屋顶等进行加厚处理，做到降低内外温度交换、降低能耗的同时，降低噪音；③进行门窗的更换处理，如将窗户的玻璃换成双层玻璃以降低噪声；④增加建筑物屋顶绿化面积，在屋顶上建立公开绿化平台，改善屋面绿化率的同时，向师生提供自我养植花草平台；⑤在建筑物周围种植高大树木或栽种爬山虎，增加绿化遮阳面积；⑥针对项目内南院教学楼增加平板遮阳（遮阳板外挑出 800 毫米，选用铝合金材质），并在遮阳板上增加绿植；⑦在南院教学楼顶建立空中花园，增加屋顶绿化面积；⑧拆除项目内南、北院低矮建筑，增加高矮树木，增强夏季通风的同时形成自然遮挡，降低噪音。

4. 学习资源

①柏慕进业编著：《Autodesk Revit Architecture 2017 官方标准教程》，电子工业出版社 2017 年版；

②肖春红、朱明编著：《Autodesk Revit 2016 中文版实操实练》，电子工业出版社 2016 年版；

③黄亚斌、王全杰、赵雪锋主编：《Revit 建筑应用实训教程》，化学工业出版社 2016 年版。

七、教学反思

第一，从当前人类关注的健康问题出发进行课程思政建设。当前影响人的健康的首要因素是居住环境，这引起了笔者的思考，作为未来的建筑设计师，一定要树立绿色、健康、可持续发展的建筑设计理念。本次选择学生熟悉的学院教学楼作为案例，带领学生动手建模，从采光、日照、通风、噪音等多个方面，分析教学楼存在的问题，启发学生从绿色、健康、可持续发展的设计理念出发提出改进建议，从而将绿色健康理念与房屋建筑设计有机融合起来，做到理论知识学习与课程思政有机融合。

第二，抓住以 BIM 技术为代表的新技术运用，提高学生学习兴趣。在授课过程中，要积极把握学生兴趣，当前学生对于 BIM 技术、虚拟仿真技术、新一代信息技术的应用和发展具有很高的兴趣，因此在授课过程中，要结合这些技术发展，组织学生进行小组学习，利用新技术对结果加深理解与认识，通过技术发展倡导学生要积极投身新技术研发、应用过程中，为国家建设和发展贡献力量。

执笔人：蔡红、吕明

管理学课程思政教学案例

一、课程基本信息

课程性质：专业必修课*

学分：3 学时：48

授课对象：人力资源管理专业本科学生

*人力资源管理专业专升本为专业选修课

二、授课教师基本情况

陈海燕，中共党员，副教授，博士，2014年毕业于中国农业大学经济管理学院，获得管理学博士学位，自参加工作以来，一直从事管理学和应用经济的教学与科研工作，2015年起在北京联合大学生物化学工程学院任教，先后承担人力资源管理专业本科及专升本学生的管理学、企业战略管理、管理沟通的教学任务，主持和参与过多项省部级和校级的科研项目以及企业横向课题，发表过多篇核心期刊论文。

三、课程内容简介

管理学是人力资源管理专业本科的必修课、专升本的选修课。该课程以组织中的管理活动为研究对象，通过对管理活动的研究，探讨其内在的规律性，再用以指导管理实践。本课程在介绍古今中外社会经济活动所创立的管理思想与方法的基础上，从计划、组织、领导、控制和创新等管理的职能方面，结合案例分析，详细介绍管理学中的系统、动态、人本、责任、效益与伦理原理。本课程的主要内容可以分为三个层次：第一个层次是管理的内涵，包括管理活动、管理思想与管理理论；第二个层次是管理过程，包括决策、计划、组织、领导、激励、沟通、控制等管理的职能活动；第三个层次是管理的改进与创新。

四、课程思政教学目标

第一，加深学生对社会主义核心价值观的理解，引导学生在管理职能运用过程中，将社会主义核心价值观融入管理道德观的形成、领导风格的培育、激励方法的运用以及组织文化建设过程中，在管理实践活动中自觉践行社会主义核心价值观。

第二，培养学生的民族自豪感和文化自信，使学生充分领悟中国管理思想的魅力、中国传统文化的博大精深，培养学生的民族自豪感和文化自信，树立对我国企业和国家实力的自信。

第三，培养学生自我管理能力，有机融合计划、组织、控制等管理职能和方法的学习，使学生把课堂中的理论知识与生活中的实践结合到一起，应用到生活实践中，学会自我管理。

五、课程思政融入设计

元素1：中华民族优秀传统文化

管理活动与管理理论的讲解中，增加中国传统管理思想和现代管理理论讲解的比重，通过理论讲授、案例分析、课堂讨论等方式使学生从国学经典中学习东方管理智慧。通过《孙子·谋攻篇》提到的"知己知彼，百战不殆"使学生知晓辩证的策略思想；通过"田忌赛马"的故事使学生了解运筹学和对策论的思想；通过对儒家名言"齐家治国平天下"的管理目标的讲解，使学生了解以人为文明核心、为主体的思想；通过法家的法制刑治论的学习，使学生了解古代的法制治国的思想；通过对道家的道法自然、刚柔并济等政治和军事策略的讲解，使学生体会中国传统文化中的朴素的辩证法思想，从而熟知中国传统文化对现代管理思想的贡献，增强民族自豪感。

元素2：社会主义核心价值观

在管理道德与社会责任等内容的讲解中，强调企业在追求利润的同时，必须遵守管理道德和承担社会责任：引入食品企业安全生产的案例强调诚信经营的重要价值；引入现行劳动法中对员工人权保障方面的规定，使学生理解社会主义核心价值观中富强、民主、文明、平等、公正、法治的内涵；引入华为等著名国内企业的员工手册、经营哲学的案例，使学生深入理解高素质员工应该具备的爱国、敬业、诚信、友善等基本的价值观；在对领导理论中领导风格的案例分析中，使学生知晓成功的企业家、领导者必须具备的敬业、诚信等基本素质。

元素 3：爱国主义精神和民族自信

在计划与计划工作制定的过程中，讲述我国的"五年计划"及国家经济建设历程、民族企业发展战略的内容，使学生了解历史、国情，在掌握科学制定计划、战略、组织结构设计等基础上，培育学生爱国精神，树立学生对我国企业实力和国家实力的自信。在战略与计划实施中，使用中国国内企业如华为集团、海尔集团、阿里集团等成功企业的战略制定和实施的案例，培养学生对国内企业实力的了解，深植家国情怀，增强民族自信，坚定为中华民族的伟大复兴而努力奋斗的决心。

元素 4：马克思主义哲学的唯物辩证法和认识论

在战略环境分析过程中，利用国内企业案例，使学生能够熟练运用普遍联系的观点认识企业外部环境变化，从管理学悖论、机会与风险并存的分析中认识矛盾的对立统一规律，进而培养学生的职业素养和科学思维以及从事物本质分析问题的科学方法，培养归纳、联系的思维方法。

元素 5：自我管理能力的培养

在计划等教学内容的学习过程中，通过制定学习计划、制定职业生涯规划、制定学习目标，把课堂中的理论知识与生活中的实践结合到一起，使学生在平时实践中学会自我管理，为"立德树人"奠定良好的基础。

六、典型教学案例

案例 1

1. 知识点

管理道德。

2. 思政目标

在本教学案例中，在学生管理道德的内涵和常见的道德观的专业知识学习中，注重加深学生对社会主义核心价值观内涵的理解，引导学生在管理职能运用过程中，将社会主义核心价值观融入管理道德观的形成，在管理实践活动中自觉践行社会主义核心价值观。

3. 教学过程

课程导入：讲述道德模范的故事，提倡加强个人道德修养。

提问：企业要追逐盈利，是否需要伦理道德？

观看视频资料:《上帝保佑吃货》。

课堂讨论中引导学生从企业经济效益目标和企业社会责任两方面讨论,统一认识企业需要承担社会责任。

进一步提问:如果与经济运行的效率和效益无关,是否需要企业伦理和管理道德?是否举报同事收取客户小礼物?是否举报同学考试作弊行为?进而引出本节教学内容:①有关伦理的几种观点。其一,功利主义伦理观。功利主义的目标是为尽可能多的人提供尽可能多的利益。例如:他们认为解雇20%的员工是合理的,因为这样剩下80%的人的工作更有保障,而且符合股东的利益。案例分析:"菲亚特汽车总经理吉德拉的三板斧"。小结:功利主义对效率和生产率有促进作用,符合利润最大化原则,但是会造成资源配置的扭曲。其二,权利至上的伦理观。决策是在尊重和保护个人基本权利的前提下做出的。如当雇员揭发雇主违法时,应当对他们的言论自由加以保护。案例分析:惠普电话门事件。小结:积极的一面是保护了个人的自由和隐私;消极的一面是接收这种观点的管理者把个人自由的保护看得比工作的完成更重要。其三,公平原则的伦理观。管理过程中的公平原则的伦理观要求管理者不能因为种族、肤色、性别、个性、个人爱好、国际等因素对员工区别对待,应该按照同工同酬和公平公正的标准向员工支付报酬。案例分析:企业中工资待遇差别的思考。小结:管理者应该公平地实施规则,注重科学的公平观的认识,引导学生正确地认识公平。其四,综合社会契约的伦理观。把实证和规范两种方法并入商业伦理中,即要求决策者在决策时要综合考虑实证和规范两方面的因素。这种伦理观综合了两种"契约":一是经济参与人当中的一般契约,这种契约规定了做生意的程序;二是一个社区中特定数量的人当中的较特定的契约,规定了哪些行为方式是可接受的。课堂讨论:中国传统的伦理观念有哪些?引导学生总结当代管理过程中,我们的道德观念、价值导向是什么?提出社会主义核心价值观的基本内容,强调在管理过程中必须要有道德及明确的价值取向,国家层面是富强、民主、文明、和谐,社会层面是自由、平等、公正、法治,个体层面是爱国、敬业、诚信、友善。②管理的特征和影响因素。其一,伦理管理的特征。案例分析:富士康被称作血汗工厂。进行案例分析时,引导学生列举出富士康存在的问题,并从多个角度分析问题产生的原因,探索合乎伦理道德的管理的基本特征。其二,影响管理伦理的因素。关于道德发展阶段的理解:国外的研究表明,道德发展阶段要经历三个层次，即前惯例层次、惯例层次和原则层次，其中每个层次又分为两个阶段（具体见表1），有关道德发展阶段的研究表明：人们依次通过六个阶段，而不能跨越；道德发展可能中断，可能停留在任何一个发展水平上；多数成年人的道德发展处在第四阶段以上。

表1　道德发展阶段

层次	阶段
前惯例层次： 只受个人利益的影响 决策的依据是本人利益，这种利益是由不同的行为方式带来的奖赏和惩罚决定	1. 遵守规则避免受到物质惩罚 2. 只有符合个人的直接利益才遵守
惯例层次： 受到他人期望的影响 包括对法律的遵守、对重要任务期望的反应、对他人期望的一般感觉	3. 做周围的人所期望的事 4. 通过履行承诺的义务来维持平常秩序
原则层次： 受个人辨别是非的伦理准则的影响 这些准则可以与社会规则与法律一致，也可以与社会规则与法律不一致	5. 尊重他人的权利，置多数人意见不顾，支持不相干的价值观和权利 6. 遵守自己选择的伦理准则，即使这些准则违背法律

学生思考：如何辩证地理解道德发展阶段？关于个人特征的影响：有两个变量会影响个人行为，分别是"自我强度"和"控制中心"。自我强度用来衡量一个人的信念强度。自我强度越高，克制冲动并遵守内心信念的可能性越大。控制中心用来衡量人们在多大程度上是自己命运的主宰，具有内在控制中心的人认为他们自己控制自己，具有外在控制中心的人则认为生命中发生的任何事都是由运气和机会决定的。从伦理角度看，具有外在控制中心的人不大可能对自己的行为负责。提示：个人应该注重加强个人道德修养的培养。关于结构变量的影响：在不同的结构中，管理者在时间、竞争和成本等方面的压力也不同，压力越大越可能降低伦理标准。关于组织文化的影响：最有可能产生高伦理标准的组织文化是具有较强的控制能力以及风险和冲突承受能力，处在这种文化中的管理者，具有进取心和创新精神。与弱组织文化相比，强组织文化对管理者的影响更大。关于问题强度的影响：问题强度主要是指如果采取不道德的处理行为可能产生后果的严重程度。后果不严重

管理者可能采取道德行为，后果严重时容易诱发不道德的管理行为。③改善企业道德行为的途径。课堂讨论：学生搜集企业案例列举企业改善企业道德行为的措施，分析对企业、社会的影响，进而对改善企业道德行为的途径进行总结，强调学生在工作和生活中，应树立正确的道德观念。课后作业：撰写案例分析报告——王石的慈善论。2008 年 5·12 汶川地震发生后，万科公司向灾区捐款 200 万元，但此举受到广泛质疑与批评：这家当年销售额上百亿的全球最大房地产企业，只捐 200 万，是否太吝啬？时任万科董事长的王石在博客中对于捐款进行了回应：赈灾慈善活动是个常态，企业的捐赠活动应该可持续，而不能成为负担。王石的言论在网民中引起了广泛的回应，万科公司陷入巨大的舆论危机中。为了平息风波，在事件发生后，王石道歉并宣布向灾区追加捐款 1 亿元。

根据材料评价王石的慈善观点，引导学生树立正确的道德伦理观念。

4. 学习资源

①"惠普身陷'电话门'风波"，载 https://tech.qq.com/zt/2006/hp-call/；

②宝安吉爱生活："曾经的富士康为何被称作血汗工厂？老员工道出真相，网友：太可怕"，载 http://dy.163.com/v2/article/detail/E8PB52EM05453UAT.html；

③周三多主编：《管理学》（第五版），高等教育出版社 2018 年版。

案例 2

1. 知识点

计划与计划工作。

2. 思政目标

培养学生自我管理能力，有机融合计划职能的学习，使学生把课堂中的理论知识与生活中的实践结合到一起，应用到生活实践中，学会自我管理。

3. 教学过程

课程导入：提问学生是否为自己制定过学习计划、发展目标。

讨论：制定计划和从不做计划的学生各自陈述理由，从讨论中加深对计划重要性的理解。

学生的反馈：不愿意制定计划的理由主要包括：课程太多，经常有意外事件，计划不如变化快；制定了计划经常无法完成；没有时间制定计划；有计划太约束自己，希望更自由些；不会做好的计划。

总结：我们谁也不知道将来会怎样，但明天肯定会与今天不同。计划并不能保证你成功，但能令你为将来做好准备。计划可以为管理者和非管理者指明方向，通过计划促使管理者展望未来、预见变化、考虑变化的冲击，以及制定适当的对策，减少变化的冲击，计划还可以使浪费性和重叠性减至最少，计划设立目标和标准以利于控制。没有计划，就没有控制。

教学内容：①计划的概念。很多学者都对"计划"做了详细的解释。无论在名词意义上还是在动词意义上，计划内容都包括5W1H：

what 做什么？——目标与内容；

why 为什么做？——原因；

who 谁去做？——人员；

where 何地做？——地点；

when 何时做？——时间；

how 怎样做？——方式、手段。

②计划的性质。其一，计划工作是为实现组织目标服务。计划工作是对决策工作在时间和空间两个维度上的进一步的展开和细化。强调有什么样的目标就有什么样的人生（引导学生注重人生目标和理想的设计）。其二，计划工作是管理活动的基础（我国的数个五年计划与国家经济建设和各行各业发展成就，引导学生关心我国经济建设发展的计划性）。其三，计划工作具有普遍性和秩序性，制定计划是各级主管人员的职责。其四，计划工作要追求效率。③个人时间与计划管理（引导学生珍惜时间，加强时间管理）。时间管理：个人计划的工具。时间是稀缺的资源，我们应将事情按照轻重缓急加以分类。分析材料：小明的周末。提问学生：是否与小明有相同的经历？引入课上调研：时间都去哪儿了？统计数据显示同学们自评的时间管理能力数据、计划制定与执行数据。教师强调时间是稀缺的资源，时间管理其实不仅仅是个人的事情，换一个角度看，进入精细化管理时代，准时化生产方式成为主流，生产方式的改变影响着政务、教育、商业、家庭生活等方方面面。一个人是否准时，会直接影响一家企业系统的运转；一家企业是否准时，会间接影响一个行业系统的运转；一个行业延时，会直接牵扯一个领域的运转。加强时间管理，充分利用时间，社会运转必会更有效率。引入时间管理矩阵：

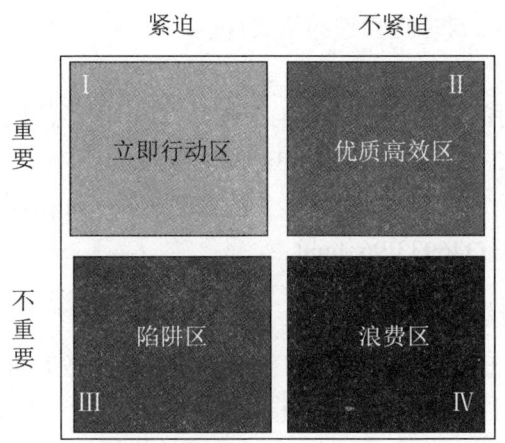

案例讨论：华为公司的时间管理。

华为公司时间管理培训的第一部分内容就是使员工清楚时间管理的误区：一是工作缺乏计划，二是不会适时说不。华为公司时间管理的四大法宝：以SMART为导向的华为目标原则；关注第二象限的华为四象限原则（参见表2）；赶跑时间大盗的华为韵律原则；执着于流程优化的华为精简原则。

表2　时间管理矩阵示例

类别	特征	相关事宜
第一象限	"重要紧迫"的事件	处理危机、完成有期限压力的工作等
第二象限	"重要但不紧迫"的事件	防患于未然的改善、建立人际关系网络、发展新机会、长期工作规划、有效的休息
第三象限	"不重要但紧迫"的事件	不速之客、某些电话、会议、信件
第四象限	"不重要且不紧迫"的事件或者是"浪费时间"的事件	阅读令人上瘾的无聊小说、收看毫无价值的电视节目等

引导学生对个人事务进行重要程度、紧急程度的分类，然后拟定计划合理安排。

课外作业：关于制定计划这一主题，要求学生结合"时间管理法"制定一份一周课余时间安排计划，详细到小时，之后反思自己的时间用到了哪里，从而使学生切身体会到时间管理的重要性。

4. 学习资源

①严奇："'时间管理'当成青年课程"，载中国经济网，http://views. ce. cn/view/ent/201912/20/t20191220_ 33936069. shtml；

②肛哥："华为时间管理四原则"，载百度文库，https://wenku. baidu. com/view/c75ecfe8aeaad1f346933f96. html。

七、教学反思

首先，笔者综观管理学课程中，能够融入思政教育元素的知识点较多，从已经完成的授课活动中，发现学生对中国传统文化、国内企业的成功失败的案例学习热情较高，对于敬业报国、爱国主义精神等思政教育元素融入管理学比较容易接受，也容易触动学生更深层次的思考。

其次，挖掘课程思政教育元素，并能够有机融入教学活动，对教师的教学方式、方法能力提出了更高的要求，笔者认为教师在开展教学活动之前一定要进行深入的学生学情分析，相同的知识点面临不同的学生，应该结合学生特点做出有机调整，才符合落实立德树人根本任务的要求。

执笔人：陈海燕

招聘与人才测评课程思政教学案例

一、课程基本信息

课程性质：专业必修课

学分：3　　学时：48

授课对象：人力资源管理专业学生

二、授课教师基本情况

彭莹莹，副教授，博士，2013 年毕业于中国社会科学院研究生院，获管理学博士学位，2005 年来在北京联合大学生物化学工程学院任教，先后担任工商管理、人力资源管理等专业课程的教学任务，并从事人力资源管理、创业就业管理等方向的科学研究，主持和参与过多项省部级和校级的科研项目以及企业横向课题，发表过多篇核心期刊论文。

三、课程内容简介

招聘与人才测评是人力资源管理专业的必修课程。本课程以组织的招聘选拔与人才测评行为为研究对象，系统介绍人员招聘、选拔和测评的基本理论和方法。本课程的主要内容包括：招聘与人才测评的基本概念、基本理论及未来的发展趋势；不同企业发展阶段和战略下招聘活动的组织、设计和具体实施；人才测评标准体系的设计原理、原则、方法和程序；简历筛选、面试、心理测验以及评价中心技术等人才测评活动的组织、设计和具体实施；对整个招聘和人才测评过程的全面评估。

四、课程思政教学目标

第一，加深学生对社会主义核心价值观的理解，引导学生在招聘和选拔活动中自觉、正确地践行社会主义核心价值观。

第二，培养学生对中国传统文化的认同，理解古代用人之道中蕴含的哲理与智慧，培养学生文化自信。

第三，培养学生树立中国人文主义的人才观，理解不同时代和情境下的选才、用才工作重心及背后的逻辑。

第四，培养学生的创新精神和创业能力，鼓励学生创造性地思考技术变革、环境变化所带来的招聘方案、人才测评方法的发展趋势以及基于新环境下的创业活动。

五、课程思政融入设计

元素1：社会主义核心价值观

在讲述招聘基本概念及招聘原则的过程中，通过引入企业招聘不当的真实案例，引发学生思考在招聘中应该注意的问题，让学生体会招聘过程中应该遵循的主要原则，帮助学生培养公正、平等、和谐、诚信、友善的意识。

元素2：中国优秀传统文化中的选人、用人之道

在讲述人才测评方法的设计与选择中，融入中国优秀传统文化中的选人、用人之道，如利用三顾茅庐的故事引发学生思考人才定位的重要性；利用诸葛亮的知人七法和庄子的九征思想强调选拔人才的复杂性和全面性；结合姜太公选拔将领的故事引出结构化行为观察方法在人才选拔中的应用；等等，鼓励学生思考古代用人之道中蕴含的哲理与智慧，以及对当今人力资源管理的启发和现实意义，培养学生对中华民族传统文化的认同感与自豪感，实现文化自觉与文化自信。

元素3：中国近现代人才观的演变

在讲述招聘的发展史时，结合不同时代的特点和要求，介绍中国近现代人才观的演变过程，启发学生思考中国近现代人才观演变的脉络，并对比西方人才观的核心基础，思考中国人才观与西方人才观不同的底层逻辑，学会理性对待、吸收、借鉴并使用西方的优秀人才管理思想，树立中国人文主义下的人才观。

元素4：新时代习近平的人才观

在讲述人才测评标准体系的内容时，结合公务员法的内容修订，讲述新时期对于公务员的素质要求变化，引发学生主动学习和深刻理解新时代习近平的用人思想，鼓励学生树立强烈的人才意识，学会辩证地认识和处理德与才的关系，并引导学生将德才兼备、以德为先作为自身努力的学习目标，按

新时期的人才标准严格要求自己。

元素5：人力资源管理从业人员的职业素养

在讲述胜任素质模型时，一方面结合企业、行业对人力资源管理人才的现实要求，培养学生吃苦耐劳、爱岗敬业、诚实守信的职业素养，强化学生用心做好工作的责任意识，另一方面引导学生正确地认识自己，鼓励学生挖掘自己的潜在素质，并不断超越自己。

元素6：创新精神和创业能力

在讲述招聘渠道和招聘方法的过程中，结合大数据、人工智能、"互联网+"以及新冠肺炎疫情等环境和条件的变化，鼓励学生思考如何结合环境变化创造性地开展招聘与人才测评活动以及基于新环境开展创业活动，强化学生的担当意识，培养他们的创新竞争意识和创业能力。

六、典型教学案例

案例1

1. 知识点

理解企业在招聘活动中应该遵循合法、公开、平等、竞争、全面、量才、效率优先等原则。

2. 思政目标

加深学生对社会主义核心价值观中公正、平等、和谐、诚信、友善等的认识；深入理解作为人力资源从业者提高自身职业素质的必要性；端正学习态度，理性看待社会上的招聘不公现象。

3. 教学过程

问题导入：社会上存在哪些招聘不公现象？通过现场调查，了解学生对企业招聘不公现象的认知状况，吸引学生的注意力，引发学生对招聘工作的重视，并思考企业在招聘活动中应该注意的问题。

课堂讲授招聘应该遵循的主要原则：

合法原则：任何组织在招聘过程中都要遵守国家关于平等就业的相关法律、法规和劳动政策，包括劳动法、劳动合同法等劳动法规。

公开原则：组织要把招聘的职位、种类、数量，应聘的资格、条件，考试的方法、科目和时间均面向社会通告，公开进行招聘。例：央企遭遇"萝卜招聘"猜疑，反就业歧视理应更有作为。小结：其一，企业应该给予社会上的人才以公平竞争的机会，达到广招人才的目的；其二，企业应该自觉使招聘工作置于社会公开监督之下，防止不正之风。

平等原则：组织对所有应聘者应一视同仁，不得人为地制造不平等的限制或条件，以及各种不平等的有限优惠政策。播放视频：《没有一个男人可以通过的面试》。小结：通过视频引发学生思考企业真实存在的性别歧视现象，以及企业要树立平等观念的重要性。

竞争原则：人员招聘需要采用各种测试方法来考核和鉴别人才，根据测试结果的优劣来选拔人才。

全面原则：对应聘人员从品德、知识、能力、智力、心理、过去工作的经验和业绩进行全面测试、考核。讨论：对特质、价值观、性格、能力、态度进行排序，其中遗传决定的排第一，成年后能迅速提升的排第五。小结：一个人能否胜任某项工作是由多方面因素决定的。在招聘中企业要重点考虑不易改变的因素，这也为后面介绍胜任特征的概念埋下伏笔。

量才原则：招聘录用时必须做到"人适其位，才适其用"，注意避免"低才高就"和"高才低就"的现象。例：松下只招 70 分人才。小结：选拔 70 分人才的主要优势体现在融入团队容易、有追逐顶尖者的动力以及更加忠诚。同时，70 分原则也是中国"中庸"思想的延伸，在 70% 的层面上获得均衡，可以有效地处理用人中的矛盾问题。

效率优先原则：在招聘工作中根据不同的招聘要求，灵活选用不同的招聘形式，在保证所聘员工素质要求的前提下，尽可能降低招聘费用，提高招聘效率。例：雅虎北研中心关闭引发互联网工商抢人热潮。小结：一方面，随着人口红利的消失和人口结构供需的不平衡，人才供求市场逐渐由"招人"阶段转向"抢人"阶段，企业要提高招聘效率；另一方面，打铁尚需自身硬，应聘者只有提升自身能力，才能在市场竞争中拥有一席之地。

课堂讨论：请思考以下企业的招聘行为违背了什么招聘原则？给企业和社会造成了什么样的后果？产生这些不当招聘行为的原因是什么？

2018 年 5 月 11 日，爱奇艺被爆出在招聘中刷掉河南人。被爆出的邮件显示，爱奇艺一位工作人员在面试了中央财经大学一名学生后，给人力资源部回复中备注"今后河南人尽量先过滤掉，谢谢!"事件爆出后，引起了网友的极大不满。爱奇艺方面立刻发表声明称：已辞退相关当事人，并对因用人不当造成的不良影响，向公众道歉。

组织学生开展课堂讨论：进行案例分析时，一边提问一边引导学生从多个角度分析问题产生原因，探索解决问题的途径，从而获得更多解决问题的思路。

教师进行案例讨论总结：通过对招聘案例的讲解，向学生传递一种观念，企业的不当招聘行为受到人力资源从业者素质、企业文化、信息不对称等多种因素的影响，作为今后可能从事招聘工作的人力资源者，应该努力提高职业素质，严格遵守相关原则，规范招聘行为。同时，提示学生要树立正确的学习观念，理性看待实际招聘中的问题，不要被所谓的招聘不公现象所影响。

4. 学习资源

"培育和践行社会主义核心价值观"，载人民网，http://theory.people.com.cn/GB/40557/120709/。

案例 2

1. 知识点

理解人才测评标准体系设计的概念和主要内容，结合岗位要求学会设计人才测评标准体系。

2. 思政目标

结合公务员任用原则的方针政策加深学生对新时期习近平人才观的理解，学会辩证地认识和处理德与才的关系。引导学生将德才兼备、以德为先作为自身努力的学习目标，按新时期的人才标准严格要求自己。

3. 教学过程

问题导入：自 2006 年 1 月 1 日首次施行的《中华人民共和国公务员法》已经走过了十几个年头。作为我国干部人事管理第一部基础性法律，公务员法的实施取得了显著成效，为科学、民主、依法管理公务员队伍提供了基本依据。随着中国特色社会主义进入新时代，党和国家事业取得历史性成就、发生历史性变革，公务员法也逐渐出现一些不适应、不符合新形势、新要求的地方，需要与时俱进地加以修订完善。

2018 年 12 月 29 日，《中华人民共和国公务员法》由十三届全国人大常委会第七次会议修订通过，习近平主席签发第 20 号主席令予以公布。公务员法的修订，标志着我国公务员管理法治化、规范化、科学化进入新阶段，对于建设一支信念坚定、为民服务、勤政务实、敢于担当、清正廉洁的高素质专业化公务员队伍意义重大。2019 年 6 月 1 日起，最新修订的《中华人民共和国公务员法》全面实施。此次修订对于法条做了几十处的修改，包括公务员的权利和义务、公务员的职级，以及公务员的任用原则等多方面。尤其是针对公务员的任用原则调整为：坚持德才兼备、以德为先，坚持五湖四海、任人唯贤，坚持事业为上、公道正派，突出政治标准，注重工作实绩。公务员任用原则的修订有四处表述不同：其一，在德才兼备的基础上，明确提出以德为先；其二，在任人唯贤之前，提出了坚持五湖四海；其三，增加了事业为上和公道正派的要求；其四，首次提出突出政治标准。

提问：公务员法中关于公务员任用原则的表述体现了招聘的哪些基本原理？调整后的公务员任用原则体现了怎样的公务员选拔标准？

课堂讲授：①人才测评标准体系设计的概念。人才测评标准体系是进行人才测评时所依据的统一测评标准，是由一群特定组合、彼此间相互联系的测评指标组成，每个测评指标反映人才素质的某个方面。例：视障人士求职遇阻，人才标准引发讨论。引发学生思考选拔盲校教师最重要的标准是什么？小结：其一，衡量人才不应只有唯一的标尺，筛选人才不应被传统观念束缚思想，参照公务员体检标准选拔盲校教师并不一定合适；其二，强调健全教育人才评价体系要坚持分类指导和分层次评价相结合，根据不同类型高校、不同岗位教师的职责特点，分类、分层次、分学科设置评价内容和评价方式。②人才测评标准体系的内容。一项完整的测评标准体系由测评指标、测评标志和测评标度三个要素组成。后两者称为测评标准，是衡量测评指标的"尺子"。测评指标是测评内容的细化条目，设计测评标准体系的第一步就是制定测评指标体系，列出测评可能涉及的素质维度，并将每一个维度细化，得到具有可操作、全面而准确的素质条目（在这里可以引导学生思考公务员测评指标可以从哪些方面进行设计）。测评标志就是对能够反映测评指标的行为表现或行为特征进行的描述。这些特征要求是可辨别、易操作的，通常一个测评指标要由多个测评标志来说明。其一，评语短句式（判断式），即对所考评的内容做出优劣、是非、大小、高低等判断与评价的句子；其二，设问提示式，即以问题形式来提示测试者把握测评内容的特征；其三，方向指示式（限定式），即只规定从哪些方面测评，没有具体规定测评的标志与标度，让测评者自己把握，测评标度是指用评价标准对测评指标进行衡量后的结果表现形式，常常表现为对素质行为特征或表现的范围、强度和频率的规定；其四，量词式标度，如"多、较多、一般、较少、少"；其五，等级式标度，如"优、良、中、差"或"A、B、C、D"等；其六，数量式标度，直接以分数来表示；其七，定义式标度，用许多字词规定各个标度的范围与级别差异，是评语式标志与等级式标度的结合。以诚信指标为例说明如何设计测评标志和测评标度，包括：

诚信：随时随地以诚信开展业务，遵守公司制度规定和社会道德规范，对工作具有较强的责任心。

正直：拥有积极向上的人生观和价值观，具有健康的心态，能对现象进行公正、公平的评价。

尊重他人：不分级别、文化等差异，对他人保持尊重与真诚。

遵守规范：遵守公司制度规定，不超越制度规定权限；不因个人情绪或其他想法而影响组织利益。

社会公德：遵守法律法规和社会公德，注意个人形象。

等级	行为描述
A-1	为人不够正直，待人不够真诚；不懂得尊重他人、遵守规范与社会公德
A-0	为人比较正直，有着健康良好的心态，对他人比较尊重与真诚；较严格的遵守公司的制度，不因个人情绪而影响组织利益；有较好的社会公德
A+1	能够做到诚实守信、言行一致；能够以人为师、谦虚有礼、尊重老员工，虚心向他们学习；能够以认真负责的态度对待各项工作，从而赢得大家的信任，为人正直、有是非观念和社会公德意识
A+2	随时随地以诚信展开业务，拥有积极向上的人生观与价值观，对人非常真诚；遵守公司制度规定和社会道德规范，对工作具有极强的责任心

引导学生思考哪些岗位对于诚信素质有较高的要求，学习如何设计测评标志和测评标度，并形成对诚信素质的正确认识。

作业：要求学生结合公务员的任用原则设计通用的公务员测评标准体系。

提示：根据公务员的任用原则确定出主要的测评指标；针对每个测评指标设计关键的可辨特征，并体现出程度差异或状态顺序。

作业点评：根据学生的作业情况进行点评。强调公务员任用原则体现了习近平总书记关于选人、用人的重要论述精神，深刻体现了坚定的政治自信、干部人事制度改革的新要求、中国特色社会主义法律制度体系综合效能，进一步彰显了中国特色干部人事制度的巨大优越性。所谓德，主要指公务员的政治素质和道德品行，包括政治忠诚、政治定力、政治担当、政治能力、政治自律和职业道德、社会公德、家庭美德、个人品德等；所谓才，主要指公务员的能力和水平。

关于公务员任用原则的进一步解读：德才兼备、以德为先，是共产党历来遵循的选人、用人标准，解决的是"选什么样的人"的问题；五湖四海、任人唯贤，是共产党选人、用人的优良传统，是坚持党的性质和宗旨的必然要求，解决的是"用什么理念选人"和"从哪里选人"的问题；事业为上、公道正派，是树立正确选人、用人导向十分重要的方面，是选好人、用准人的根本出发点和基本要求，解决的是"怎么用人"的问题；政治标准是选人、用人的首要标准，突出政治标准是由公务员的政治属性决定的；注重工作实绩，是指以工作实绩作为评价公务员的主要依据之一，不以年资高低、亲疏关系、家庭背景等作为公务员录用和晋升的标准。

4. 学习资源

①萧鸣政编著：《人员测评理论与方法》（第三版），中国劳动社会保障出版社 2015 年版；

②"《中华人民共和国公务员法》问答 7. 如何理解公务员任用的原则？"，载共产党员网，http://www. 12371. cn/2020/05/20/ARTI1589947156523344. shtml；

③习近平："努力造就一支忠诚干净担当的高素质干部队伍"，载《奋斗》2019 年第 2 期。

七、教学反思

通过教学观察，可以发现授课班级学生基本对课程内所蕴含的思政元素比较容易接受，尤其是引用的中国传统文化、现实企业案例分析对学生产生了一定的触动和升华，也引发了学生更深层次的思考，对于学生深入理解社会主义核心价值观、中国传统文化、中国人本主义的人才观、创新精神都有一定的帮助。但是作为一名专业课教师，在课程教学过程中还是感觉存在很多不足，如对思政元素的辨析和把控不够系统和准确、对某些思政元素的挖掘不够深入、思政元素与教学内容的结合不够流畅、没有实现"润物细无声"的效果，这也部分影响了学生的参与积极性和学习热情，今后还需要继续加强自身对思政教育的学习，并多向课程思政做得好的同事交流学习经验，更好地把思政工作贯穿专业课的教学全过程当中，为培养德才兼备的高素质人才做出贡献。

执笔人：彭莹莹

工程合同管理课程思政教学案例

一、课程基本信息

课程性质：专业必修课

学分：2   学时：32

授课对象：工程管理专业本科三年级学生

二、授课教师基本情况

郭霞，女，讲师，硕士，研究方向为工程造价、建设工程管理、装配式建筑及绿色建筑，参与多项涉及工程管理前沿相关课题，擅长与学生沟通，对学生考研、出国、参加执业资格考试等进行个性化指导，授课深入浅出、重点突出，始终以学生为中心，采用蓝墨云班课、建筑云课等授课形式，将课程思政等内容融入教学中，屡获学生好评，多次带领学生参加全国"BIM工程招投标模拟大赛""BIM毕设大赛"等，获得好成绩。

三、课程内容简介

工程合同管理课程是工程管理专业的必修课、核心课程。课程的主要内容包括：建设工程合同管理法律基础、建设工程施工招标、建设工程设计招标和设备材料采购招标、建设工程施工合同管理、建设工程设计施工总承包合同管理、FIDIC土木工程施工合同管理。本课程旨在系统学习工程合同管理的基本理论，理解建设工程的合同体系和主要合同的内容，掌握工程合同管理中的合同分析、合同履行和合同管理的方法，掌握工程招标投标的程序和内容，具备在工程建设实践中依法签订合同、审查合同、履行合同、管理合同的基本能力。

四、课程思政教学目标

第一，培养学生了解本专业领域的法律法规和行业规范，并在法律和制度框架下开展工作。

第二，培养学生理解建造师、造价师、评估师等的职业性质和社会责任，自觉遵守职业道德规范并履行责任。

第三，培养学生理解建筑、人、环境与资源之间的关系，以及工程师对公众的安全健康、环境可持续发展的社会责任，并在工程实践中自觉履行责任。

第四，培养学生能够明确自身在团队中的定位，与团队其他成员保持协调与合作，完成自身承担的团队任务。

五、课程思政融入设计

元素 1：诚信、遵守市场公平竞争秩序以及合法纳税

讲授施工合同示范文本的过程中，融入诚信的社会主义核心价值观，让学生理解企业和个人诚信的重要性、遵守市场公平竞争秩序和合法纳税的必要性。2017 年，为规范建筑市场秩序、维护建设工程施工合同当事人的合法权益，住建部、国家工商总局制定了《建设工程施工合同（示范文本）》。但在目前迅速成长的建筑市场中，"阴阳合同"的存在已严重扰乱了建筑市场秩序。有些业主以各种理由修改合同或违背约定，签订"阳合同"供建设行政主管部门审查备案外，还私下与施工单位签订一份与原合同相悖的"阴合同"，形成一份违法违规的契约。"阴阳合同"危害巨大，严重影响社会诚信体系的构建、影响公平竞争的市场秩序并逃避政府税收和政府监管。

元素 2：平等、法治的社会主义核心价值观

讲授《中华人民共和国合同法》订立合同、履行合同的相关内容中，让学生理解合同订立的当事人法律地位平等，任何一方都有权独立做出决定，一方不得将自己的意愿强加给另一方，强调合同订立的双方当事人是平等的合同主体。同时，当事人订立、履行合同应当遵守法律、行政法规及社会公认的道德规范。

元素 3：守法

在工程招投标模拟实训中，将学生分组，按招标人、投标人两大角色，七个阶段（企业备案阶段、招标策划阶段、资格预审阶段、招标阶段、投标阶段、开标评标阶段、定标阶段）体验招标阶段工作内容。指导学生编制资格预审申请文件和招标文件的过程中，强调根据我国《招标投标法》《招标投标法实施条例》的相关规定、《标准施工招标文件》的条款及注册工程师职业

道德要求，进行相应的编制，培养学生守法的良好品德。

元素4：团队合作

在工程招投标模拟实训中，学生分组完成项目索赔、签证等资料收集、完成小组作业、完成作业展示和答辩，要求学生有团队协作精神和沟通表达能力，并在最后的实训总分中给予相应的加分项。每次实训均以小组为单位评分，只有同组所有成员完成全部任务才能得分，否则全组不得分。这样的要求调动了每个学生的积极性，配合度得到很大提高，培养了学生的团队合作精神。

元素5：工程师职业道德守则

在学生角色扮演招投标流程中，设计如因忘盖公章导致废标、因开标大会迟到导致无法参加投标、标书商务标中因计算疏忽出现重大误差导致废标等环节。向学生阐明细节的重要性，细节往往决定成败。教育学生平时对待学习任何环节都不能粗枝大叶。在编制投标单位的资格预审申请文件过程中，要求学生遵守工程师职业道德守则要求，完成申请文件的如实填报，通过投标单位的人员信息填报，比如工作经验、执业资格证书要求、学历证书要求等，树立积极向上的人生观和价值观。

六、典型教学案例

案例1

1. 知识点

建设工程施工合同条款的编制和应用。

2. 思政目标

培养学生诚信、遵守市场公平竞争秩序以及合法纳税。

3. 教学过程

首先，复习四类示范文本的适用范围：

```
              ┌─ 2017年版《建设工程施工合同（示范文本）》        非政府投资 + 施工总承包模式
       住建部 ─┤
              └─ 2011年版《建设项目工程总承包合同示范文        非政府投资 + 工程总承包模式
                 本（试行）》

              ┌─ 2007年版《中华人民共和国标准施工招标资
                 格预审文件》《中华人民共和国标准施工招        政府投资 + 施工总承包模式
                 标文件》
     国家发改委─┤
              └─ 2012年版《中华人民共和国标准设计施工总        政府投资 + 工程总承包模式
                 承包招标文件》
```

其次，引入新课。播放关于施工合同纠纷的视频，引导学生思考视频案例：施工合同由哪几部分组成？签订合同需要注意哪些关键条款？如何规避履行合同中的风险？等等。

最后，课程讲授。①《建设工程施工合同（示范文本）》的组成：

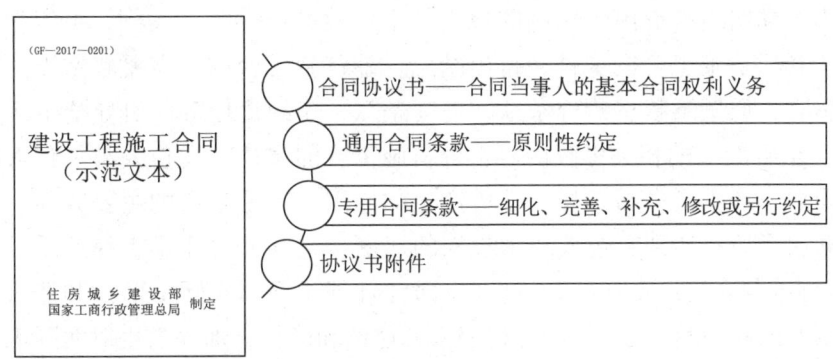

②结合案例，引导学生讨论、分析《建设工程施工合同（示范文本）》中关键条款，让学生意识到诚信和遵守市场公平竞争秩序的必要性；③结合案例，引导学生讨论建设工程施工合同质量控制条款的理解和应用：

通用合同条款

5.1.1 工程质量标准必须符合现行国家有关工程施工质量验收规范和标准的要求，有关工程质量的特殊标准或要求由合同当事人在专用合同条款中约定。

专用合同条款

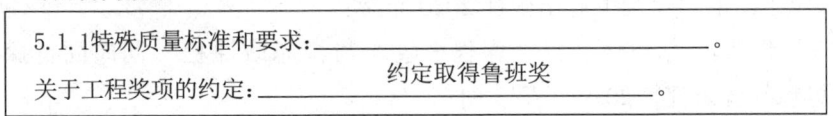

国家标准是法定义务，约定标准是合同义务，在合同中对工程质量做出更高标准的约定，系双方的真实意思表示，应为有效，应对此类约定持鼓励态度；④结合案例，引导学生讨论建设工程施工合同安全文明施工条款的理解和应用：

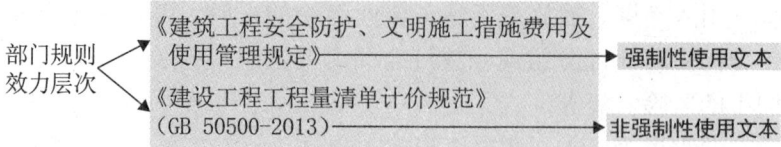

关于安全文明施工费预付比例的规定是不一致的；⑤结合案例，组织学生分组讨论某项目施工合同文件，得出结论：签订施工合同，需要着重注意的关键条款有：质量条款、造价条款、进度条款、违约责任等，引导学生运用毛主席"矛盾论"的相关思政内容，分析施工合同文件中发包人与承包人是否存在矛盾、产生了什么矛盾、矛盾产生的原因、谁是矛盾的主要方面、如何才能解决矛盾，达到发包人与承包人的双赢，主要针对建设工程的质量方面（国家标准与合同约定标准）、进度方面（计划工期与实际工期）和造价方面（招标控制价与投标报价）等进行一系列讨论和分析，加深学生对实际工程具体问题的解决与理解。

4. 学习资源

①成虎、张尚、成于思：《建设工程合同管理与索赔》，东南大学出版社2020年版；

②黄文杰编著：《建设工程合同管理》，高等教育出版社2004年版；

③全国一级建造师执业资格考试用书编写委员会编写：《建设工程法规及相关知识》，中国建筑工业出版社2019年版；

④全国一级建造师执业资格考试用书编写委员会编写：《建设工程法规及相关知识》，中国建筑工业出版社2020年版；

⑤郑佳然："新时代高校'课程思政'与'思政课程'同向同行探析"，载《思想教育研究》2019年第3期；

⑥毛泽东：《矛盾论》，人民出版社1952年版。

5. 课后分组讨论、案例分析

2016年3月，北京某建筑工程有限责任公司（以下简称"甲公司"）通过工程招投标方式，在中标后与北京一家房地产开发有限责任公司（以下简称"乙公司"）签订了"某某花园住宅小区"建设工程施工合同，合同价款为人民币2.8亿元，之后，在市建设工程管理部门办理了备案登记。在中标前，双方就该工程还签订了一份施工合同，约定的工程价款为3.1亿元，在该合同中还约定：以后中标的备案合同仅限于报建、报监的正常施工之用，具体履行均按本合同执行。

2017年9月，上述工程竣工验收后交由乙公司使用，乙公司支付了工程价款2.8亿元。后双方在工程款结算时，对依据已备案合同确定的工程价款进行结算还是采用双方签订的没有备案的施工合同约定的工程价款进行结算发生争议。乙公司认为，已备案的合同是经公开招投标，中标后签订的，这份合同才是工程结算的唯一根据，依据该合同的内容，乙公司已付清合同约定的工程款项。而甲公司则辩称，招投标活动由乙公司一手操办的，招投标文件均是乙公司自己编制的，在未备案的施工合同中有垫资承包的约定，甲公司也按照该合同履行了垫资承包义务，如果按照备案的中标合同支付价款，甲公司是亏损的，未备案的施工合同才是实际应该履行的合同，中标价和合同价对双方没有约束力，乙公司应按未备案的施工合同的约定进行工程款数额结算，仍应支付尚欠的工程款3000万元。在协商不能时，甲公司于2018年5月向有管辖权的人民法院提起诉讼。法院经审理，以经过备案的与中标文件一致的施工合同约定的工程款条款为判决依据，驳回了甲公司的诉讼请求。

通过案例，要求学生理解"阴阳合同"的概念和危害。

案例2

1. 知识点

施工索赔程序和报告、案例。

2. 思政目标

培养学生爱岗敬业、吃苦耐劳的职业精神。

3. 教学过程

首先，复习施工索赔的定义和特征。索赔一词具有较为广泛的含义，其一般含义是指对某事、某物权利的一种主张、要求、坚持等。工程索赔通常是指在工程合同履行过程中，合同当事人一方因非自身责任或对方不履行或未能正常履行合同而受到经济损失或权利损害时，通过一定的合法程序向对方提出经济或时间补偿的要求。索赔是一种正当的权利要求，它是发包人、工程师和承包人之间一项正常的且普遍存在的合同管理业务，是一种以法律和合同为依据的、合情合理的行为。它具有双重特点，包括：其一，双向性。索赔是双向的，不仅承包人可以向发包人索赔，发包人同样也可以向承包人索赔；其二，补偿性。只有实际发生了经济损失或权利损害，一方才能向对方索赔。索赔是一种未经对方确认的单方行为，它与工程签证不同。

其次，引入新课。播放一个关于施工合同索赔的视频，引导学生思考视频案例：施工索赔正确的程序应该是怎样的？如何编制索赔报告？如何增加索赔成功的概率？等等。

最后，课程讲授。介绍施工索赔时，讲解建筑工程索赔的预防，就是要加强索赔的前瞻性预防，主动控制索赔事件的发生，确保建设工程项目的顺利完成。引申到青年学生对自己的职业规划也必须要有前瞻性，目前大部分学生都缺乏职业规划，对自身价值也充满迷茫。很多毕业生眼高手低，总是抱怨找不到合适的工作，觉得身边的人没有自己优秀，充满着浮躁感。引用马云的例子，教育学生只有真正蛰伏、戒骄戒躁，用踏实的心态做事，才能厚积薄发。

结合案例，讲授索赔的程序：

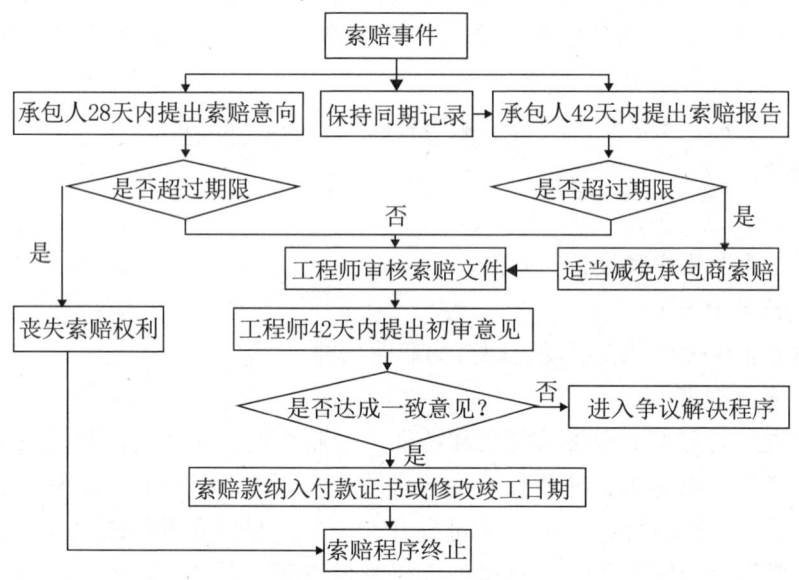

结合案例，讲授工期索赔的方法：

<table>
<tr><td>· 网络分析法</td><td>**网络分析法**
　　承包人提出工期索赔，必须确定干扰事件对工期的影响值，即工期索赔值，工期索赔分析基本思路是：假设工程一直按原网络计划确定的施工顺序和时间施工，当一个或一些干扰事件发生后，使网络中的某个或某些活动受到干扰而延长施工持续时间，将这些活动受干扰后新的持续时间代入网络中，重新进行网络分析和计算，即会得到一个新工期，新工期与原工期之差即为干扰事件对总工期的影响，即为承包人的工期索赔值，网络分析是一种科学、合理的计算方法，但对于大型、复杂的工程，需借助计算机来完成</td></tr>
</table>

· 比例类推法

　　按工程量进行比例类推；
　　按造价进行比例类推

· 直接法

结合案例，讲授费用索赔的方法：

索赔事件	可能费用项目	说明
工程延误	人工费增加	包括工资上涨、现场停工、窝工生产效率降低、不合理使用劳动力等损失
	材料费增加	因工期延长引起的材料价格上涨
	机械设备费	设备因延期引起的折旧费、保养费、进出场费或租赁费等
	现场管理费增加	包括现场管理人员的工资、津贴等，现场办公设施，现场日常管理费支出，交通费，等等
	因工期延长的通货膨胀使工程成本增加	
	相应保险费、保函费增加	
	分包商索赔	
	总部管理费分摊	
	推迟支付引起的兑换率损失	

续表

索赔事件	可能费用项目	说明
工程加速	人工费增加	因业主指令工程加速造成增加劳动力投入、不经济地使用劳动力、生产效率降低等
	材料费增加	不经济地使用材料、材料提前交货的费用补偿、材料运输费增加
	机械设备费	增加机械投入，不经济地使用机械
	因工程加速增加现场管理费	也应扣除因工期缩短减少的现场管理费
	资金成本增加	费用增加和支出提前引起负现金流量所支付的利息

结合案例，组织学生分组讨论某施工项目实施过程中，施工单位应如何编制索赔意向书、提出工期和费用索赔，并组织学生谈判，进行有理有据的索赔和反索赔。从毛主席的矛盾论出发，引导学生理解索赔与反索赔是一对矛盾体，但不是不可调和的矛盾体，合理地运用索赔与反索赔，可以减少业主和承包商的风险，使双方损失降到最低，从而实现建设工程的最大利益化。

4. 学习资源

①成虎、张尚、成于思：《建设工程合同管理与索赔》，东南大学出版社2020年版；

②杨晓林、冉立平主编：《建设工程施工索赔》，机械工业出版社2013年版；

③全国造价工程师职业资格考试培训教材编审委员会编：《建设工程造价管理》，中国计划出版社2019年版；

④毕忠杰："论建筑工程材料的招投标与合同管理"，载《四川水泥》2019年第11期；

⑤毛泽东：《矛盾论》，人民出版社1952年版；

⑥刘惠敏、陈坤鞢："FIDIC合同条件下工程索赔的博弈模型"，载《运筹与管理》2017年第7期。

5. 课后分组讨论、案例分析

某施工单位与建设单位按《建设工程施工合同（示范文本）》签订了可调整价格施工承包合同，合同工期390天，合同总价5000万元。合同中约定按综合单价法计价程序计价，其中间接费率为 20%，规费费率为 5%，取费基数为人工费与机械费之和。该工程在施工过程中出现了如下事件：

其一，因地质勘探报告不详，出现图纸中未标明的地下障碍物，处理该障碍物导致工作 A 持续时间延长 10 天（该工作处于非关键线路上且延长时间未超过总时差），增加人工费 2 万元、材料费 4 万元、机械费 3 万元。

其二，因不可抗力而引起施工单位的供电设施发生火灾，使工作 C 持续时间延长 10 天（该工作处于非关键线路上且延长时间未超过总时差），增加人工费 1.5 万元、其他损失费 5 万元。

其三，结构施工阶段因建设单位提出工程变更，导致施工单位增加人工费 4 万元、材料费 6 万元、机械费 5 万元，工作 E 持续时间延长 30 天（该工作处于关键线路上）。

针对上述事件，施工单位按程序提出了工期索赔和费用索赔。

问题：逐一分析以上事件，确定最终索赔的工期和费用。

案例 3

1. 知识点

编制招标计划、资格预审文件。

2. 思政目标

第一，让学生了解本专业领域的法律法规和行业规范，并在法律和制度框架下开展工作。

第二，让学生理解建造师、造价师、评估师等的职业性质和社会责任，自觉遵守职业道德规范并履行责任。

第三，让学生能够明确自身在团队中的定位，与团队其他成员保持协调与合作，完成自身承担的团队任务。

3. 教学过程

组织学生进入实训课堂，下达当天的实训任务，模拟招标人的角色编制招标计划、资格预审文件。

学生分组，自愿组建四人团队，分别按照招标人和投标人进行相应的分工，选出组长，给团队命名，设计团队队徽和口号，制定团队合作的基本规则，并上台展示。请学生选出表现最好的团队进行加分，让学生明确自身在团队中的定位，并与团队其他成员通力协作，完成实训任务。培养学生的团队协作精神和沟通表达能力。

引入某工程背景资料，由组长带领团队，分析工程的基本数据，找出影响招标和投标结果的核心内容。培养学生的团队协作意识，找到自己在团队中的位置。

在引导学生进行相关企业的注册备案、工程项目的备案与登记过程中，强调企业信用的重要性和必要性，诚实守信地进行企业信息的填报和上传，培养学生诚信的社会主义核心价值观。

指导学生结合工程背景资料进行招标条件、方式的讨论，掌握公开招标与邀请招标方式的不同和优缺点。

回顾建设工程的招标程序，区分招标工作的先后顺序，分组编制该项目的招标计划。一组学生上台展示团队的招标计划，其他各组同学根据老师的打分规则进行打分，评选出最合理可行的招标计划，并以此作为该项目最终的招标计划，后期按照此招标计划进行招标各项工作。

指导学生根据我国《招标投标法》《招标投标法实施条例》的相关规定、《标准施工招标文件》的相关条款及注册工程师职业道德要求，结合工程背景资料，进行相应的编制，选取相应的资格审查方式及评审办法，并说明理由。

指导学生根据我国《招标投标法》《招标投标法实施条例》的相关规定、《标准施工招标文件》的相关条款及注册工程师职业道德要求，结合工程背景资料，分组进行资格预审文件的编制、资格预审公告及资格预审文件的备案与发布。

4. 学习资源

①杨英："招投标合同管理中存在的问题与对策分析"，载《黑龙江交通科技》2016 年第 4 期；

②蔡文倩："建筑工程招标、投标与合同管理探究"，载《建材与装饰》2020 年第 10 期；

③韩晓玉："谈工程建设项目招投标阶段的合同管理"，载《山西建筑》2016 年第 22 期；

④陈盼："新形势下工程招投标与合同管理分析"，载《地产》2019 年第 23 期；

⑤朱云虎："关于造价控制在工程招投标阶段的相关思考"，载《地产》2019 年第 23 期；

⑥黄雪灿："工程项目招投标过程中的问题及对策"，载《四川水泥》

2019 年第 11 期；

⑦吴岚："浅析建设项目招投标模式下的合同及工程造价管理"，载《建筑与预算》2019 年第 10 期。

七、教学反思

第一，课程思政有益于学生的成长。授课始终围绕一条主线（招标投标）、三个角色（招标人、投标人、评标专家及其他）展开，授课内容饱满、逻辑性强、设计有序。学生按角色分组模拟招投标全过程，组内有协作，组外有比赛，所以学生积极性高、竞争激烈。每组的分数明示在黑板上，信息公开，学生既感受到了动力又感受到了压力。在引入注册工程师职业道德、团队协作精神和沟通表达能力及公正、平等、法治等社会主义核心价值观时比较自然，学生不反感。

第二，将知识传授与课程思政有机地融合，思政内容渗透课程的整体。部分组别学生完成的时间严重滞后，导致教学拖延。后来与部分学生沟通，学生建议引入激励机制，前三组完成任务的组别按顺序给予分数奖励。这一问题得以较好解决，也强调了组内的团队协作和沟通能力。

让学生自己看见、想到，比直接告诉他们更重要。学生在课堂上提出的一些企业资质和人员资格的问题，引发思考，对国内相关法律法规有独特的见解，这样不仅使学生的好方法、好思路得以推广，而且对学生也是一种赞赏和激励。另外，开标环节的模拟，交由学生独立完成，学生完成得很好，结合了他们自己的思考和创新，这种融入思政元素的教学模式的教学效果很好，思政内容渗透进了课程的整体教学。

执笔人：郭霞

培训与人力资源开发课程思政教学案例

一、课程基本信息

课程性质：专业必修课

学分：3　　学时：48

授课对象：人力资源管理专业学生

二、授课教师基本情况

李晨，女，硕士，副教授，承担培训与人力资源开发、劳动经济学、专业实习、毕业实习等多门课程教学与研究工作，教学质量评价优良，研究方向为人力资本投资，国内外发表相关学术论文多篇，参与国家社科基金项目、北京市教委社科项目多项，主持北京联合大学校级项目，主编参编教材多部，等等。

三、课程内容简介

培训与人力资源开发课程是人力资源管理专业学生的必修课，是一门系统地阐述企业员工培训与开发的理论和方法的学科，课程的主要内容包括：现代培训与开发的基本概念和原理、培训与开发的需求评估、各种类型培训的方法、新员工导向培训、在职培训和脱产培训、培训有效性评估等。本课程注重教学内容的专业性，突出人力资源培训与开发的基本理念、理论、方法和手段的运用，支持学生未来专业的学习和发展，密切关注该学科发展的新动向。

四、课程思政教学目标

第一，学生能够在具体实践活动中理解人力资源管理从业人员的职业性质和社会责任，自觉遵守培训与人力资源开发的基本原则和相关的劳动法规。培养学生拥有创新、变革、进取精神的领导者素养，高尚、奉献、爱国、服务社会的领导者道德情操，树立民族复兴的远大理想和坚定信念。

第二，学生在培训方案设计与实施过程中能够有意识地理解他人需求，与团队成员密切合作、有效沟通，合作开展活动并展示成果。培养学生树立友善、平等、关爱、和谐的人际关系理念，建立良好的、和谐的、互助的人际关系氛围。

第三，学生能够利用线上线下资源自主学习，能够紧跟行业发展，不断学习行业的最新规范和相关培训与人力资源开发技术。培养学生具有敬业、忠诚、诚实、奉献的工作态度，以及无私奉献、敬业报国的职业道德与精神面貌。

五、课程思政融入设计

元素1：强化学习与工作中的政治意识

政治意识是当代大学生意识培养中不可或缺的一部分，但政治观念的提升不应该只是大学里有关思想政治课程的努力，教师应使学生明白，作为学生应该自觉发展提高自身政治思想观念，不仅仅在课堂之上学习知识，更要在课后实践多关注国家时政，接触多元的优秀思想文化，不断积累并运用到培训与人力资源开发课程的学习和实践之中。该元素采用理论讲授、案例分析、小组讨论、企业调研汇报、播放经典视频、团队拓展训练等教学方法与举措进行学习。

元素2：人力资源市场环境国情教育

人力资源市场是将传统的由人事部门组建的人才市场、劳动保障部门组建的劳动力市场或职业介绍机构以及教育部门组建的高校毕业生就业市场统一融合而成的现代人才服务平台。与资本主义国家相比，我国的社会主义制度人力资源市场中，政府做的工作更加多样、翔实，业态环境越来越成熟，服务的专业化、产业化、信息化、市场化、国际化程度逐年提升。学生应对此熟知，以便未来在岗位上更好地开展培训与人力资源开发工作。该元素采用理论讲授、小组讨论、案例分析、调研汇报等教学方法与举措进行学习。

元素3：课程中的职业素养

升华改变教学活动，是将思政元素融入专业课的必经之路。可以进行翻转教学，安排学生们探讨在日常课程中存在的思政元素，就有关思政内容进行模拟培训，给学生各自发表见解的机会，最后点评并总结。将理论思考运用到实践工作之中，在学生之间完成思想的传递。该元素采用理论讲授、小组讨论、播放经典视频、企业调研汇报、案例分析、行动学习等教学方法与举措进行学习。

元素 4：培养学生创造性思维

创造性思维，是一种具有开创意义的思维活动，开拓人类认识新领域、开创人类认识新成果的思维活动。创造性思维是以感知、记忆、思考、联想、理解等能力为基础，以综合性、探索性和求新性为特征的高级心理活动，需要人们付出艰苦的脑力劳动。在对人力资源市场环境国情教育中、模拟的培训中、案例的展示中，给学生自我学习、探索和钻研的机会，锻炼学生进行推理、联想、直觉等思维活动。

元素 5：团队协作的能力

为了使学生更好地掌握培训的管理流程，在教学中采用行动学习的方法，是把组织中某一个棘手的实际问题变成一个学习项目，通过组织一个团队在解决实际问题中边干边学、边学边干的组织发展技术及流程。行动学习主要分为心智模型、能力模型和绩效导向模型，三者之间相互牵扯与制约，组织发展目标不可能在短期内通过单一的模式就能成功，而是围绕分解设定的阶段小目标采用合适的行动学习模式。由于项目有一定难度，单个学生难以完成，必须要建立团队，在协作的过程中，不仅培养学生专业技能，还培养利用分歧将成员之间的不同见解和技能运用于解决问题、迎接挑战的能力。

元素 6：公平公正的态度

完善课程考核模式是对课程思政的监督和保证，也是对其效果的检测。首先要建立起学生的课堂表现、出勤率等考核标准，按时积极上课是学生学习的任务，其学习态度的好坏与其自身道德素质及价值观有着极大的联系，通过课堂表现也可以观察出每位同学思想教育水平的程度，所以通过考勤制度既能为老师思政元素的融入提供建议，更能督促学生积极学习。其次，教师布置的作业、开创的相关的实践活动、实践任务等，可以根据学生参与程度和成果评价予以适当的奖励，这些对学生都是公开透明的，可以帮助学生明确考核标准、学习公平公正的态度。

六、典型教学案例

案例1

1. 知识点

我国职业技能开发的发展历程、职业技能开发的社会经济功能和作用、职业技能开发的社会经济功能和作用。

2. 思政目标

学生能够在具体实践活动中理解人力资源管理从业人员的职业性质和社会责任,自觉遵守培训与人力资源开发的基本原则和相关的劳动法规。培养学生拥有创新、变革、进取精神的领导者素养,高尚、奉献、爱国、服务社会的领导者道德情操,树立民族复兴的远大理想和坚定信念。

3. 教学过程

首先,教师讲述。根据教学内容的要求,讲述我国职业技能开发的发展历程,使学生理解职业技能开发的社会经济功能和作用。通过学生的课堂讨论、交流培养学生学习的主动性,促进学生思维的发展。在此环节教师要认真做好讨论课的准备工作,控制讨论的过程,并做好讨论的总结。

其次,轮讲。学生通过资料查阅,举例说明我国政府在人力资源开发中做了哪些具体工作。课堂轮讲可以为学生在课内创设一个宽松、和谐、充满信任的氛围,激发学生的积极性,使学生能在轻松和谐的氛围中自由表达、讨论,培养他们不畏权威的勇气。

再其次,作业。要求学生小组利用各种资源进行调查与分析,明确我国政府在人力资源开发中整体做了哪些工作,体现出社会主义制度的优越性。

最后,教师点评。说明我国政府为国计民生所做的工作,引导学生爱党爱国。同时通过训练,使学生能自如、流利地进行表达、交流,能够当众阐述个人的观点、见解,培养学生敢于表达的自信和勇气。

4. 学习资源

①http://www.mohrss.gov.cn/,中华人民共和国人力资源和社会保障部;

②http://rsj.beijing.gov.cn/,北京市人力资源和社会保障局;

③http://chinajob.mohrss.gov.cn/,中国就业网;

④http://www.cnki.net/,中国知网。

案例 2

1. 知识点

以员工培训流程为载体，包括人力资源培训需求分析、培训方案制定、培训实施、培训效果评估四个学习情境。

2. 思政目标

学生在培训方案设计与实施过程中能够有意识地理解他人需求，与团队成员密切合作、有效沟通，合作开展并展示成果。培养学生树立友善、平等、关爱、和谐的人际关系理念，建立良好的、和谐的、互助的人际关系氛围。

3. 教学过程

首先，课前准备阶段。参加本次行动学习的是人力资源管理专业 2016 级学生，约 10 人一组，行动之前每组的 10 名学生和指导老师围坐在一起，每人手里拿着相关的学习材料（上课之前发放），指导老师首先讲解本次行动学习的目的、方式和注意事项等。

其次，自主、合作、探究阶段。指导老师在教室讲明行动学习任务与要求后，每个小组成员根据各自的任务与要求进行讨论、分工和行动，选出自己小组的组长，在用近 1.5 小时的行动学习之后再回到教室，并对本组行动学习的结果进行整理和记录。在此过程中，各组所配备的指导老师一直作为旁观者参与整个行动学习过程。

行动学习教学方法强调学习小组成员之间的交流与合作。行动学习过程中，学习小组本身就是学习媒介，大家都有均等的时间和机会提出自己的问题、寻求帮助、交流经验，得到启发，加深对问题的理解。通过学习小组成员之间的交流学习、刺激思考、澄清问题、提供支持和批评意见等此类的学习过程，开发彼此的潜力，掌握更有效的学习技巧，增强自信，共享经验，从而提高自身的能力。

再其次，学生交流总结阶段。行动学习教学方法建立在反思与行动相互联系的基础上，是一个计划、实施、总结、反思、制定下一步行动计划的循环学习过程，在这个过程中不仅要让学生明白发生了什么，还要让学生明白结果对于学生意味着什么。所以在经历了近 1.5 小时的行动学习之后，同学们回到教室里，对本小组的学习结果进行整理和记录，然后就本小组的学习结果进行汇报（每组 10 分钟）。从结果和过程两方面回顾在行动学习过程中所发生的事情。

最后，教师评价阶段。在行动学习之后，教师对学习过程和结果进行总结和评价，通过总结与评价，使学生对所学知识进行进一步的巩固与完善，同时教师应指出在行动学习过程中同学们存在的不足。

由于学生个体差异比较大，进行行动学习和讨论可以充分调动学生的学习积极性，通过学生相互学习、取长补短，培养团队合作意识和沟通能力。

小组作业在第一次课上布置，贯穿于整个课程学习的始终。小组作业以"从校园人到职场人"为培训主题，要求学生小组利用各种资源，进行调查与分析，确定培训目标，做出相应的培训计划，并选取部分内容实施，在教师评分的基础上，在小组内部根据组员的贡献进行分数的分配。

在组织高质量完成小组作业的过程中，不仅可以培养学生的团队合作能力和组织协调及沟通能力，还可以增加学生的实际应用技能，如如何收集资料、如何提炼培训需求的关键问题、如何进行培训规划、如何实施培训、如何进行培训效果的评估等，以提高学生的综合素质。

4. 学习资源

①赵曙明、赵宜萱主编：《人员培训与开发——理论、方法、工具、实务（微课版，第2版）》，人民邮电出版社2019年版；

②王忠主编：《培训与开发》，科学出版社2015年版；

③喻玉峰主编：《员工培训实务》，机械工业出版社2020年版；

④金延平主编：《人员培训与开发》（第四版），东北财经大学出版社2016年版；

⑤［美］雷蒙德·诺伊：《雇员培训与开发》（英文版，第6版），中国人民大学出版社2015年版。

七、教学反思

通过对学生的反馈调查，学生们喜欢行动学习方式，认为这种学习方式很灵活、不枯燥、很新颖，有利于深刻记忆，与平时所接触的教学方式有很大区别，能很主动地学习而不是被动接受；从能力培养上，学生们认为对自身各方面能力进行了判断，对提高个人能力有很大帮助，如提高了搜集信息的能力、沟通与表达的能力，这种学习方式将理论与实践相结合，锻炼了综合能力；从学习效果看，在团队协作方面，有助于加强团队沟通和提升管理能力。

　　所以，在课程思政建设中，我们要做到润物细无声，不是教师单方面地讲述，而是给学生创造各种机会，灵活使用各种教学方法，使学生自发地去了解职场和社会，认识到社会主义制度的优越性，同时对提升个人的职业技能和职业素养，往往可以取得更好的效果。

执笔人：李晨

团队精神拓展训练课程思政教学案例

一、课程基本信息

课程性质：实践类专业必修课

学分：2   学时：2周

授课对象：人力资源专业本科三年级学生和专升本一年级学生

二、授课教师基本情况

因为本课程每届参加学习的学生较多，故近几年都是由四五位老师组成教学团队共同授课。团队教师姓名：刘传青、房宏君、周海涛、陈海燕、张爽，职称分别为：讲师、副教授、副教授、副教授、实验师，学历分别为：硕士、博士、硕士、博士、硕士。

教学团队以人力资源专业老师为主，同时有体育、心理咨询等专业老师参与，使得教学团队专业互补，为更好地完成团队精神拓展训练这门集中实践类体验式教学课程打下了坚实的基础。

三、课程内容简介

团队精神拓展训练课程以体能活动为引导，引发出认知活动、情感活动、意志活动和交往活动。在课程思政建设过程中，更加注重通过丰富的内容设计，培养学生形成以团队精神为核心的综合素质，形成科学的人生观、价值观和世界观。如通过复杂且艰巨的活动项目，促进同学之间的相互信任、理解、默契和配合；通过拓展训练，促进学生认识自身潜能、增强自信心、克服心理惰性、磨炼战胜困难的毅力、启发想象力与创造力、提高解决问题的能力，进而培养学生形成正确的公私观、义利观、苦乐观、荣辱观和幸福观。

四、课程思政教学目标

第一，通过团队精神拓展训练，学生可以充分认识到自由、民主与集中的辩证关系，利用矛盾论学会具体问题具体分析，认识到个人与集体的依存关系。

第二，通过团队拓展项目的实践、认识、再实践、再认识，学生可以充分认识自身潜能、增强自信心、改善自身形象；克服心理惰性、磨炼战胜困难的毅力；启发想象力与创造力、提高解决问题的能力。

第三，学生在活动开展过程中能够与团队成员密切合作、有效沟通，能够互相配合，以结果为导向完成项目，在过程中发现身边同学的优秀、美，能够感受到并表达感恩之情。

第四，学生能够陈述并解释团队建设的原则、流程及相关规范，能够比较与界定个人英雄主义和团队精神的联系与区别，能够掌握和选用团队凝聚力建设的常用做法。

五、课程思政融入设计

课程的思想政治教育通过课程设计将育德目标融入一个个团队活动项目中，通过同学们参与、体会、感悟、分享再达到认识的提高。

元素1：自由、民主与集中的辩证思想

毛主席对自由、民主、集中的著名论述：在人民内部，民主是对集中而言，自由是对纪律而言。这些都是一个统一体的两个矛盾着的侧面，它们是矛盾的，又是统一的，我们不应该片面地强调某一个侧面而否定另一个侧面。在人民内部，不可以没有自由，也不可以没有纪律；不可以没有民主，也不可以没有集中。这种自由和纪律的统一、民主和集中的统一，就是我们的民主集中制。在这个制度下，人民享受着广泛的民主和自由，同时又必须用社会主义的纪律约束自己。故我国的民主集中制是在民主基础上的集中和在集中指导下的民主。

邓小平为民主集中制的定义表述增加了"相结合"三个字，党的十四大党章将民主集中制表述为：民主基础上的集中和集中指导下的民主相结合。

关于自由、民主与集中的辩证关系，"民主基础上的集中和集中指导下的民主相结合"的思想，在团队精神拓展训练课程里始终有正向的引导。比如在团队的组建环节，遵循一定规则的基础上由同学们自由组合，组建小团队，然后公平选举产生团队领导，体现了"民主基础上的集中"和"集中指导下的民主"。在所有项目开展中都有团队成员讨论及总结的环节，要求所有成员发表意见，然后对小组意见进行归纳、总结，充分体现民主与集中、自由与民主的思想。

元素 2：矛盾论的思想

矛盾是普遍的、绝对的，存在于事物发展的一切过程中，又贯穿于一切过程的始终。每一矛盾都有其特殊之处，以区分矛盾、分析矛盾研究矛盾的特殊性。矛盾的普遍性和特殊性辩证统一，一个发展过程中有多组矛盾，抓住主要矛盾；一个矛盾中有两个方面，抓住主要方面。矛盾的两个方面也是辩证统一的，矛盾斗争发展到了最后，矛盾双方采取外部对抗的形式，发展为革命。

团队精神拓展训练课程通过拓展项目的设计，引导学生用全面联系发展的眼光看任务，要看到项目任务的本质，以及项目涉及的事物本身的发展规律和各事物间存在的联系。然后，具体问题具体分析，不死板地套用公式、套用经验。不但如此，还需抓住矛盾中的主要矛盾，同时也不能放过次要矛盾，要看到矛盾的主要方面和次要方面。如课程中的同心鼓项目，既讲究全体成员动作的整齐划一，更讲究对角线高矮、力量等的对称。

元素 3：个人与集体的依存关系

个人与集体是相互依存的。一方面，个人生活在一定的集体中，离不开集体；另一方面，集体是由个人组成的。个人的一言一行都会影响到整个集体的利益和发展。我们应正确看待个人与集体的关系，个人利益与集体利益总是息息相关，个人只有在集体中，并承担一定的职责、使命，才能使自身价值得以实现，如果脱离了集体，个人就丧失了作为这一集体的成员的资格，也就无须承担这一集体的义务，也无权享受这一集体中的成员能够享受的权利。既然集体是由个人组成，那么，集体对个人就有一种制约的力量。这种力量是必要的，因为集体从其自身着想和为其中的大多数成员着想，必须使个人从属于集体，把集体的属性赋予个人，从而才能产生一种不可抗拒的凝聚力，既保证集体有机体健康、生机勃勃的发展势头，又保证个人的价值利益得到充分实现。

在团队精神拓展训练项目中，所有的项目都必须要整个团队一起完成，个人必须要依赖团队协作才能发挥自身价值，而团队完成任务离不开团队中的每个成员，个人利益和集体利益需实现统一。

元素4：实践与认识的循环

实践是认识的来源和推动认识发展的动力，只有人们的社会实践，才是人们认识外界真理性的标准。实践还是认识的目的，人们的认识运动，首先经历由实践到认识的过程，即在实践基础上从感性认识上升到理性认识，这是认识过程的第一次能动的飞跃。经过实践得到的理性认识，还须再回到实践中去，这是认识过程的第二次能动的飞跃，是更重要的飞跃。

人类认识发展的全过程是：实践、认识、再实践、再认识，这种形式循环往复以至无穷，而实践和认识的每一循环的内容，都进到了高一级的程度。

实践论为团队精神拓展训练提供了认识和完成项目任务的基本原理和方法。课程培养学生在认识并完成项目任务的时候，不急不躁、由表及里、全面观察、由感性到理性、了解事物的演进变化、分清事物彼此间的区别联系、大胆假设、小心求证、循环往复、不断加深对事物的认识。每个项目布置任务后均由团队不断探讨、探索、试验、总结循环，从实践到认识，再实践到再认识，逐步提高，最终圆满得到解决方案。

元素5：社会主义核心价值观

任何事情都是对立统一体，而面对这种对立统一，我们应该既要全面看待，也要重点抉择最有利于前进和发展的那一方面。什么对我们有用、什么对我们用处不大甚至有害，都要看清楚、选择对，这就是价值观。而社会主义核心价值观是当下所有价值观中最系统、最全面、最正面、最精辟的概括，在团队精神拓展训练课程的设计上，更加注重对社会主义核心价值观的培养。比如在高台演讲活动中，让学生站在1.2米~1.5米的高台上演讲，主题设定为"我最崇敬/敬佩/喜欢/不喜欢的人""对我影响最大/最让我难忘的一件事"等，宣扬"爱国、敬业、友善、诚信"及传统的尊师爱老的文化，通过传统文化的传承及正能量观点的分享，引导积极的、正确的价值观。

元素6：同情心、同理心，关爱弱势群体

同情心，是认知到别人的痛苦，从而引起恻隐之心；同理心，是能够感同身受，设身处地为他人着想。同情心和同理心，都需要从小培养，但是很多父母会将两者混淆，同理心比同情心程度更深，在人际关系中发挥的作用也更大，因而更难达到。在课程的盲人方阵和盲人足球等项目中，通过蒙上双眼，模拟盲人完成项目任务，让同学们切实感受残疾人、陷入困境的人、弱势群体等的茫然无助。通过其他未蒙上双眼的同学指引蒙上双眼的人，让大家学会帮助他人、帮助弱势群体。从而帮助同学们在处理人际关系时更加能够从同理心出发，并保留纯洁的同情心。

元素7：团队的力量、团队利益和大局观

团队中的每个人都应以团队利益为重。尤其是在遇到困难时，团队成员之间互助合作的优势便发挥出来了，没有人能单独抵挡哪怕只是一次小小的打击。一个团队的成员相互鼓励，会让大家的情绪稳定。在团队拓展的很多项目里，都设计了团队的分工协作、相互支持、相互打气等环节。如穿越电网项目考验团队成员拿到任务后的计划性、组织性、团队分工、协作，以及在任务执行过程中如何做到关注细节、有大局意识、整体规划等，从而最终整个团队完成个人不可能完成的任务。

在大多数项目中，通过设计，都能让参与的同学感受到团队协作、团队鼓励等团队的力量。比如在高空断桥项目考验个人克服恐惧心理和战胜困难的勇气与决心。同学们感受到战胜自我的喜悦的同时，感受到来自集体的力量对个人的支持和激励。

元素8：创新精神

创新是指以现有的思维模式提出有别于常规或常人思路的见解为导向，利用现有的知识和物质，在特定的环境中，本着理想化需要或为满足社会需求而改进或创造新的事物并能获得一定有益效果的行为。在团队精神拓展项目中，要求每个小团队在解决问题时不局限于已有方法，要勇于尝试新方法，不断创新。例如：不满足已有认识（掌握的事实、建立的理论、总结的方法），不断追求新知，在信息传输等项目上得到了很好的体现与应用。在不墨守成规（规则、方法、理论、说法、习惯），敢于打破原有条条框框，探索新的规律、新的方法等方面都有引导和实施。

六、典型教学案例

案例1 同舟共济项目

1. 知识点

该项目的基本内涵、特征、方式及团队角色分配与协作的重要性，以及有效开展该项目活动的方法、根据各自自身特点及职责有效完成不同任务、人力资源合理运用的重要性。

项目重点：突破自我，增强团队间的协作、配合，有效沟通。培养全体成员同心协力、共同战胜困难的决心与信心。

项目难点：理解团队面临危机时，如何在积极思考解决办法的同时更加注重思想动作的统一性，用强有力的执行去弥补思考、计划的不足。

2. 思政目标

一是培养学生的团结协作能力，只有通过团队的合作才能完成项目任务；二是培养学生的毅力和信心，任务并不是很容易达成，而是要充分发挥团队所有成员的优势，相互协作、不断试验、不断挑战，才能取得好的成绩；三是实现学生们的智慧分享，通过团队总结分享，也是让大家看到其他团队是如何协作、分工，最终漂亮完成任务的。

3. 教学过程

第一步：项目引导（情景模拟）。同学们现在身处茫茫大海中，船即将沉没，现在甲板露出水面的面积在一点点地缩小，救援人员正火速赶来。同学们的任务是尽量在最少的面积上站立最多的人。

第二步：布置任务。每个人会得到一小块"甲板"（用报纸作道具），起始时，每个人都必须站在自己的"甲板"上，小组中每人的"甲板"要相连，不允许有断开的地方。之后"甲板"逐渐减少，同学们仍然要想办法站在上面。整个过程中，任何人身体的任何部位不得接触地面或其他物体，可以依靠或支撑同伴的身体。当有人犯规或学生认为不能再往下进行时，所剩的"甲板"个数或面积是最后的成绩。

第三步：项目讨论。小组各自讨论、试验20分钟~30分钟。每个小组自行找到合适的场所进行充分的讨论，达成一致目标，并形成可行的方案，将任务分解、分工协作，并不断试验，直至目标达成。

第四步：项目实施。各组依次按照第三步讨论及试验的计划与步骤进行演示，在小组演示过程中，其他小组观看和监督。老师们监督并记录成绩。

第五步：项目总结/小组分享。项目实施完毕后，每个小组先进行总结，对项目从接到任务开始到讨论阶段、试验阶段和演示阶段，每个环节中每个队员的参与程度、贡献等，项目中成功的地方、存在的不足以及可以提高、改进的环节等进行认真总结，并由每个小组推选出代表阐述小组的总结，与其他各组进行分享。

第六步：教师总结与提升。教师对各组实施过程和总结进行点评和提炼，肯定成绩、指出问题，并提炼出闪光点，结合课程的思政教育目标做适当的延伸和提高。

4. 学习资源

①钱永健：《拓展训练》，企业管理出版社 2006 年版；

②钱俊伟：《拓展训练知识手册》，中国工人出版社 2011 年版；

③杨林：《团队精神》，黑龙江科学技术出版社 2011 年版；

④陆建军、成杰：《团队精神》，中华工商联合出版社 2010 年版；

⑤中央关于课程思政的相关文件；

⑥社会主义价值观有关知识和践行的学习资料。

案例 2 信任背摔项目

1. 知识点

信任背摔项目源于心理拓展训练，它对学生的心理锻炼有很强烈的作用，尤其对责任感及增强同学间的信任等集体精神的培养非常有效，且此练习具有极限挑战性和趣味性。每一位同学依次从一座高 1.5 米的背摔台上直身向后倒下，其他学员在背摔台下平伸双臂做保护。从对自己无法控制的局面，靠理智及对同伴的信任战胜恐惧，切身体验什么是"充分信任、相互依赖"。

2. 思政目标

一是发现自我，战胜内心恐惧，能够从 1.5 米的高台背向后倒下去，需要勇气；二是培养人与人之间的信任，正是基于对队友们的信任，台上的人才敢背摔下来；三是培养责任感和奉献精神，台下面的队友为什么要接住背摔者呢？毫无疑问是责任，队友用胳膊接住背摔者时就是一种无私的奉献精神。

3. 教学过程

第一步：让所有的学生摘下手表、戒指、眼镜等尖锐的物件，并将衣兜掏空。

第二步：选一个志愿者，让他站到高台上，第一个开始背摔。其他学生在高台下，面对面站成两排，伸平双臂，掌心向上，分别搭在对面学生的肩上，右腿在前成弓步，头后仰，形成一个安全的接人区。

第三步：教师站在高台上，要背摔者背对接人队伍，将背摔者双手绑在胸前（这是防止背摔者在倒下时伤到承接的学生），并调整其位置，保证其能安全落到接人区里。教师还要查看承接队伍是否按力气大小均匀排列，必要时让他们重新排队。

第四步：背摔者下落时要始终挺直身体，不能弯腰。背摔者准备好后，大声问台下的学生："准备好了吗?"，台下的学生要大声回答："准备好了，×××（名字）我们支持你!"，或者类似的语句，之后背摔者才可以倒下。

第五步：台下的学生接住背摔者后要始终抬着背摔者的身体，直到其双脚落地。

第六步：刚才的背摔者这时变成队尾的接人者，靠近高台的学生变成了台上的背摔者，以此方式循环下去，直到所有的人都参加了背摔。

第七步：总结、分享和提高。所有队员完成背摔后，教师主导队员分别进行总结和分享，围绕：最初大家对游戏有什么认识? 参加之后有什么感受? 当你站在高台上准备后倒时，有什么感想? 当你站在下面做接人者时，你有什么想法? 来展开。

4. 学习资源

①李慧波：《团队精神》（纪念版），机械工业出版社 2015 年版；
②杨林：《团队精神》，黑龙江科学技术出版社 2011 年版；
③钱俊伟：《拓展训练知识手册》，中国工人出版社 2011 年版；
④陆建军、成杰：《团队精神》，中华工商联合出版社 2010 年版。

七、教学反思

课后，我们会进行问卷调查，从调查结果来看，还是取得了不错的思政育德效果，大多数同学都能通过项目认识到自由、民主与集中的辩证关系，学会用矛盾论进行具体问题具体分析，认识到个人与集体的依存关系，更好地认识了自我、学会突破思维的局限、增强了团队合作意识、提升了协作能力、提高了沟通表达能力、学会了分享和欣赏等。更可喜的是几乎所有同学在活动中都可以远离手机，做到了自律。但同舟共济、信任背摔等拓展项目是综合性的，每个项目蕴含的育德目标较多，致使活动项目的主题不够鲜明。

关于项目中育德目标主题不够鲜明的问题，我们授课教师团队决定不断对活动项目总结、升级，明确每个项目的思政主题，按主题梳理或开发、设计活动项目。

在教学过程中笔者发现很多同学都能够积极投身到项目活动中去，展示了年轻人的朝气活力和责任担当，发挥出各自的优势与特长，为团队活动的顺利完成奉献智慧和体力。但也有极少数同学游离于团队之外，没有参与到团队活动中去。对这些同学我们教师团队给予及时关注，给予适当心理疏导，同时让每个小组的队长带动队员积极将他们拉到活动中去，只要参与了就会有收获，只要有收获就能够激发这些消极同学的学习兴趣。

执笔人：刘传青

工程项目管理课程思政教学案例

一、课程基本信息

课程性质：专业必修课

学分：3　　学时：48

授课对象：工程管理本科三年级学生

二、授课教师基本情况

吕明，北京联合大学生物化学工程学院讲师，博士，主讲工程项目管理、国际项目管理、BIM 全过程项目管理综合实训课程，研究方向：城市地下空间安全管理、可视化管理。

三、课程内容简介

工程项目管理课程以学生为主体，将项目管理所学知识与项目团队建设、创新创业项目、创业公司管理、市场营销等相结合，是工程管理专业确定的创新创业课程。近年来，工程项目管理课程一直不断改革创新，在课程建设中，不断引入项目路演、投资人模拟投资、项目落地、模拟沙盘演练、公司注册流程分享等方式，不断推进所学知识指导创新创业实践，为城市型、应用型大学建设提供支撑。

四、课程思政教学目标

第一，社会主义核心价值观目标。树立学生爱国、敬业、诚信、友善的社会主义核心价值观，坚定"四个自信"，能够在项目管理实践中理解项目经理为代表的项目部主要管理人员的职业性质和社会责任，具有诚实信用精神，遵守建设项目相关法律法规。

第二，工程师职业素养和精神目标。使学生树立保证工程质量、安全第一的意识，具有工程师科学、严谨、细致的职业精神，具备诚实信用的品质。

第三，项目管理责任目标。使学生具有一定项目管理能力，做好项目进度、成本、质量控制，共同努力实现项目成本、进度、质量、安全、环境目标。

第四，团队合作目标。学生在创新创业项目设计实施工程中，能够与团队成员密切合作、有效沟通，能够互相配合展示项目实施成果。

五、课程思政融入设计

元素1：坚定"四个自信"

系统深入了解我国大型项目管理水平世界领先，集中力量办大事的社会主义制度是重要保障，学生可以更好地建立道路自信、制度自信的理念。对我国项目管理发展历程进行分析，对当前中国尊、港珠澳大桥、青藏铁路等大型项目管理水平进行分析，阐述我国社会主体制度的优越性，帮助学生形成道路自信、制度自信。通过央视《大国重器》中有关中国尊、港珠澳大桥、青藏铁路等纪录片的播放与讨论，对当前我国特大型工程建设进行学习，树立社会主义核心价值观，坚持道路自信与理论自信，通过撰写心得体会，帮助学生深刻认识我国的发展与中国共产党领导、社会主体制度密不可分。

元素2：爱国、敬业的社会主义核心价值观

对警示纪录片进行播放并讨论，作为项目经理，安全质量责任重于泰山，如果抱有侥幸心理，则可能要被追究刑事责任。对港珠澳大桥建设项目经验进行总结，重点分析作为项目经理、总工程师的爱岗敬业精神。分析作为一个工程项目经理要具备哪些专业素养和职业精神，特别是要具有爱国、敬业、诚信、友善的价值观念，并在工程建设过程中，坚持安全质量第一的方针原则。学生进一步学习项目经理职业精神与素养，融入社会主义核心价值观，指导学生未来职业发展。

元素3：工程师科学、严谨、细致的职业精神

要求学生编制一份教学楼或办公楼施工进度计划，在编制过程中运用所学方法，不断培养科学、严谨、系统的职业精神。教师重点讲解各种进度计划方法使用，制定科学系统的进度计划方案。在工程项目进度管理学习中，学生要进一步明确作为工程师，要科学系统安排项目进度计划。

元素4：诚实信用精神

学习我国《招标投标法》，观看"信用中国"网站，通过对招投标过程

中公开、公平、诚实信用原则的学习，并通过对我国《招标投标法》的讲解，对学生进行教育培养。切实提高学生未来走向工作岗位后落实诚实信用原则，遵守我国《招标投标法》。

元素5：拒腐防变能力

工程建设领域腐败案件高发，通过工程项目成本管理控制学习，形成细致认真地做好项目成本核算的能力；播放工程腐败警示视频，通过腐败案例说明拒腐防变在工程建设领域的重要性；进行课堂讨论，引导学生树立正确的政绩观、价值观，提高学生拒腐防变能力；分析各种成本核算方法，细致认真地做好成本核算，防范腐败行为发生，对于其他分包方、承包方的腐败行为，要具有拒腐防变能力。

元素6："工程质量安全第一"的职业价值观

工程质量安全是工程建设领域首要贯彻落实的第一责任，作为未来走向工程岗位、在施工现场施工的学生来说，要建立工程质量安全责任始终第一的意识。学习2014年住建部出台的《建筑工程五方责任主体项目负责人质量终身责任追究暂行办法》，教育学生认真履行职责，切实履行项目质量安全责任，推进项目管理水平的提升。

六、典型教学案例

案例 1

1. 知识点

项目概念与特征分析。

项目是在特定的环境和约束条件（如限定资源、限定时间、限定质量）下，具有特定目标的一次性任务。

目标性：指任何一个项目都是为实现特定的组织目标服务的。

一次性：也被称为"时限性"，指每一个项目都有自己明确的时间起点和终点，而不是周而复始的。

独特性：指项目所生成的产品或服务与其他产品或服务都有一定的独特之处。

制约性：指每个项目都在一定程度上受客观条件的制约，最主要的制约是资源的制约。

动态性：指项目实施工程中不断变化，会经常发生不能按照计划进行的情况。

2. 思政目标

教学过程中，通过讲解我国大国工程成功建设案例，特别是新冠肺炎疫情期间，雷神山、火神山医院的建设，充分体现了我国社会主义制度的优越性，能够集中力量办大事，使学生建立道路自信、理论自信，让课程思政元素与理论知识学习深入融合。

3. 教学过程

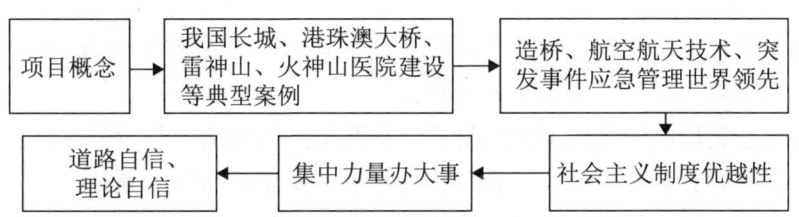

首先，以美国次贷危机引出项目管理重要性。美国次贷危机又称次级房贷危机。它是指因次级抵押贷款机构破产、投资基金被迫关闭、股市剧烈震荡引起的金融风暴。

其次，播放草船借箭案例视频讲解：周瑜在商议军事时提出让诸葛亮赶制 10 万支箭。诸葛亮答应三天造好，立下了军令状。诸葛亮请鲁肃帮他借船、士兵和草把子。第三天，诸葛亮请鲁肃一起去取箭。这天，大雾漫天，对面看不清人。天还没亮，诸葛亮便下令开船，并让士兵擂鼓呐喊。曹操召弓弩手来向船射箭。于是船两边都插满了箭。诸葛亮下令回去，这时曹操想追也来不及了。就这样，10 万支箭"借"到了手。

项目的含义讲解：结合草船借箭案例，对项目下定义。项目是在特定的环境和约束条件（如限定资源、限定时间、限定质量）下、具有特定目标的一次性任务。

重点阐述航天工程、长城、道路桥梁项目。

再其次，项目特征分析。

目标性：10 万支箭、足球比赛。

一次性：汽车工厂生产汽车。

独特性：吉隆坡石油双塔。

制约性：时间、质量。

动态性：台风"山竹"登陆珠海，港珠澳大桥质量安全无问题，进一步说明我国集中力量办大事的社会主义制度优越性，帮助学生坚定道路自信、理论自信，树立爱国、敬业的社会主义核心价值观。

每个项目特征举一到两个例子，激发学生兴趣，让学生更加深入理解项目特征。大国工程建设体现社会主义制度优越性。新冠肺炎疫情期间，雷神山、火神山医院短时间的修建完成，体现了我国社会主义制度的优越性，高效、高质完工。同时让学生能够更加深刻体会到设计者、建设者无私奉献的精神。

总结项目定义及特征：美国项目管理学者保罗·格雷斯所言："在当今社会，一切都是项目，一切也将成为项目"。

最后，利用所讲项目概念与特征，判断下列新闻活动是否是项目：

①吉利有意全资收购玛莎拉蒂和阿尔法·罗密欧品牌（是）；

②中国电信开始海外通信站点建设（是）；

③大学生课余时间经营淘宝店铺，日进万元（否）；

④港珠澳大桥通车搭乘"金巴"45分钟穿梭港珠两地（否）；

⑤《人民的名义2》终于杀青，靳东出演男一号（是）。

淘宝店与金巴车不是项目，那是什么呢？引发学生思考。

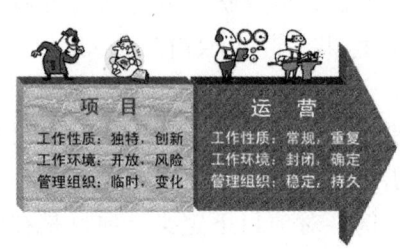

思考：项目要经历哪些阶段
才能最终取得成功呢？

4. 学习资源

①中国建筑业协会工程项目管理委员会编写：《中国工程项目管理知识体系》（第3版），中国建筑工业出版社2017年版；

②中华人民共和国住房和城乡建设部与中华人民共和国国家质量监督检验检疫总局联合发布《建设工程项目管理规范》（GB/T 50326-2006）；

③李文滔、张颂民："模块化、标准化、装配式——雷神山医院的快速建造"，载《华中建筑》2020年第4期；

④彭林立等："装配式建筑在武汉雷神山医院的应用"，载《华中建筑》2020年第4期；

⑤陈洁："星夜驰援雷神山医院——记中建安装集团'工匠兄弟连'"，载《雷锋》2020年第4期。

案例2

1. 知识点

工程项目管理及 BIM 技术。

提出问题：工程项目管理是简单的工程项目+管理吗？

分析工程项目管理五大目标：进度、成本、质量、安全、环境。

2. 思政目标

在讲解杭州地铁施工过程中质量安全事故的基础上，进一步引出《建筑工程五方责任主体项目负责人质量终身责任追究暂行办法》，提醒未来将要走上工程建设工作岗位的学生牢记：凡发生工程质量事故或重大质量问题，不管责任人是否离开原单位、是否已经退休，都要依法追究其质量责任。进一步要求学生树立"工程质量安全第一"的职业价值观。

3. 教学过程

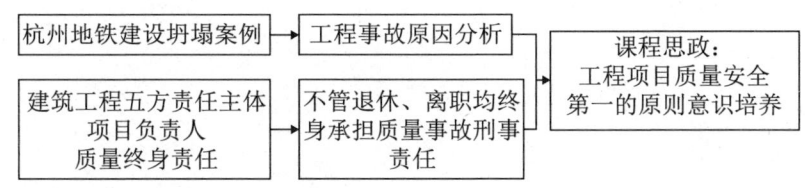

首先，工程项目管理概念。

提出问题：工程项目管理是简单的工程项目+管理吗？分析工程项目管理五大目标：进度、成本、质量、安全、环境。结合"鸟巢""雾霾红色预警"等案例解释项目五大目标。

其次，我国工程项目管理现状及问题分析。

2008年11月15日杭州地铁湘湖站工地发生坍塌事故，造成长75米，深15米的路面塌陷，11辆行驶中的汽车坠入坑内，坑外土体的崩塌导致基坑墙体失稳，支撑体系垮塌，大量泥水涌入基坑，工地周边4座有倾倒危险的房屋被迫拆除，工地周围500米范围内的居民被疏散转移，全城3条在建地铁线35个工点不得不暂停施工，进行检查整顿。这次杭州地铁工地事故是我国城市自建设地铁以来最严重的一次事故。

原因分析：钱塘江附近的地基土为淤泥质黏土，且地下水位高，主干道来往车流量比较大。基坑超挖，支撑却没跟进。

课程思政过程中，引导学生工程项目建设质量与安全无小事，必须树立工程质量安全第一的信念。在讲解杭州地铁施工过程中质量安全事故的基础上，进一步引出《建筑工程五方责任主体项目负责人质量终身责任追究暂行办法》，提醒未来将要走上工程建设工作岗位的学生牢记：凡发生工程质量事故或重大质量问题，不管责任人是否离开原单位、是否已经退休，都要依法追究其质量责任，在未来工程建设工作岗位上，要始终绷紧一根弦，把工程质量安全放在第一位。

思考：为什么项目精细化管理如此之难？为什么企业集约化如此之难？（互动思考）工程项目管理的两大难题：①海量基础数据的创建、计算、管理和共享；②协同效率低、错误多。

通过与制造业对比分析，发现建筑行业项目管理严峻问题，并激发学生运用新的技术手段解决问题的兴趣和积极性。

	建筑业	制造业
产品	单一	标准化
复杂度	超高	低
设计	2D	可视化
样机	无	有
车间	流动	固定
团队	临时，多	固定，少
工艺	变化	流水线
方式	现场	模块化

建筑业与制造业特点比较

最后，解决当前问题的新技术。

第一，BIM 技术在项目全生命周期应用，提高我国建设项目全生命周期管理精细化管理水平，这是未来发展趋势。BIM 技术是利用数字模型对建设工程进行规划、设计、施工、运营的过程。

讲解新技术对项目管理的变革，提出未来向项目全生命周期精细化管理方向发展。对未来发展趋势进行展望，激发学生利用 BIM 技术、物联网技术、人工智能技术解决项目管理问题的兴趣。

第二，"数字建筑"助力建筑产业转型升级。BIM 技术+云计算+大数据+物联网+移动互联网+人工智能：利用 BIM 技术和云计算、大数据、物联网、移动互联网、人工智能等信息技术，结合先进的精益建造项目管理理论方法，形成建筑产业互联网平台。对未来新技术对建筑行业工程项目管理变革顶层设计情况进行总体分析，让学生对整个变革具有全局把握。

新设计
全数字样品
- 通过虚拟仿真和智能认知消除各种工程风险，实现设计方案的优化、施工组织方案的优化、运维方案的优化以及全生命周期的成本优化
- 通过数字建筑规模化地实现个性化需求（规模化定制）

新建造
工业化施工
- 施工阶段将工程施工提升到工业制造的精细化水平
- 图纸细化到构件，排成最小的工序，工序工法标准化
- 工厂工业化+工地工业化
- 现场信息化+办公室信息化

新运维
智慧化运维
- 把建筑升级为可感知、可分析、可控制，乃至能自适应的智慧化系统

"三新"助力建筑转型升级

行业案例分析：疫情期间雷神山、火神山医院 BIM 数字建造。通过行业当前最新应用案例情况，让学生建立直观印象，理清当前新技术在工程项目管理中的应用点，掌握未来工程项目管理发展趋势。直接播放应用软件计算视频、模型、应用范例等，激发学生学习新技术，特别是 BIM 技术的兴趣，为未来工程项目管理水平的提高做出自己的贡献。

案例 3

1. 知识点

合伙模式（PPP 模式）。

PPP 模式是在两个或两个以上的组织之间为了获取特定的商业利益，充分利用各方资源而做出的一种相互承诺。参与项目的各方共同组建一个工作团队，通过工作团队的运作来确保各方的共同目标和利益得到实现。业主与项目参与各方之间为了取得最大的资源效益，在相互信任、资源共享的基础上达成一种短期或长期的相互协定。

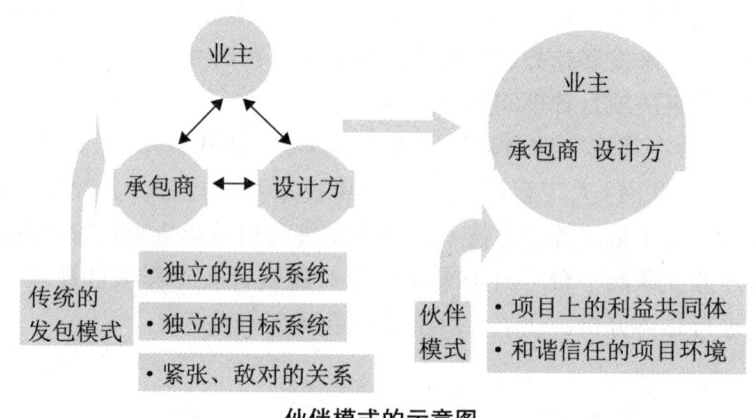

伙伴模式的示意图

PPP 承发包模式的优点：PPP 模式是一种以各参与方的"双赢"或"多赢"为合作理念的现代融资模式，反映了广义的公私合营关系，运用于公共基础设施、公共服务机构和国有企业的私有化改造等领域。通过引入私营企业，将市场中的竞争机制引入基础设施项目中，以便更好地为社会服务。

2. 思政目标

PPP 模式在我国大量成功应用，如北京地铁 4 号线、国家体育场（鸟巢）等，说明了我国社会主义制度优越性——能够集中社会资本、建造大国工程。

当前我国处在全面深化改革攻坚期，引入社会资本进行混合所有制改革对于深化改革具有重要意义。PPP 模式在"一带一路"战略实施过程中发挥了重要作用，帮助我国企业走出去取得工程建设成功。通过本课程的学习，使学生坚定"四个自信"，树立爱国、敬业的社会主义核心价值观。

3. 教学过程

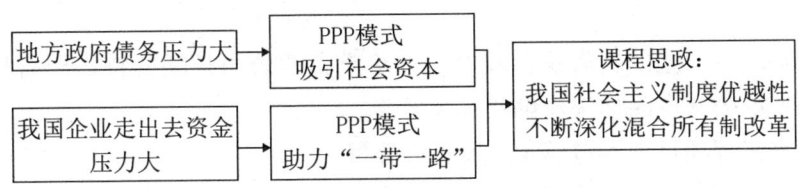

首先，引例。

提出问题、分析问题：鸟巢巨额投资资金如何筹集？鸟巢项目总投资为30 多亿元，均是由北京市政府出资建设吗？如此投入巨额资金，利用传统工程项目建设模式是否可行呢？鸟巢在后奥运时代如何才能收回投资呢？

其次，工程项目承发包模式概念讲解。工程发包与承包是指发包方通过合同委托承包方为其完成某一工程的全部标段或其中一部分标段的交易行为。工程发包方——建设单位或工程总承包单位；工程承包方——工程勘察设计单位、施工单位、工程设备供应或制造单位等。工程承发包是一种商业行为，交易双方为项目业主和承包商，双方签订承包合同，明确双方各自的权利与义务，承包商为业主完成工程项目的全部或部分项目建设任务，并从项目业主处获取相应的报酬。

工程项目主要承发包模式分类：一是传统承发包模式，包括：平行承发包模式、设计—招标—建造模式（DBB 模式）、设计—施工总承包模式（DB 模式）。二是新型承发包模式，包括：设计—施工—采购总承包模式（EPC 模式）、合伙模式（PPP 模式）。

再其次，鸟巢的承发包模式——PPP 模式。

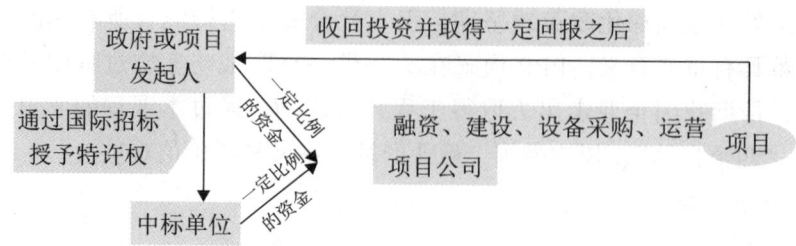

这种融资形式的实质是：政府通过给予私营公司长期的特许经营权和收益权来换取公共产品加快建设及有效运营。

未来工程项目承发包模式发展趋势分析：

地方政府在面对基建投资增加的压力下，通过社会资本的短期、有限参与（承包企业的垫资），缓冲财政资金压力，完成基础设施的建设和回购。

第一，国内项目建设。全面深化改革的时代背景下，吸引社会资本，进行融资手段创新和转型是必由之路。PPP 模式在多方面契合了这一转变的要求，是未来国内基建融资大势所趋。

第二，"一带一路""走出国门"。在破解中国企业走出去融资难的问题上，PPP 模式有望发挥重要作用。在中国高铁等企业走向海外的过程中，政府和企业共同成立特殊目的机构（SPV），将东道国政府和企业捆绑为"利益共同体"，一起负责项目管理。通过签订双方长期合同，东道国政府帮助企业化解政治、法律等风险，确保互利共赢，大幅减少政策变更风险。

课程思政总结：

第一，PPP 模式在我国大量成功应用，如北京地铁 4 号线、鸟巢等，说明了我国社会主义制度优越性——能够集中社会资本、建造大国工程。

第二，当前我国处在全面深化改革攻坚期，引入社会资本进行混合所有制改革，对于深化改革具有重要意义。

第三，PPP 模式在"一带一路"战略实施过程中发挥了重要作用，帮助我国企业走出去取得工程建设成功。利用 PPP 模式在我国基础设施建设、"一带一路"战略中的成功实践，进一步坚定我国社会主义道路自信、理论自信，进一步坚持 PPP 模式在我国推行。

第四，PPP 模式下的项目全生命周期中，委托人（政府部门）与代理人（投资者）之间的利益是对立统一的，说明事物存在对立统一的两面性。在

PPP 模式实际实施过程中，要善于抓住主要矛盾，降低 PPP 模式下项目各方的利益冲突，进而提高项目整体效益。

最后，解决问题——鸟巢案例总结。2002 年 10 月，北京市政府授权原北京市发展计划委员会邀请投标者申请资格预审并递交资格审查文件，由此拉开了"鸟巢"项目 PPP 融资模式的序幕。2003 年 9 月，北京市国有资产经营有限责任公司与中国中信集团有限公司设立项目公司，标志着"鸟巢"项目成功引入了 PPP 融资模式。

中标人是中国中信集团联合体，其出资比例是 65%（牵头方），北京城建集团有限责任公司占 30%，美国金州（控股）集团有限公司占 5%，出资情况如下图：

中标人名称：中国中信集团联合体	
联合体成员	中国中信集团有限公司、北京城建集团有限责任公司、美国金州（控股）集团有限公司
项目管理顾问	法国万喜集团、法国布依格集团
项目运营战略合作伙伴	法兰西体育场公司
项目设计顾问	澳大利亚 H. O. K Sports+Venue+Event 公司

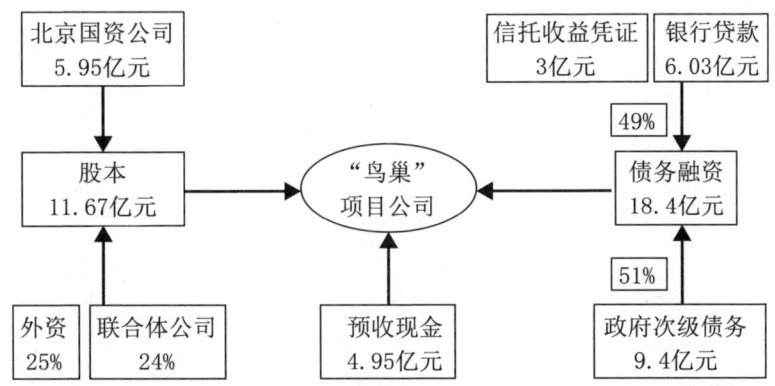

通过课程开始提出鸟巢的资金问题—学习分析工程招投标模式—解决鸟巢资金问题的方法，形成案例闭合反馈回路。最终通过本课程对建筑工程承发包模式学习，确定鸟巢采用何种承发包模式，对实施过程中出资情况进行分析。

七、教学反思

第一，始终联系热点事件和问题进行课程思政。教学过程中要做好课程思政教育润物细无声。要做好课程思政教育与知识点的紧密融合，将当前特点的案例融入教学中，提高学生兴趣，在讲授工程项目建设概念过程中，融入了当前新冠肺炎疫情期间，我国高效建设雷神山、火神山医院的案例，反映了我国社会主义制度优越性——能够集中力量办大事，能够及时建设医院、抢救患病人员。

第二，抓住学生兴趣进行启发式教育。在授课过程中，要积极把握学生兴趣，当前学生对于人工智能技术、数字新媒体技术、新一代信息技术的应用和发展具有一定兴趣，因此在授课过程中，要结合这些技术发展，结合教授科研项目，共同进行课程思政教育，通过技术发展倡导学生要积极投身新技术研发、应用过程中，为国家建设和发展贡献力量。

执笔人：吕明

工程力学课程思政教学案例

一、课程基本信息

课程性质：专业必修课

学分：2　　学时：32

授课对象：工程管理专业大学一年级学生

二、授课教师基本情况

王晓光，男，中共党员，助理研究员，高级工程师，博士后，国家一级建造师、国家注册监理师，北京联合大学教师，发表论文多篇，参与横向、纵向课题多项，参与多个重大工程项目管理工作。

三、课程内容简介

工程力学包括静力学和材料力学两部分内容。静力学部分的主要内容包括：简单物体、物体系统的受力分析，力系的简化，平衡及平衡方程的应用；材料力学部分的主要内容包括：材料的基本性质及其实验测试，构件拉压、弯曲、扭转等基本变形的应力和变形分析，一点的应力状态分析、简单组合变形时内力、应力分析和计算，压杆稳定性分析和疲劳分析。

四、课程思政教学目标

第一，社会主义核心价值观。引导学生能够通过工程力学的学习，形成文化自信、实事求是、科学严谨的认识与思想，具有人文社会科学素养，健康的心态与体魄。

第二，建筑业职业素养目标。培养学生在工程实践中理解并遵守建筑行业职业道德和行为规范，履行社会责任，践行社会主义核心价值观。

五、课程思政融入设计

元素1：创新的思想元素

鸟巢的全面营运，体现出中国人能够运用本专业的知识和方法，对工程项目的决策、设计、交易、施工运维全生命周期，进行项目精细化管理，实现工程项目的进度、质量、成本及安全目标，具备世界领先技术水平。

通过力学模型的简化、过程的应用，向学生展示中国人的智慧与自豪，向学生讲解我国从古至今的先进工程结构构造，并有机结合力学模型进行分析，增加学生对未来发展的自信与对国家的自豪。

元素2：实事求是、科学严谨的态度

掌握必要的自然科学知识，能够运用其表述复杂问题，并能针对工程案例问题建立数学与建筑信息模型并求解。提高学生科学知识的深度认知，培养学生科学严谨的工作态度与思想。

元素3：树立正确的人生观、价值观、世界观

通过案例的分析，培养学生的正确人生观、价值观、世界观，今天中国的飞速发展是有目共睹的，通过讲述，培养学生要有"学而不思则罔，思而不学则殆"的勤学、勤思考的习惯。

元素4：文化自信

通过对古今中国建筑从过程中的建设到最后的运用，体现出中国人的智慧，深度剖析理论也得到了验证，得到全面的吻合，也体会到国人的文化底蕴。

元素5：团队合作精神

通过鸟巢的案例分析，引导学生要知道鸟巢的建设过程中，团队合作是必不可少的，交叉作业多、细节处理严谨，必须保证每个细节部分要达到要求，而且进度满足工程进展。

六、典型教学案例

案例1

1. 知识点

常见约束的分类：刚体、固定铰支座、滑动铰支座。

2. 思政目标

从古至今中国人自己的建筑令世界为之赞叹，从赵州桥的求实、严谨、工匠精神，到鸟巢的大国工程成功建设案例，使学生建立文化自信、理论自信，让课程思政元素与理论知识学习深入融合。

3. 教学过程

首先，讲解概念。

刚体：指在任何情况下都不发生变形的物体，或指在力的作用下，其内部任意两点之间的距离始终保持不变，是理想化模型。由于工程实际许多物体受力后变形很小，微小的变形对分析物体受力、讨论平衡问题影响甚微。实验证明，引入刚体的概念来分析物体受力结果足够精确。

固定铰支座：限制杆在水平、竖直方向的运动（即平面内任何方向的运动）。约束力过铰链中心，作用线不确定，一般画正交分力。

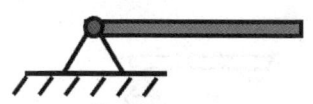 

其次，引入鸟巢模型：

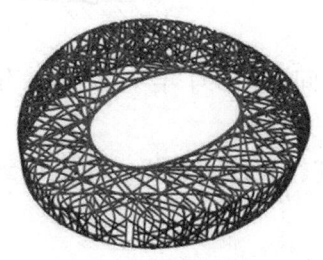 

最后，对鸟巢进行分析。介绍鸟巢看似很复杂，静下心来，结合工程力学知识，其实很简单，其中把檩条分解为刚体杆件，形成门式刚体组成，由固定铰支座、滑动铰支座构成。这样再进行受力分析，就很简单了。这需要学生有求实、严谨的态度，应用上要有工匠精神。

4. 学习资源

①杨庆生、崔芸、龙连春编著：《工程力学》，科学出版社 2008 年版；

②秦飞编著:《材料力学》,科学出版社 2012 年版;

③隋允康、宇慧平、杜家政编著:《材料力学——杆系变形的发现》,机械工业出版社 2014 年版。

案例 2

1. 知识点

固定铰支座。铰链连接中有一个构件固定在基础或机架上作为支座,就构成了固定铰支座,约束力与铰链相同。

2. 思政目标

在讲解的过程中,从古代李春建设赵州桥的设计理念、构造思想、施工方法及耐久度来分析,要求学生树立工匠精神、严谨求实的工作态度。

3. 教学过程

首先,定义铰支座。限制杆垂直于支撑面的运动。垂直支撑面,方向可设。如下图:

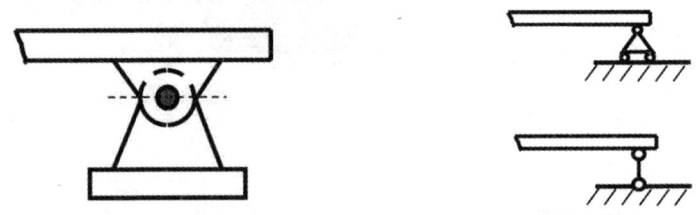

其次,引入赵州桥。赵州桥是在隋朝年间公元 594 年~公元 606 年,由著名匠师李春设计建造,距今已有 1400 多年的历史。

最后,模型分析。随着中国的深入研究,细致的分析、验证得到了赵州桥的受力是否合理结论。

4. 学习资源

①杨庆生、崔芸、龙连春编著:《工程力学》,科学出版社 2008 年版;

②秦飞编著:《材料力学》,科学出版社 2012 年版;

③隋允康、宇慧平、杜家政编著:《材料力学——杆系变形的发现》,机械工业出版社 2014 年版。

七、教学反思

求实、严谨、工匠精神是从事工程力学必须具有的素质,它们的理论与实践结合较多，能够使项目真实落地、给课程提供正确指导方向，在教学过程中真正实现了价值观的引导，教育学生质朴的价值观。

今后笔者将尽力做到带领学生深入科研院所体验日常的科研活动，让学生真正体验到一个科学研究者的每一天。

执笔人：王晓光

建筑施工技术与组织课程思政教学案例

一、课程基本信息

课程性质：工程管理专业必修课

学分：4　　学时：64

授课对象：工程管理专业大学二年级学生

二、授课教师基本情况

王晓光，男，中共党员，助理研究员，高级工程师，博士后，国家一级建造师、国家注册监理师，北京联合大学教师，发表论文多篇，参与横向、纵向课题多项，参与多个重大工程项目管理工作。

三、课程内容简介

建筑施工技术与组织是面向全体土木工程专业学生的课程，着重于专业基础的基本理论知识和技能工艺的教学，主要讲授土木工程施工领域的各项施工技术、工艺原理及项目组织管理的一般规律，旨在培养学生独立分析和解决土木工程施工实践中的相关施工技术与组织管理问题的基本能力，掌握施工技术方案设计和项目管理方案编制的一般方法，为成为一个合格的土木工程技术人员打下扎实的理论和技术基础。课程大纲如下：

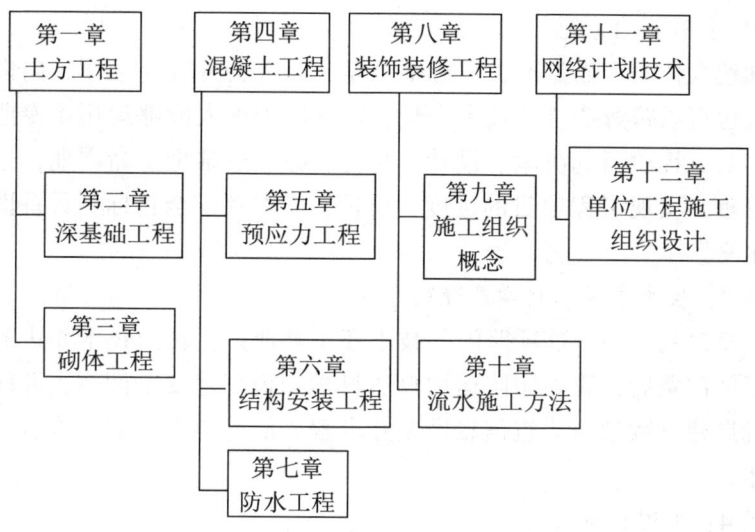

四、课程思政教学目标

第一，社会主义核心价值观。学生能够在项目管理过程中的结构设计环节上，展示全面的建筑管理者职业性质和社会责任，自觉遵守建筑结构设计规范，理解建筑结构、人、环境与资源之间的关系，树立可持续发展的价值观。

第二，严谨、求实态度。学生能够应用建筑结构设计的基本原理及各种结构体系特点，计算各种建筑结构体系的受力性能，再根据建筑设计规范要求，绘制全套的建筑结构部分的施工图。

第三，职业素养和精神目标。培养学生具有人文社会科学素养、健康的心态与体魄，在工程实践中理解并遵守建筑行业职业道德和行为规范，履行社会责任，践行社会主义核心价值观。

五、课程思政融入设计

元素1：职业道德素质

通过港珠澳大桥的案例分析，引导学生要理解建造师等的职业性质和社会责任，自觉遵守职业道德规范并履行责任。过程中出现了漏水现象，责任心、工作态度、细节的把控需要加强，培养学生要养成良好的工作习惯。

元素 2：民族自豪感

港珠澳大桥的全面贯通，习近平主席出席大会并宣布通车，向世界展示了中国人也可以跨海造桥的技术力量。体现出中国人能够运用本专业的知识和方法，对工程项目的决策、设计、交易、施工运维全生命周期，进行项目精细化管理，实现工程项目的进度、质量、成本及安全目标，具备世界领先的技术水平。

元素 3：实事求是、科学严谨的态度

在建桥之初，中国这项跨海的技术还不够成熟，在向技术先进的国家借鉴吃到了闭门羹后，我国团队运用自然科学知识表述复杂问题，并能针对工程案例问题建立数学与建筑信息模型并求解。最后得出一套中国自主的跨海建桥技术。

元素 4：中国传统文化

中国尊建筑构思源于中国传统礼器之重宝——"尊"的意象。建筑高耸直入云端，表现出顶天立地之势。其外形自下而上自然缩小，形成稳重大气的金融形象，同时顶部逐渐放大，享受独在云端的无限风光，最终形成中部略有收分的双曲线建筑造型，也能明显体现出庄重的东方神韵。

元素 5：文化自信

通过对古今的中国建筑研究，中国尊从区域空间设计上看，引入了"城门"的构思。从规划的南侧向北望，多栋超高层建筑在中央绿轴两侧延展，整体规划具有强烈的秩序感和导向性，凸显出绿轴终端的中国尊，也寓意着北京城市站在一个全新的起点对话世界，体现出中国人的智慧，深度剖析理论也得到了验证、得到了全面的吻合，也体会到了国人的文化底蕴。

六、典型教学案例

案例 1

1. 知识点

试块的制作。

试块是指浇筑砼时，建设单位或监理单位工程师在施工现场见证取样而制作的混凝土块。

制作过程：标准养护，到达龄期（28 天）后送指定检测单位进行试压，检测结构构件砼强度（MPa）是否达到设计要求。

尺寸：100mm×100mm×100mm 的正方体。

2. 思政目标

教学过程中通过讲解我国大国工程成功建设案例，特别是港珠澳大桥建设的艰辛历程，充分体现我国社会主义制度的优越性——能够集中力量办大事，使学生建立道路自信、理论自信，让课程思政元素与理论知识学习深入融合。

3. 教学过程

标准养护：指混凝土拆模后，放在温度为 20 ℃±2 ℃，湿度为 95%以上的标准养护室里养护。

同条件养护：指在与结构部位相同的条件下养护。同条件养护试件的等效养护龄期应根据结构所处环境气温按养护期间平均温度逐日累计达到 600 ℃是所对应的龄期。用于拆模、吊装、张拉等砼的强度值。100m³ 取样至少留置一组标养、同条件、7 天标养，一组为 3 块，（根据规范砼量定组数）连续浇筑 1000m³，200m³ 为一组。

试块结合案例分析的作用与体现：2018 年 10 月 23 日，国家主席习近平出席了港珠澳大桥的开通仪式，并宣布大桥正式开通，强调港珠澳大桥的建设创下多项世界之最，体现了一个国家逢山开路、遇水架桥的奋斗精神，体现了我国综合国力、自主创新能力，体现了勇创世界一流的民族志气。

考察过程：港珠澳大桥在建设之初进行考察、学习时，有些国家根本不让靠近，只让在三四百米开外远远观望，除了能远远地拍张照片，其他的几乎什么都接触不到。其实在很多领域都一样，国外的高新技术大部分对中国都是封锁的，中国人只能走自主研发的道路。我国曾与国外拥有核心技术的公司谈合作，希望引进对方的技术和经验，但是光隧道安装部分他们就报价约 15 亿人民币，而且只是提供咨询服务。外国人知道咱们缺这项技术，完全是漫天要价，认为没有他们的技术不行。

自力更生：港珠澳大桥从设计到建设前后历经 14 年，工程团队终于摸索出一条自主沉管隧道安装技术的道路，使得整个工程项目顺利完成，让我国在此建筑领域拥有了自主的核心技术，打破了西方的技术壁垒，让我国从此不再受制于人。同时也让西方国家明白，中国制造必将走向世界，我大国崛起势不可挡，是国人的骄傲、工程人的骄傲。

举例：2017 年 9 月 24 日，港珠澳大桥香港观景山段混凝土段，证实"海底隧道漏水"事件，承建商按照既定程序，立即做出防漏处理并清除积水，事故中无人受伤，未对工程质量或设备构成影响，也未发现裂纹。

外界怀疑香港段工程浇灌的混凝土强度不合格，试块通不过抗压测试。对此，港方土木工程拓展署对混凝土试块进行复查，相关复验结果移交香港路政署，该部门在审核后确认大桥全部结构良好。

2014 年开始规定，工程项目推行主体项目负责人质量终身制。同学们作为未来的工程人，要遵守规范、标准，工作要严谨，要敬业、有诚信、有责任心。

4. 学习资源

①彭亚萍等："土木工程概论课程思政教育改革与实践"，载《高教学刊》2019 第 2 期；

②张丽娟："高校土木工程专业课程思政建设探讨"，载《课程教育研究》2017 年第 42 期；

③傅军、叶佳斌、于悦："土木工程专业研究生课程'混凝土结构理论与应用'教学改革与实践"，载《浙江理工大学学报（社会科学版）》2019 年第 2 期。

案例 2

1. 知识点

砼的应用技术。

根据设计的要求，对浇筑前、中、后的方案进行审核、确定、交底，做好过程中的浇筑指挥。

2. 思政目标

建造"大国工程"。

港珠澳大桥是中国跨海架桥技术的一次飞跃，中国人攻坚跨海技术是一次历史性的难题。使学生建立道路自信、理论自信，让课程思政元素与理论知识学习深入融合。

3. 教学过程

首先，阐述砼的结构的最新高度，由砼的强度、双曲线结构新形式组成筒中筒的结构体系。

其次，引入中国尊是于 2012 年 9 月开始打入地下桩，2013 年 7 月 29 日正式开工建设。2014 年 6 月 8 日，"中国当代十大建筑"评选结果揭晓，中国尊荣获"中国当代十大建筑"称号。

再其次，阐述施工过程。2014 年 7 月，该项目进入出地面之前的冲刺阶段，2014 年 12 月 10 日，地下结构全面封顶。2016 年 8 月 18 日，中国尊超越 330 米高的北京国贸三期，成为北京第一高楼。

最后，破纪录。2016 年 11 月 9 日，中国尊高度突破 400 米。2017 年 4 月 28 日凌晨，中国尊施工至 104 层，建筑高度达到 503 米。2017 年 8 月 18 日，中国尊塔冠钢结构吊装完成，外框 106 层混凝土浇筑完成，北京第一高楼结构顺利实现封顶，成为首都新地标。

4. 学习资源

①彭亚萍等："土木工程概论课程思政教育改革与实践"，载《高教学刊》2019 第 2 期；

②张丽娟："高校土工工程专业课程思政建设探讨"，载《课程教育研究》2017 年第 42 期；

③傅军、叶佳斌、于悦："土木工程专业研究生课程'混凝土结构理论与应用'教学改革与实践"，载《浙江理工大学学报（社会科学版）》2019 年第 2 期。

七、教学反思

工匠精神教学项目是综合性的，蕴含的育德与实际目标较多，使活动项目的主题鲜明，给课程提供正确指导方向，在教学过程中真正实现价值观的引导，教育学生质朴的价值观。

改进方法：带领学生深入第一线去体验日常的项目施工技术与组织管理，真正体验到一个建筑者的每一天。

执笔人：王晓光

组织行为学课程思政教学案例

一、课程基本信息

课程性质：专业必修课

学分：3　学时：48

授课对象：人力资源管理专业本科三年级学生

二、授课教师基本情况

房宏君，男，博士，副教授，长期承担组织行为学、组织与工作设计、领导科学等多门课程教学与研究工作，教学质量评价优良，研究方向为创新管理与科学知识图谱可视化，国内外发表相关学术论文 50 余篇，其中核心期刊发表论文 30 余篇，主持北京市优秀人才培养资助项目与北京联合大学校级项目等，参与国家社科基金项目、北京市教委社科项目多项，参编教材多部。

三、课程内容简介

组织行为学课程是人力资源管理专业的必修课，也是研究组织行为及组织管理问题的重要基础课程。通过对该课程的学习，使学生学会组织行为学的基本理论、基本知识和基本应用方法，学会对个体心理和行为、群体心理和行为、群体动力、激励理论、组织承诺、非正式组织及其行为以及组织运行状态、组织文化及领导理论等的基本判断和科学分析，使学生可以自觉地培养良好的个性品质，顺利地融入社会群体和社会组织之中，参与组织制定各项管理政策和措施，树立正确的个体、群体及组织管理价值观，积极帮助组织解决各项难题。

四、课程思政教学目标

第一，积极融入做人做事的基本道理。引导学生在组织管理过程中，能够树立正确的人生观、世界观，学会做人做事的基本道理。在做人方面，要拥有良好的人品、道德和行为、以人为本，尊重管理人员和一线员工，并起到表率作用；在做事方面，遵循组织行为学科学理论和组织行为规律，实现科学管理、人本管理和伦理管理，兼顾效率和公平，既体现管理效率，又注重社会效益。

第二，加强社会主义核心价值观教育。在组织管理过程中，教育学生树立社会主义核心价值观，创建优秀的社会主义企业文化，加强企业文化的心理机制建设；在管理价值目标层面，努力实现民主管理、人本管理与和谐管理；在管理价值取向层面，要树立公平管理、公正管理、法治管理的管理理念；在管理价值准则层面，要遵循敬业管理、诚信管理、道德管理的原则和规范。

第三，培养学生树立中华民族伟大复兴的崇高理想和责任意识。教育学生作为未来的组织管理者，要认清自己在组织管理过程中的社会责任和历史使命，坚定自己的理念和信念，时刻牢记自己的历史使命，胸怀报国之志，用自己的行动肩负起时代的重任，为社会创造更多的物质财富和精神财富，推动社会向前发展，为实现中华民族伟大复兴而奋斗。

第四，提高学生的思想素养和道德品质。教育学生作为未来的组织管理者，要坚定正确的政治方向，不断提升自己的思想素养和道德品质，拥有高尚的道德情操和良好的职业道德素养，爱岗敬业，为建设中国特色社会主义事业做出贡献。

第五，培养学生成为有创新、变革、进取精神的优秀领导者，掌握科学的领导理论和领导技能，具备良好的领导素养，践行道德型、伦理型、创新型领导，提升领导效率和领导效益，为有效提升组织绩效、推动社会发展贡献力量。

第六，引导学生开展基于价值观的团队管理，树立正确的管理价值观，发扬团队合作、互助、奉献精神，建设和谐、高效的团队。

五、课程思政融入设计

元素 1：友善、平等、互爱

在讲述个体心理与行为中的人性论、价值观、态度等内容时，积极融入友善、平等、互爱的价值理念。如在讲述人性论时，引导学生记住"人之初，性本善"的教导，认真分析传统文化中有关人性的不同观点，进行客观辩证学习；在讲述价值观内容时，引导学生树立良好的价值观体系，在组织管理过程中，既注重经济效益，又要承担社会责任；在讲述态度内容时，教育学生互敬互爱、相互尊重。

元素2：敬业、忠诚、奉献

在讲述组织承诺内容时，引导学生要积极建设较高的情感承诺、持续承诺和规范承诺水平，热爱自己选择的组织和工作岗位，树立爱岗敬业、努力工作的职业道德理念。对组织要忠诚、信任、支持，积极帮助组织达成既定战略目标，要有无私的奉献精神，养成良好的职业道德。

元素3：敬业报国、振兴中华，提升民族自豪感

在讲述组织文化内容时，结合柳传志、任正非等优秀企业家组织管理案例，教育学生积极建设有中国特色的社会主义企业文化，让组织文化体现出敬业报国、振兴中华的理念和精神，展示民族自豪感。引导学生认识到，在高度竞争的当今社会，企业文化对组织的发展来说至关重要，是企业前进的内在灵魂和精神动力，要加强企业文化的心理机制建设，创建优秀的企业文化，体现社会主义制度的优越性，提升民族自豪感。

元素4：创新、变革、进取，推动社会发展

在讲述行为有效性内容时，引导学生认识到创新，包括技术创新、管理创新、流程创新等对企业成长、民族发展、社会进步的重要意义；教育学生打破旧的思维方式，树立新思维，在科学的变革理论指引下，有效开展组织变革；引导学生树立积极进取、奋斗的精神，不断推动组织、社会向前发展。

元素5：协作、互利、共赢，创建优秀团队

在讲述创建团队内容时，教育学生正确认识团队的重要作用，积极引导学生开展基于价值观的团队管理，帮助学生树立正确的团队价值管理理念，发扬团队互助、协作、奉献精神，建设一支和谐、高效、团结、互助的优秀团队。

六、典型教学案例

案例1

1. 知识点

互助、协作的团队管理。

2. 思政目标

在本教学案例中，引导学生开展基于价值观的团队管理，树立正确的管理价值观，发扬团队互助、协作、奉献精神，建设和谐、高效的团队。

3. 教学过程

首先，问题背景。在当今社会中，如何创建一支基于价值观管理的优秀团队？引导学生具有互助、协作、团结、奉献精神。

其次，引例分析。

有一个人想知道天堂和地狱究竟有什么区别，于是他找到了上帝，请求上帝带自己去看看，上帝欣然答应了。他们首先来到了地狱，看到的是这样一幅景象：一群饥饿不堪的人们正拿着一把长勺拼命往自己嘴巴里送东西，但是那把长勺实在太长了，比他们自己的手臂还要长，所以他们无法弯曲自己的手臂把食物送进自己的嘴里去。有的人的手臂甚至弯曲得变形了，但是还是没有吃到任何食物。地狱果然是一副悲惨的景象。他们又来到了天堂，那个人被自己眼前所看到的惊呆了——天堂里的人们也是拿着一把同样长的长勺，但是他们每个人都吃到了食物，这是为什么呢？因为他们每个人把获取的食物都舀给了坐在对面的那个人吃，每个人都这样做，所以每个人也都吃到了食物。

请同学们讨论：松散、自私、竞争与互助、团结、合作的团队结局各是怎样的？为什么会这样？如何开展基于价值观的团队管理呢？

最后，内容讲述。结合案例分析，介绍要学习的课程内容，包括三个部分：科学创建团队、团队冲突认识与互助管理、团队有效沟通与协作管理。

第一，科学创建团队。同学们可能会比较关注创业团队建设的问题，尤其是在创业过程中，能否打造出一支互助、协作的团队至关重要，这对企业目标的顺利实现来说也是意义重大的。团队是一种特殊类型的群体，是由具有相互补充技能的人们组成的群体，团队中的成员彼此承诺为他们共同负有责任的绩效目标而努力。本部分主要讲述创建团队的基本过程和主要步骤（四个阶段：准备工作、创造工作条件、团队形成阶段、提供持续的支持）。引导学生分析社会主义国家组织（企业、机关、学校等）在集体管理、团队建设方面的突出特征，如集体主义精神、互助合作理念等，这与西方个体主义特征明显不同，这是社会主义制度的优越性所在，十分有利于团队的创建和管理。

第二，团队冲突认识与互助管理。该部分将讲述冲突与协作、个体、部门竞争与协作等。一是教育学生理性认识冲突产生的必然性，了解冲突的类型，包括建设性冲突和破坏性冲突，以及不同类型冲突对团队目标的积极、消极影响，如何正确对待不同类型的冲突，等等。二是教育学生在充分认识冲突、管理冲突基础上，提高团队成员之间的理解能力、信任能力、沟通能力，培养学生互助、协作的团队精神。该部分结合马云对团队的认识进行讲解。阿里巴巴创始人马云在中国互联网界算得上是一个特立独行的风云人物，阿里巴巴取得今天这样的成就，也证实了马云团队的成功，绝对称得上是团结、互助的高绩效团队。马云坦言，自己最欣赏的就是唐僧师徒团队，能够用人所长，发挥各自优势和长处。同时，教师对唐僧师徒团队中的互助、宽容、重视长远目标达成等进行深入分析，并组织学生进行讨论、交流。

第三，团队有效沟通与协作管理。一是，讲述有效沟通的重要性以及如何建立良好的沟通渠道以保证双向沟通，采取有效沟通的方法和措施、沟通遵循的原则和规范；介绍团队沟通的原则、类型及过程等，以加强团队内部人际关系建设，构建和谐氛围。该部分将播放《揭秘中国空间站研制团队：强国使命，我在太空造房子》视频短片，介绍中国空间站研制团队的沟通、协作管理特征与过程，提升学生对沟通的认知能力，重视沟通与团队成员互助、协作的关系。二是，在充分学习沟通理论基础上，讲述如何更好地培养团队成员沟通合作意识、提高团队执行能力和协作能力，提升团队成员的凝聚力和向心力，体现 1+1 大于 2 的效果。该部分将讲述史玉柱的团队沟通管理案例，如他认为成功来源于两方面：一是经受的挫折和教训，是最宝贵的财富；二是团队沟通。在最困难的日子里，他好几年没有给员工发工资，员工一直跟着他，史玉柱永远感激他们。脑白金问世之前，史玉柱吃不准，虚心地问团队成员："行吗？觉得有戏吗？"员工们给予非常肯定的回答："行，没问题，肯定行"。这充分体现了社会主义国家组织中领导者与员工之间互相支持、互相信任、协同共进的特征。

结合当前我国企业中团队创建及冲突管理案例反思、优化团队管理，通过讨论式、探究式、行动实验等方法，启发、引导学生思考如何在组织（包括企业、事业单位、政府机关、社会团体等）中优化团队管理、如何有效解决团队内部冲突、如何开展团队有效沟通，以及如何制造建设性冲突、铲除破坏性冲突，最终创建互助、协作、和谐的团队，体现中国特色社会主义制度下的团队管理特征。

4. 学习资源

①付伟编著：《团队建设能力培训全案》（第 3 版），人民邮电出版社 2014 年版；

②［美］帕特里克·兰西奥尼：《团队协作的五大障碍》（第 3 版），华颖译，中信出版社 2013 年版；

③［美］阿德里安·高斯蒂克、切斯特·埃尔顿：《高绩效团队：VUCA 时代的 5 个管理策略》，陈召强译，中信出版社 2019 年版；

④［美］约翰·舒克：《学习型管理：培养领导团队的 A3 管理方法》（珍藏版），郦宏等译，机械工业出版社 2016 年版；

⑤［美］琳达·亨曼：《高绩效团队》，肖剑译，中国友谊出版公司 2019 年版。

案例 2

1. 知识点

加强企业文化心理机制建设。

2. 思政目标

加强企业文化心理机制建设，创建优秀的社会主义企业文化。

3. 教学过程

首先，问题背景。在高度竞争的当今社会，企业文化对组织的发展来说至关重要，是企业前进的内在灵魂和精神动力，如何加强企业文化的心理机制建设、创建优秀的企业文化呢？须践行社会主义核心价值观，保证企业健康、科学、可持续发展。

其次，引例分析。通过典型案例资料分析优秀企业文化的特征及影响：一是海尔企业文化。创业理念——只有创业没有守业；产业精神——敬业报国，追求卓越；管理模式——日事日毕，日清日高；人才观念——人人是人才，赛马不相马；市场战略——先难后易；海尔作风——迅速反应，马上行动；市场观念——市场唯一不变的法则就是永远在变，只有淡季的思想、没有淡季的市场，卖信誉不是卖产品、否定自我、创造市场；名牌战略——要么不干，要干就要争第一，国门之内无名牌；质量观念——高标准，精细化，零缺陷，优秀的产品是优秀的人干出来的；售后服务理念——用户永远是对的；资本运营理念——东方亮了再亮西方；发展方向——创中国的世界名牌。

海尔文化案例可以引导学生探索海尔敬业报国与追求卓越的精神、创新发展的理念和复兴中华民族的志向。二是沃尔玛的文化价值观。如顾客第一、太阳下山规则、超越客户的期望等。三是摩托罗拉的文化价值观。企业目标——每一个员工的责任是顾客完全满意；处事信念——一贯的处事原则，尊重个人、以礼待人、操守完美、诚信不渝；进取精神——达到同业之冠、坚持六个西格玛质量标准、全面缩短运转周期、成为产品和制造技术的领先者。

再其次，内容讲述。一是，结合实际讲述优秀企业文化建设的心理机制：①运用心理定式。注意先入为主，讲述进入企业先进行传统教育，打造心理定式，如要使清华新生了解1/3院士是清华的、清华学风如何、不读书的学生不是好学生、要为实现中华民族伟大复兴、提升中国国际地位而努力学习、奋斗等。②重视心理强化。内心强化：有的是奖励强化，有的是负强化。如在新加坡有几条不能碰：贪污、勾结外国、泄露机密、嫖娼，教育学生提升道德素养。活动强化：通过典礼仪式、生日活动等进行强化，开展主题教育。手段强化：舆论强化，开动所有宣传机器、电视等进行正反两方面讨论、答辩，探索社会主义国家组织文化建设的有效性、优越性。③利用从众心理。领导、干部、党员带头，在组织管理过程中，真正体现社会主义领导者的优秀道德品质，如实行公平、公正的管理，建设和谐、平等、自由的组织氛围，践行民主、诚信的管理理念，树立敬业报国志向，致力于建设富强、民主、文明的社会主义国家。④培养认同心理。领导者、管理者自己要先做到，要积极践行社会主义核心价值观，起到榜样作用，这样易取得大家的信任。实践证明，人格力量很重要，若领导者道德品质良好，诚实、敬业、值得信任，能够践行公正、民主、和谐管理，就会得到大家的拥护和爱戴，那么其提倡的做法大家也会接受（如柳传志、任正非等）。⑤激发模仿心理。小孩易模仿大人。同样，在企业中也树立一些模仿对象，树立一些正面宣传的优秀典型人物，在其身上能够体现出社会主义的核心价值理念。⑥化解挫折心理。事业留人要有文化，待遇留人后面也必须跟上文化，同时要不断化解不满，要把化解不满定量化，减少甚至消灭不满，这也是企业文化的工作成绩，也是社会主义文化育人的特色。

二是，结合心理机制，讲述优秀企业文化建设的方法：①榜样法。领导者要体现良好的榜样效应，在言传身教方面体现出社会主义国家领导者的优秀特质，如敬业、爱国、创新、负责、进取等。同时，积极总结宣传组织内的先进模范人物事迹，通过树立先进模范，能够为广大员工提供直观学习的榜样。②激励法。包括精神的和物质的激励。具体可以通过开展竞赛、业务技术攻关、提口号、树目标、评先进等活动进行，并辅之以适当的物质奖励。物质激励和精神激励是社会主义国家大多数组织激励管理的重要手段和方法，体现了公平、公正、和谐、平等的价值管理理念。③引导法。通过组织谈心活动、演讲比赛、达标活动、征文活动等，让员工明白自己与他人之间的差距，通过自我学习来缩短这个差距；让员工意识到我们有党委科学、正确的领导，也体现出社会主义制度的优越性。④教育法。通过定期举办讲课、报告会、总结研讨会等形式进行价值观教育，会议主要以批评与自我批评为主，以不断完善、提升员工自我为目标。⑤灌输法。即通过讲课、培训、报告会、研讨会等宣传手段进行的宣教活动，把组织想要建立的文化目标与内容在短时间内高效率地灌输、讲解给员工。⑥定向引导法。即有目的地举行各种活动，引导职工树立社会主义核心价值观，并创造出中国特色的组织文化氛围，让员工意识到社会主义制度的文化特征。

三是，引导学生进行优秀企业文化的案例分析，归纳、总结这些优秀企业文化建设的心理机制和具体方法等。案例包括：大连三洋制冷有限公司的企业文化建设、北京同仁堂股份有限公司企业文化建设、华为技术有限公司企业文化建设等。例如，探究同仁堂百年传承下来的"同修仁德，济世养生""炮制虽繁必不敢省人工，品味虽贵必不敢减物力"的优秀传统文化理念和悬壶济世精神；深入分析华为作为中国唯一一个自研发处理器比较成功的厂商，现在已经走向世界，影响力极强，证明了中国科技的强大，作为中国品牌值得我们骄傲，体现了中华民族伟大复兴的理念和民族自豪感，以及华为的爱国情操等。

最后，反思、践行优秀企业文化建设。同学们掌握了优秀企业文化建设的心理机制和具体方法，树立了良好的文化价值理念，为创建优秀企业文化、推动企业健康发展打下了良好的基础。但是理论的学习如何能更好地转化为实践，还需要深入研究和思考，在该课程后续的社会调研过程中，将有针对性地加强对企业文化建设的调查研究工作，同时，让同学们能够将优秀的企业文化理念，如敬业报国、创新进取、民主管理、人本管理等，以及社会主义核心价值观融入企业文化建设之中，帮助首都企业建设更加优秀的企业文化，树立科学的管理理念和发展意识，最终促进企业健康、持续、和谐发展。

4. 学习资源

①陈广、赵海涛：《华为的企业文化》（第 3 版），海天出版社 2012 年版；

②陈春花：《企业文化塑造》，机械工业出版社 2016 年版；

③王吉鹏：《企业文化建设》（第五版），中国人民大学出版社 2017 年版；

④ ［美］约翰·P. 科特、詹姆斯·L. 赫斯克特：《企业文化与绩效》，王红译，中信出版社 2019 年版；

⑤何建湘：《企业文化建设实务》（第二版），中国人民大学出版社 2019年版；

⑥ ［奥地利］西蒙·施德明：《企业文化设计：用文化图谱构建企业文化》，林珺、苏进译，电子工业出版社 2020 年版。

七、教学反思

在组织行为学课程中融入了友善、平等、关爱，敬业、忠诚、奉献、敬业报国 、服务社会、创新、变革、进取以及平等、合作、团结等价值理念后，让学生对课程内容有了更加深刻的认识和透彻的理解，因为这些价值理念本身就是组织行为的内在特征，是组织行为的灵魂和价值引领。事实表明，融入上述思政元素，更加有利于帮助学生学习、理解组织行为学的相关理论，有利于引导学生树立良好的伦理管理、人本管理、和谐管理价值观，进而推进组织的科学、健康、可持续发展。既达到了知识理论学习的目标，又培养出了有正确价值观的优秀社会主义人才。

在课程教学过程中融入思政教育元素，一方面要求任课教师自身对我国传统文化有较深的了解，采用扬弃的方法，认真分析传统文化，要取其精华，去其糟粕，将优秀的传统文化和课程内容有机结合起来。另一方面要求任课教师对国外的管理理论、管理技能等有正确、客观的认识，要将科学的、先进的、适合的管理知识、理念与技能传授给学生，提升组织管理效率和社会效益。教师要掌握丰富的教学方法和教学技能，不能生硬地引入思政元素，而是要恰当地、完美地融入思政元素，体现出教学的艺术性和可欣赏性。

执笔人：房宏君

有机化学实验课程思政教学案例

一、课程基本信息

课程性质：专业必修课

学分：2　　学时：32

授课对象：食品质量与安全专业、食品科学与工程专业本科学生

二、授课教师基本情况

刘洋，副研究员，理学博士，无机化学专业，至今从事教学科研工作 20 年，目前的研究领域和方向主要为食品的分析检测、无机纳米材料的制备以及在食品领域中的应用，曾主持并完成国家自然科学基金（青年基金）1 项、北京市青年拔尖人才项目 1 项、北京市教委课题 1 项、北京市委组织部课题 1 项、横向课题 1 项，在国内外核心期刊发表学术论文（核心期刊和 SCI 收录期刊）20 余篇。

三、课程内容简介

有机化学实验是学科大类必修课程，是与有机化学理论课程同时开设的实验课程，是在无机及分析化学、无机及分析化学实验后开设的基础化学实验课程，其具有较强的相对的独立性。根据食品科学的特点，本课程学习的内容偏重于有机物的提取、分离、纯化技术，其实验内容包括常压蒸馏、减压蒸馏、水蒸气蒸馏、重结晶、萃取、柱色谱技术和综合性实验。有机化学实验课程中还涉及实验装置的搭建、拆卸等操作环节，使学生完整地经历整个实验过程，为后续实验课程和独立开展科研工作打下坚实的基础。

四、课程思政教学目标

第一，有机化学实验作为一门实践类课程，当中会使用水电等设施，会使用各种类型的有机试剂和药品，因此必须遵守实验规程、了解某些化学试

剂的毒性和使用方法、熟悉常见实验事故的应急处理等；在实验过程中养成良好的实验习惯，对实验室安全与个人安全而言，都至关重要。

第二，介绍食品专业有机化学实验课程的调整过程，阐明实验对象的选择、实验过程中化学试剂的选择、每个实验的规模设计，都体现了绿色和环保的理念。将低毒或无毒、节能、环保等要素贯穿该课程的始终，在学生心中播下绿色化学理念的种子。

第三，将社会主义核心价值观对个人层面的要求，即"爱国、敬业、诚信、友善"融入知识的传授过程中，润物细无声地将科学素养和人文精神相互融合，培养做事严谨认真、实事求是、懂得团队合作、爱人、爱国品格的大学生。

五、课程思政融入设计

为了实现有机化学实验课程思政的目标，即培养具有实验室安全意识、环保观念、做事严谨认真、实事求是、懂得团队合作和爱人、爱国品格的大学生，在课程内容的设置和开展实验的过程中，将思政元素即实验室安全、绿色化学、爱国、敬业、诚信、友善六个要素融入教学过程中。

元素1：实验室安全

在动手做实验之前，首先对学生进行实验室安全教育。以近几年我国高校实验室发生的安全事故为切入点，在提高实验室安全意识的同时，将实验室安全制度以及有机化学实验中可能会遇到的安全问题提前交代给学生，尤其是实验中水的使用、电炉的使用、烘箱的使用等可能会遇到的问题，以及如何处理这些安全问题，如火灾的种类、灭火的方法等。实验之前要查阅每个实验中使用的有机化学试剂物理化学性质，了解实验室中如何安全使用这些有机化学试剂。在实验结束后，所有分离出的有机化学试剂都需要回收，放入做好标签的回收瓶中，并做好投入量与回收量的记录。

元素2：绿色化学

传统教材中，有机化学实验通常使用了一些毒性较大的有机化学试剂，试剂的使用量也较大。为了确保师生的身体健康，在能够阐明实验原理、使学生掌握实验操作技能的前提下，做出缩小实验规模、采用无毒或低毒的化学试剂的改进方法。虽然所用化学试剂无毒或低毒，但是在使用这些化学试剂时，也要按照有毒的化学试剂来对待，不能或尽量少用手直接接触、不能将化学试剂暴露在空气中等，在实验过程中，不能产生有毒的物质等。整个实验体系的设置都体现了无毒、低能耗的绿色理念。

元素3：爱国

介绍有机化学在中国发展的历程，目前试剂药品的生产规模和质量与西方发达国家相比，还有一些差距，如美国阿拉丁试剂、西格玛试剂在业内都是高品质的代表。我国还要靠一代一代后备人才的努力，做出高品质的试剂。食品来源广泛，大到动植物，小到微生物，都能从中获得食物资源，从食物中提取功效成分离不开有机化学。从远古的酿造技术到现代的生物工程技术，产物提纯都可能用到有机化学实验中涉及的提取技术。怀着民族自豪感仰望祖先所留下的遗产，同时脚踏实地聚焦当下，充满希望和斗志缩小与发达国家的差距。

元素4：敬业

在对学生的要求上，从预习实验报告的撰写、实验数据的记录、实验的准备和操作，到实验的结束，每个环节都强调认真敬业的态度，确保每个实验都能够顺利安全地开展。在预习实验环节，要提前查阅实验中所涉及的化学物质的性质、实验的目的和原理、实验所需要的仪器装置，根据自己的理解画出实验流程图，总结出实验过程中需要记录的信息。在实验准备和操作环节，要根据老师讲解的内容，认真遵守每个实验的要求、拆装设备的原则，确保实验安全。认真遵守实验室安全规则，使整个实验室的安全得到保障。

元素5：诚信

在实验记录上，要秉承实事求是的原则，如实记录实验现象和数据。学会客观观察实验现象，不要主观臆断实验现象；不随意更改实验数据，将最终分离得到的产品质量如实记录下来。在实验报告的撰写上，也要秉承实事求是的原则，并能客观翔实分析实验结果。在整个有机化学实验教学过程中，诚信精神贯穿始终。

元素6：友善

实验室的研究工作通常需要多方协作才能顺利完成，学会团队合作非常重要。因此在实验分组安排上，二人一组，形成一个小的团队，二人协同分工，互帮互助，共同完成实验。在实验装置的搭建和拆卸过程中，需要二人同心协力，减少仪器的破损率，确保水电使用的安全。在实验过程中，共同观察实验，记录实验现象，获得实验数据。

六、典型教学案例

案例1 乙醇的常压蒸馏

1. 知识点

乙醇常压蒸馏的原理和过程。

2. 思政目标

在讲解乙醇的历史时，将中国传统酿酒历史介绍给学生，中国的酒文化源远流长，增强学生的民族自豪感；讲解现代中国白酒的生产过程、中国白酒在世界白酒中的地位，大大提升学生的民族自信心，使学生更加爱国。

在讲解乙醇常压蒸馏装置的搭建和拆卸原则时，提出必须具备严谨认真的工作态度，才能成功搭建出安全合格的装置，体现了敬业的重要性。

在讲解实验操作的过程时，列出实验中常出现的安全问题，使学生高度重视实验安全，进一步强化学生的安全意识。

两人组成一个团队，共同搭建拆卸装置、共同操作实验、共同完成实验记录、共同清洗玻璃仪器、共同分享实验数据。在共同实验的过程中，学会分工合作、和谐相处、统筹安排实验。体现了友善的精神。

在记录实验数据环节，重视实事求是的诚信精神。

3. 教学过程

首先，介绍常压蒸馏的历史——以我国白酒发展为例。

我国是制曲酿酒的发源地。白酒由何人创始的说法不详。从商代甲骨文中有"醴"字（释：甜酒），《淮南子·说林训》曰："清醴之美，始于耒耜"。经粮食发酵后直接得到的酒，如黄酒、米酒、原浆白酒等，未经过蒸馏过程，也称为原浆酒。原浆酒中含有多种氨基酸和糖类，饮后不会引起头痛，对身体伤害很小。我国20世纪60年代以前所产的白酒通常都是原浆酒。由于传统酿酒工艺耗费大量粮食，于是出现了勾兑酒——用基酒和食用酒精勾兑，经过蒸馏而成。我国20世纪60年代后市面上的白酒大多数是经过蒸馏后得到的产品。近期，出于人们对身体健康的高度重视，原浆酒又逐渐回归到大众视野中。

乙醇可以从原浆酒中获得。有文献记载我国唐代就有了蒸馏器，表明从唐代开始就可能开始制造蒸馏酒。而西方11世纪才发现蒸馏法，即开始从发酵的饮料中获得乙醇。足可见我们祖先的智慧、我国的酒文化历史悠久，增强学生的民族自豪感。

其次，提出问题——如何实现混合且互溶液体的分离？先分别介绍工业生产乙醇方法、乙醇的物理化学性质、乙醇的安全性。

提出问题：对于不互溶的液体，通过分液的方式将其分离。但是对于互溶的液体，如何才能将不同的组分分离开来呢？在乙醇的水溶液中，如何将乙醇分离出来？如果混合液体中某组分的沸点与其他组分的沸点相差 30 ℃ 及以上，可以通过常压蒸馏的方式，将其从混合体系中分离出来。引出课程的主题：常压蒸馏。

再其次，分析问题——如何利用常压蒸馏分离 95% 乙醇溶液中的乙醇？

讲解：常压蒸馏实现的条件。如果液体混合物形成了恒沸物，则不能通过蒸馏的方法将其分离出来。液体混合物中某种组分的沸点与其他组分沸点相差 30 ℃ 及以上时，才能通过常压蒸馏的方法将其分离出来。

举例说明：液体混合物中有 A、B、C 三种组分，分别代表低沸点物质、中沸点物质、高沸点物质。随着蒸馏温度的升高，低沸点物质先从混合体系中挥发出来，液体中 A 组分在减少，蒸气中主要为 A 组分。如果 A 组分蒸气达到温度计表面，在其表面达到气液平衡时，就能看到温度计的温度保持恒定不变，即达到了 A 组分的沸点。如果 A 组分的含量较少，这种温度恒定的现象并不明显。随即温度继续升高，在蒸气中 B 组分越来越多，溶液中 B 组分越来越少，当 B 组分在温度计表面达到气液平衡时，温度计的温度保持恒定不变，即达到了 B 组分的沸点，如果 B 组分的含量较高，温度恒定会保持一段时间，冷凝收集到的液体即为 B 组分。当液体混合物中的 B 组分越来越少，不足以在温度计表面达到气液平衡，则温度计的温度会逐渐升高，此时高沸点的 C 组分会逐渐被蒸发出来。如果 C 物质的含量较少，仍然看不到温度恒定的平台，当 C 组分几乎全部被蒸出后，会发现温度计温度又较快地上升。整个蒸馏过程如图 1 所示：

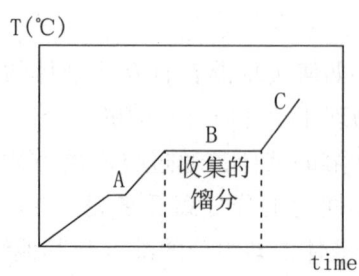

图1 液体混合物蒸馏过程温度变化与馏分关系示意图

前馏分：温度恒定之前的馏分。

中馏分：温度恒定期间的馏分。

后馏分：温度恒定之后的馏分。

关键点：收集温度恒定不变期间的馏分。

介绍：常压蒸馏的装置搭建和拆卸原则。常压蒸馏装置由蒸馏瓶、蒸馏头、冷凝管、接引管、接收瓶、温度计、橡胶塞组成。

常压蒸馏装置的搭建原则是从下至上，从左至右或从右至左；拆卸原则是从上至下，从尾端至前端。判断是否合格的标准为：前后看（横看）所有组件都在一个平面内；左右看（侧看）所有组件呈一条直线。

在装置搭建的过程中，必须具有严谨认真的工作态度，要有条不紊、合理规划，不能操之过急、应付了事。装置的安全性关系到整个实验的安全，装置安装的正确性决定了实验结果的可靠性，装置搭建的状态直接反映了团队的敬业程度。

让学生思考几个关于装置的关键问题：①温度计放置的位置，过高或过低会对沸点判定有何影响？②分辨冷凝管的入水口和排水口，如果装反会发生什么现象？③蒸馏瓶底部和电加热套不能直接接触，保持距离在5毫米左右，为什么？

最后，解决问题——常压蒸馏的实验过程。在搭好的装置上进行乙醇常压蒸馏的实操。在这个过程中，需要注意的事项有：①加热套功率的调节。在加热初期，可以调大功率；蒸气逐渐达到温度计表面，温度计表面有液体滴下时，将加热套功率调小，使温度计表面始终有液体滴下为宜。②观察温度计温度变化。收集温度不变时的馏分为纯物质的馏分。③如实做好温度变化的记录，以及如实测量前馏分、中馏分、后馏分的体积。

在实验进行的过程中，会用到水和电，水电的使用安全尤其重要。冷凝水开启时动作要缓慢，防止水管崩开。电加热套的使用上，要注意避免异物溅入电加热套内。整个装置的连接处要紧密，防止蒸气溢出。在这个过程中，每一步都要认真准确完成，培养学生严谨求实的科学敬业精神。

实验结束后的收尾工作也非常重要，例如：①如实量取前中后馏分的体积后，并将其分别倒入回收瓶中；②小心拆卸装置；③认真清洗仪器，整理实验台面；④以团队为单位，如实登录实验数据；⑤回收瓶中液体数量与实验投入量进行比对，评价全班同学对环保的重视程度。

实验收尾工作的要求：一是培养学生良好的实验习惯，二是增强学生的绿色化学理念。

4. 学习资源

①梁宗余主编：《白酒酿造技术》，中国轻工业出版社 2015 年版；

②贾树彪、李盛贤、吴国峰编著：《新编酒精工艺学》（第二版），化学工业出版社 2009 年版。

案例2 水蒸气蒸馏松节油

1. 知识点

水蒸气蒸馏的前提条件和水蒸气蒸馏的原理。

2. 思政目标

水蒸气蒸馏是分离和纯化有机化合物的常用方法之一，也是从植物中提取芳香油等天然产物的常用方法之一。此方法在提取有机物的过程中，不使用任何有机试剂，不污染产品和环境，不会对环境造成任何负担，是典型的绿色化学过程。此实验旨在使学生了解何为绿色化学。在食品科学领域，绿色化学将始终是食品生产和加工从业者行动的准则和目标。

3. 教学过程

首先，提出问题——精油如何制备？植物精油的制备方法通常有蒸气法、压榨法、萃香法、溶解法和二氧化碳法，其中蒸气法是最早制造精油的方法。

许多不溶于水或微溶于水的有机化合物，在 100 ℃ 左右具有一定的挥发性，若与水在一起加热，就能与水同时蒸馏出来，这个过程称为水蒸气蒸馏。

以玫瑰精油为例：新鲜的玫瑰经过水蒸气蒸馏，可获得玫瑰精油，产率非常低，大约只有 0.02%~0.04%。如果以保加利亚大马士革玫瑰为原料，利用水蒸气蒸馏的方法获得的精油非常稀少，价格堪比黄金。而经过二次蒸馏后获得的精油，价格会便宜很多。国内大多用有机溶剂萃取获得玫瑰精油，其中会有有机溶剂残留，产量较高，价格较便宜。

玫瑰精油的成分较复杂，主要有醇类（香茅醇、香叶醇、橙花醇、苯乙醇、芳樟醇、金合欢醇）、酚类（丁香酚）、醚类（丁香酚甲醚、玫瑰醚、橙花醚）、玫瑰呋喃等。玫瑰精油主要用于美容养颜。

其次，分析问题——水蒸气蒸馏如何实现精油的分离？

第一，水蒸气蒸馏的条件。回顾常压蒸馏的条件、减压蒸馏的条件，引出满足水蒸气蒸馏的前提条件。水蒸气蒸馏法适合分离在沸点附近容易分解的物质、分离含有不挥发性杂质或树脂状杂质的产物、从较多固体反应混合物中分离被吸附的液体产物。

对要分离提取有机化合物的要求：不溶或微溶于水；长时间与水共沸，且不与水反应；近于 100 ℃时，有不小于 10mm 水银柱的蒸汽压。

第二，水蒸气蒸馏的原理。根据道尔顿分压定律，混合物的总蒸汽压为各组分蒸汽压之和。共沸混合物的沸点是总蒸汽压等于外界大气压时的温度；混合物的沸点比其中任一组分的沸点都要低。

第三，水蒸气蒸馏的装置。水蒸气蒸馏装置包括两大部分：水蒸气发生器和蒸馏装置，如图 2 所示。安装拆卸的原则依然遵循常压蒸馏装置安装的原则。在安装过程中要秉承认真谨慎的敬业态度，将装置正确安全地搭建起来。

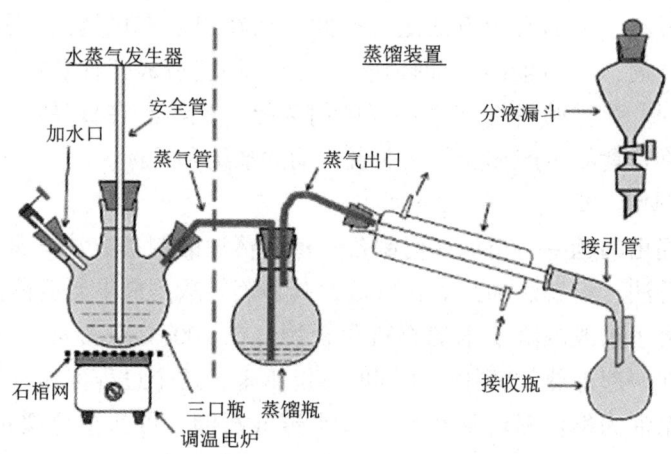

图 2　水蒸气蒸馏装置图

安装要点：三口瓶不要紧贴电加热套；安全管接近瓶底；加水口用螺旋夹封闭；蒸汽管尽量接近蒸馏瓶底部；蒸汽管路无折叠、保证蒸汽流通顺畅。

最后，解决问题——水蒸气蒸馏松节油的过程。

第一步：加料。

水蒸气发生器：三口瓶中加入 150mm~200mm 自来水和沸石。

蒸馏装置：蒸馏瓶中加入 10mm 待分离松节油试样。

第二步：加热蒸馏。用电热套加热水蒸气发生器的三口瓶，在没有大量水蒸气产生之前，整个体系为开放体系。当水沸腾后，有大量水蒸气产生时，关闭体系通气口。水蒸气的导管插入蒸馏瓶（蒸馏瓶用电热套保温，以免水蒸气在此冷凝过多，导致待分离物损失增大）的底部，水蒸气进入蒸馏瓶后，松节油受热后和水蒸气同时蒸出；混合蒸汽进入冷凝管时会被冷凝，形成混浊液体流入接收瓶，此为蒸馏后的松节油和水的混合物，待蒸出液变清澈透明后再蒸馏 5 分钟即可停止。停止时，先使体系通大气，再停止加热。否则会发生倒吸现象。

第三步：蒸馏液中松节油的分离。利用分液漏斗进行分液操作，松节油密度比水小，在上层。分离出的松节油中还有少量的水分，用无水氯化钙干燥后，用量筒量出分离出的松节油体积。

第四步：实验结束后收尾工作。如实量取分离出的松节油后，将其倒入回收瓶中；小心拆卸装置；认真清洗仪器，整理实验台面；以团队为单位，如实登录实验数据；回收瓶中液体数量与实验投入量进行比对，评价全班同学对环保的重视程度。

4. 学习资源

①［日］佐佐木薰：《精油与香草的教科书》，庞思思译，北京联合出版公司 2019 年版；

②李小兰、张峻松主编：《天然香料主成分手册》，化学工业出版社 2018 年版。

七、教学反思

党的十九大报告中进一步指出要落实"立德树人"的根本任务，培养社会主义的建设者和接班人。作为一线教师，担负着立德树人的艰巨使命。

在"课程思政"提出之前，笔者对"思政"并不理解，认为专业知识的传授与思想政治怎么可以混为一谈？经过学院的多轮培训，逐渐对课程思政有了全新的认识，作为教书育人的一线教师，不仅担负向学生传授知识的责任，更担负着引导学生正确人生方向的使命。引导刚刚走过青春叛逆期的学生如何做人做事，不是单单通过喊口号、讲大道理，就能实现的。作为教师，要以德服人。自身做人做事的方式、对待学生的态度、对业务的精进程度等，都会潜移默化地影响学生对这个社会的认识。

借助有机化学实验课程思政的契机，笔者梳理了该门实验课程内容，明确了实现绿色化学实验的想法，用实际行动告诉学生环境安全、实验室安全和个人安全之间的关系及重要性。在实验的要求上，明确提出预习实验、如实记录实验数据、二人分工合作开展实验、化学试剂的取用、产物的回收等环节的内容。在实验的诸多环节上，都贯穿了社会主义核心价值观中个人层面的"爱国、敬业、诚信、友善"内容。在实验过程中培养学生良好的实验习惯，同时教会他们认真做事的态度，以及如何将一件事情从头至尾认真做好。

针对学生的特点，发动他们自主学习的内驱力，以及建立良好的学习习惯，是我们需要面临的问题和挑战。作为授课教师，有如下几点思考：①严格规范实验室安全，将绿色化学理念植入学生心中；②对课程本身系统化建设，让学生享受实验的过程，有成就感；③在严格要求的前提下，多与学生交流，拉近与学生的距离，做一个恩威并施的一线教师。

执笔人：刘洋

生物化学实验课程思政教学案例

一、课程基本信息

课程性质：专业必修课

学分：2　　学时：32

授课对象：食品质量与安全专业、食品科学与工程专业学生

二、授课教师基本情况

张艳贞，博士，教授，食品科学与工程学科硕士研究生导师，SCI 期刊 *Trends in Food Science and Technology* 特约审稿人，国家注册营养师，ACI 健康管理师职业资格，IHA 国际健康管理师（高级），主讲本科生物化学、食品营养学课程和研究生专业英语课程，研究方向：生物活性物质的营养功能与生化作用及其分子机制研究，主持完成和骨干参与国家自然科学基金、北京市自然科学基金项、企事业单位委托课题、教育教学改革与研究项目等 20 余项，发表 SCI 和核心期刊研究论文 30 多篇，主编高校教材 1 部，获校教学成果奖 1 项。

周绮云，讲师，博士，长期从事转基因研究以及生物活性物质的基因表达及调控机理研究，近年来参与多项国家级及省部级自然基金项目，发表多篇 SCI 及核心期刊论文，主讲无机及分析化学实验、生物化学实验、微生物实验、食品营养学以及食品酶学等课程，2018～2019 年教学质量评价均为优秀。

三、课程内容简介

生物化学是生命科学中最活跃、发展最快的一门学科，是发展生命科学多分支学科和食品、医药等学科的重要基础。食品、卫生、医药、农业、工业和环境科学的许多研究和生产都以生物化学理论为依据，以生物化学实验技术为手段。食品原料中绝大多数都是生物材料，对于这些材料的分析、检

测、评价、应用、开发必须掌握生物化学的基本原理，必须熟悉生物化学的实验技术。因此与生物化学理论课相配套的生物化学实验课是食品质量与安全专业和食品科学与工程专业的一门重要的必修实践课程。通过本课程的学习，要求学生熟悉并掌握生物化学研究领域中重要且又常用的基本技术，主要包括生物材料的理化分析和检测技术，生物分子基本的分离、纯化、鉴定技术，如离心、沉淀、吸附、盐析、透析、电泳、层析等，并在实验基础上深入理解构成生物体的主要化合物的化学组成和理化性质及其在生物分子分离、分析和鉴定方面的应用，培养学生基本的生物化学实验技能、思维和严谨的科学态度以及认真细致的工作作风，为进一步学习掌握专业的应用营养学实验、食品功能学实验和评价、食品毒理学实验和评价，以及食品卫生学和食品理化检测等技能奠定扎实的理论基础和技术基础。

四、课程思政教学目标

第一，民族自豪感和爱国情怀的升华、激发创新追求。

第二，实事求是、诚实守信的科学精神和道德品质，杜绝弄虚作假、唯利是图的投机行为。

第三，团结协作的精神，适应未来大科学融合的需求。

第四，安全责任意识压紧压实，安全是一切的基础和保障。

第五，遵守规则行为规范，增强未来社会适应能力。

五、课程思政融入设计

元素1：安全责任意识

实验第一课，首先进行实验室安全重要性教育，安全是一切的基础和前提。以近几年我国高校实验室发生的安全事故为切入点，分析生物化学实验室可能的安全隐患，将实验室安全制度、实验要求以及生物化学实验中可能会遇到的安全问题类别、处理方法提前交代给学生，有了印象之后，每次实验课前再次重申和强调当次实验项目要用到的有毒有害化学试剂、规避危险的方法、事故产生后的应急处置等，将安全责任意识贯穿始终、压实压强。

元素2：民族自豪感和爱国情怀

在每个实验项目的讲授环节，穿插介绍该实验项目理论和技能创新突破方面中国科学家的贡献，以及创新途径和思维方式，从而激发同学们的民族自豪感和爱国情怀，也激发其追求卓越和创新的动力。

元素3：诚实守信、实事求是的科研精神和态度

强调全部学习环节无漏洞，从实验的预习、讲授讨论、实践操作到实验数据的记录、实验结束后所用物品的收拾、有毒有害试剂的回收处理、实验室卫生打扫，最后到实验报告的撰写和批阅反馈，每个环节都要求严肃、认真、不打折扣、实事求是，态度决定层次。并根据现场问题适当引入案例，让同学们深刻理解诚实守信、实事求是在科学研究和科学实验中的重要性。

元素4：团结协作的互助精神

在实验分组安排上，二人一组，分工协作，互帮互助，共同完成实验。在平行操作、公共仪器设备使用、实验数据测定和记录环节等，都需要组内、组间甚至全班协调进度、关注操作要点里能否超时停顿的地方，确保实验干扰和误差降到最低。大家这样长期团结协作共同完成实验任务的训练，会潜移默化地养成协作互助、互谅互容意识，这也是未来学科大融合的需求。

元素5：遵守规则、自我约束的意识和习惯

生物化学实验涉及很多中高端精密仪器，学生们对新的仪器普遍喜欢随便问问就上手，错了再重来，而有些仪器是不能试错的，仪器损坏是一方面，更重要的是一旦出了事故还会有人身危险，比如超高速离心机，必须严格配平才可以离心，而严格配平有三个不同层次的含义和配平的规范操作，这些操作严格要求学生要做到规范。怎么规范？先讲，再演示着讲，再让学生复述要点，再一个一个矫正。对有一定基础的学生，可以先让他看说明书，再演示着复述，再一个一个矫正。无论如何，遵守规则、规范操作是必需的。

实验过程中着重培养这样规范操作、遵守规则的意识是很重要的，随着全球尤其是我国法制化进程的逐步推进和完善，未来社会规则意识会越来越重要，遵守规则才有可能成为合格的社会主义事业的建设者和接班人。

六、典型教学案例

案例1　"大头娃娃"问题奶粉的由来和检测技术面临的挑战

1. 知识点

蛋白质含量测定 Folin-酚法。

2. 思政目标

严谨认真、实事求是、绝不弄虚作假的科学精神和道德品质。

3. 教学过程

首先，提出问题。在进行实验项目"蛋白质含量测定 Folin-酚法"的教学时，首先要求学生回顾生物化学理论上所学过的可以用于蛋白质含量测定的理化性质有哪些？依据这些性质可以用来测定蛋白质含量的方法有哪些？这些方法的优缺点分别是什么？凯氏定氮法测定蛋白质含量又是基于蛋白质的什么理化性质？曾经轰动一时的三聚氰胺奶粉是怎么一回事？为什么要在牛奶中添加三聚氰胺？为什么会出现大头娃娃？

其次，讨论问题。通过这样一环接一环的提问和讨论，三聚氰胺奶粉事件的本质、背后的利益驱动、国标检测方法的漏洞和不足逐步呈现在学生面前，一些不法商人正是钻了这个漏洞，使得添加了三聚氰胺的劣质食品通过食品检验机构的检验。在讨伐惩治无良商人的同时，我们作为"食品人"，将来可能要走向"食品质检"的岗位，那么，从三聚氰胺奶粉的事件中，可以吸取什么样的教训，又得到什么样的启示呢？

最后，升华问题。三聚氰胺奶粉事件说明人只有具有诚实守信的职业道德品质，其所掌握的先进的科学技术才能成为推动和提高食品安全和社会进步的动力。借此案例，引导学生在理解事件本质的基础上坚决鄙视并给予这些枉顾他人健康、生命的唯利是图的"高科技"行为强烈的谴责，倡导严谨认真、实事求是、绝不弄虚作假的科学精神和道德品质。

更进一步地探讨面对越来越多的"高科技"违法，我们该怎么办？科技创新是坚强后盾。比如，就这个作为食品质量检验重要指标的"蛋白质含量测定"，你有什么比当前仍在使用的国标"凯式定氮法"更好的建议？为什么？

案例结束，学习和探讨仍要继续，这也是科学精神的一部分。

案例 2 我国科学家在酶学研究方面的突出成就

1. 知识点

血清谷丙转氨酶活力测定。

2. 思政目标

民族自豪感和文化自信。

3. 教学过程

在"血清谷丙转氨酶活力测定"实验项目开始之前，首先必须搞清楚几个基本概念和原理，如：什么是酶活力？酶活力的本质是什么？怎么测定酶活力？酶高效催化的机制有哪些？谷丙转氨酶测定的意义是什么？

在回顾和分析理论知识的时候，不可避免地要谈到我国古老文化中蕴含的现代生物化学知识和机理，以及我国科学家在现代生物化学发展中做出的突出贡献。生物化学作为一门独立的学科，起始于 18 世纪下半叶，当时主要是分离和研究生物体内的一些有机物质。酶作用活性的发现，是 1897 年，Büchner 兄弟用酵母提取液实现发酵才得到证明的，但我国劳动人民早在距今至少 4000 多年前的夏禹时期就会用"曲"酿酒，这个"曲"实际上就是现在说的"酵母"，起作用的是其中的酶。而关于酶的高效催化机制，20 世纪 60 年代，我国科学家邹承鲁先生就提出了酶蛋白必需基团的化学修饰和活性丧失的定量关系公式及确定必需基团数的方法，被称为"邹氏公式"和"邹氏作图法"，1984 年，邹承鲁先生进一步发展提出酶活性部位的柔性学说，发表在美国《科学》杂志上。1965 年，也是邹承鲁先生带领其合作团队在世界上首次人工合成结晶牛胰岛素。

1981 年我国在世界上首次合成具有与天然转运核糖核酸相同化学结构和生物活性的酵母丙氨酸转运核糖核酸。1999 年我国作为唯一的发展中国家参与了人类基因组计划，并成功完成了 3 号染色体上大约 3000 万个碱基对的测序任务。2002 年以我国科学家贺福初院士为首席的科学家团队承担国际人类蛋白质组计划人类肝脏组织蛋白质组学的研究工作，并于 2012 年发表人类肝脏蛋白质组图谱和肝癌患者差异谱图，成为人类蛋白质组计划研究的标准性参照范式。

通过回顾、提问、讨论，使学生对我国古老灿烂的文化、先辈们刻苦钻研、勇于创新的精神进一步地深刻感悟，从而培养其热爱祖国的深厚感情，增强民族自豪感和文化自信，并且将这种精神内化到实验过程中，勤思考、细观察、多提炼，传承中华民族优秀品质、追求卓越、勇于创新。

七、教学反思

生物化学实验课程关注课程内容与思政要素相结合，依托真实的实验项目，在全过程、全环节回顾、体验、思考其中做人做事的基本道理，引导学生树立正确的世界观、人生观、价值观，帮助学生立志成为合格的社会主义事业建设者和接班人。笔者很多时候能够感受到或看到思政的实施提高了学生们的学习兴趣，起到了一定的积极作用。但有些时候，学生会表现得比较淡然，私下交流得知，学生每堂课都有种"被拔苗助长""被洗脑""被迫积极向上"的感觉，而有点反感甚至逆反。因此，"课程门门有思政"并不是要每节课都思政，思政的融入也不能一贯地蜻蜓点水式地"挠痒痒"，学生意识到"刻意为之"，自然会产生"疏离"和"被迫"感。心理学上有一种"饥饿疗法"，也就是"欲求不满"或者"小调胃口"，有些时候，"面冷心热"反倒更容易引起学生兴趣，这就需要教师有较强的心理洞悉能力和心理博弈能力，以及灵活应变能力，什么时候深入灵魂、什么时候升华拓展、什么时候点到为止，要实时根据学生反应而调整。因此，做好课程思政，还有很长的路要走，从思政要素的挖掘到融入到内化，需要的不仅仅是热情和技巧，还有哪些，需要我们共同探讨。

执笔人：张艳贞

食品工程原理课程思政教学案例

一、课程基本信息

课程性质：专业必修课/专业选修课

学分：2　　学时：32

授课对象：食品科学与工程/食品质量与安全专业本科学生

二、授课教师基本情况

黄汉昌，1975 年 4 月生，工学博士，教授，北京联合大学硕士生导师，北京工商大学、河北农业大学博士生导师，2012 年获得北京市优秀人才培养计划资助，2015 年入选北京市市属高等学校"青年拔尖人才培育计划"，作为骨干成员参与北京市拔尖创新人才项目、北京市高层次人才项目，主持完成国家自然科学基金面上项目 1 项，北京市教委科技发展计划面上项目 2 项，发表学术论文 60 多篇，获得国家发明专利授权 3 项。

魏微，教授，工学博士，2000 年 7 月毕业于大连理工大学化学工程与工艺专业，获工学博士学位，主要研究领域为天然产物的分离与纯化、食品加工新技术、膜材料的制备及其在食品中的应用，承担多项国家自然科学基金面上项目，主持完成北京市委组织部优秀人才、北京市教委科技项目多项，在《食品和生物制品加工》（*Food and Bioproducts Processing*）、《膜科学》（*Journal of Membrane Science*）、《碳》（*Carbon*）等期刊发表论文 40 余篇，获国家授权发明专利多项。

三、课程内容简介

食品工程原理介绍食品工业生产中动量、热量及质量传递过程与主要物质混合或分离单元操作的基本原理、它们的内在规律、常用设备及过程计算方法。要求学生对所学的食品工程原理课程体系知识有初步的认识；正确理解食品工程相关的三大传递的过程原理、相关单元操作的内在规律和基本原理；在理解所学食品工程原理知识的基础上，解释和说明三大传递过程原理及相关单元操作在有关生物技术产业及食品科技工业中的运用，运用三大传递原理解决相关产业中的实际问题。

本课程是在高等数学、大学物理等基础先修课程后开设的承前启后、由理及工的专业基础课程。本课程为后续课程提供知识背景，为专业课程的进一步学习奠定基础。

四、课程思政教学目标

第一，增强中国特色社会主义的"四个自信"。通过课程背景知识和知识点的研究进展的案例教学，进行课程爱国主义教育，激发学生们的民族自豪感、自尊心和自信心。

第二，培养唯物主义的世界观和方法论。食品工程原理是研究物质世界质量守恒、能量守恒基本规律的科学，这种守恒关系也处于动态转变/转化的过程中，在授课过程中通过讲授流体流动过程中质量、能量的守恒原理，进一步树立学生的唯物主义世界观。科学方法论是我们分析问题、解决问题的利器，本课程是由理学到工学、由基础知识到专业知识学习的连接课程，由此引申出科学和技术的关系、我国古代在技术方面取得的成就以及在科学方面成就的不足，鼓励学生大胆探索，在实践中检验真理，在实践中发展理论。

五、课程思政融入设计

在讲授食品工程原理过程中，积极探索理工课程融入思想政治教育的元素，并且结合特定的知识点，采用润物无声的有机融入方式，在理工科自然科学知识学习过程中除学习自然科学知识外还能培养追求科学真理和人文道德情怀的意识。结合授课内容，有机地融入爱国主义教育和唯物主义世界观和方法论的政治思想教育元素。

元素 1：爱国主义教育

在讲授食品工程原理的发展历史和在专业学科中的地位时，有机地融合思想政治教育元素。我国食品加工的悠久历史、先人们在酿酒/蒸馏酒方面的历史贡献，均是很好的爱国主义教育素材。

在讲述传质部分的膜分离技术及应用课程时，以我国在膜分离技术领域取得的成就对学生进行爱国主义教育。20 世纪 80 年代末，在国家高技术研究发展计划项目的支持下，膜分离技术得到迅速发展，其中南京工业大学的徐南平团队生产的无机膜占到全国无机膜的 50%，成立的公司已经上市。同时教育学生通过正当的途径获取财富。

元素 2：科学与技术、理论与实践的辩证统一

在讲授食品工程原理在基础课和专业课之间，起着承前启后，由理及工的桥梁作用时，引入"科学及技术的关系""理论和实践的关系"思想政治教育，使同学们认识到科学和技术、理论和实践两者是有区别但是又紧密联系的，贯穿于人对世界的认识过程中，统一于人类认识世界、改造世界的认识循环之中。通过这方面思想教育元素的融入，使学生认识到"技术"促进"科学"的发现和发展、"科学"指导"技术"的革新和创新，培养学生"实干兴邦，空谈误国"的思想情操；理论是对既往实践知识的总结和上升，需要回到实践，指导解决实践中产生的问题，同时实践中产生的新问题反过来促进原有理论的更新甚至迭代，培养学生不畏困难、不盲从权威，培养学生的创新意识。

元素 3：辩证唯物主义世界观和方法论

在讲授食品工程原理的理论基础（"三传"：动量传递、热量传递和质量传递）及其在专业学科中的地位时，有机地融入辩证唯物主义世界观方法论的思想政治教育元素。在讲课过程中列出在专业学习过程中需要学习的课程以及这些课程的内在知识关系，鼓励学生学好基础知识和专业基础知识，为学好专业知识做好准备，在毕业后走上工作岗位带着专业思维思考实际问题。使学生形成这样的科学人生追求：通过理论知识和实践体验的结合，形成辩证唯物主义世界观和方法论并应用于实践问题。

六、典型教学案例

案例 1　辩证唯物主义世界观和方法论

在重力沉降教学内容部分教学中，通过混合物的稳定性问题的解决，培养学生的辩证唯物主义世界观和方法论。

1. 知识点

重力沉降是一种通过重力作用使悬浮在流体中的固体颗粒下沉（上浮）而与流体分离的过程。它是依靠地球引力场的作用，利用颗粒与流体的密度差异，使之发生相对运动而沉降。理论上，重力沉降是从流体中分离出悬浮颗粒物的最简单方法，颗粒物的沉降速度遵守斯托克斯沉速公式：

$$u_0 = \frac{d^2(\rho_p - \rho)g}{18\mu}$$

但是对于乳液体系来说，颗粒物的沉降速度则与斯特克斯沉速公式产生很大的偏差。

2. 思政目标

作为应用于本科教学的教材，其知识体系都是比较成熟的，理论争议都是比较小的，但是在知识内容的更新方面是比较滞后的。我们在食品工程原理课程讲授过程中注重知识内容的更新，让学生尽量多地了解目前的特定知识点发展前沿，并且通过合适的方式结合新知识的学习。通过具体的教学案例，让同学们认识到理论知识的形成是建立在大量实践知识的基础之上，理论知识要回到实践中，指导实践问题的解决，反过来，实践中新的问题的解决需要促进理论知识的完善和更新。通过以上实际案例，培养学生唯物主义世界观和方法论。

3. 教学过程

在讲授颗粒物在流动中流动的知识时，斯托克斯沉速公式是目前被广泛应用于教材教学中描述流体中颗粒物的运动速度。但是此公式还存在一些问题，对一些流体中比较微观的粒子的运动，理论计算运动速度和实际运动速度是有很大的误差的，产生误差的原因是该公式没有考虑到一些流体内在因素对颗粒运动的影响。在教学过程中以牛奶的稳定性为例子，按照教材中提供的假设，脂肪球在脱脂乳中的运动速度是-1.61×10^{-7} m/s，为便于学生理解这个微观尺度的运动速度，提出让学生动手计算：假设牛奶放置 10 天，看看脱脂乳的运动距离。计算公式如下：

$l = u_0 \times t = -1.61 \times 10^{-7}(\text{m/s}) \times 10 \times 24 \times 3600(\text{s})$

$\approx 0.139(\text{m}) \approx 13.9(\text{cm})$

计算后发现产生 13.9cm 的运动距离（接近 A4 纸长边的一半）。让学生回想实际生活中牛奶的货架期，牛奶在十天内一般是稳定的，不会出现分层现象，让学生认识到理论计算结果与实际的矛盾，继而引出产生这种矛盾的分析。通过理论计算结果和现实中实际现象的分析，让学生认识到理论虽然是从实践总结归纳得到的，但是理论应用于实践是有条件的。当实践问题环境条件改变时，需要对原有的理论做出适当的修正。结合当前在该领域的研究进展，更新学生对乳化液流体属性的认识，引起学生对乳化液稳定性问题的思考，鼓励学生思考新的解决办法。

4．学习资源

①周清晓："浅谈斯托克斯定律的应用"，载《教育现代化》2019 年第
68 期；

②王光卿："稠油脱水效率影响因素的分析研究"，载《中国石油和化工
标准与质量》2018 年第 7 期；

③王龙、李家春、周济福："黏性泥沙絮凝沉降的数值研究"，载《物理
学报》2010 年第 5 期；

④庄达民、袁修干："重力作用下尘粒运动的数值解法"，载《中国安全
科学学报》1998 年第 6 期；

⑤陈昭宜："斯托克斯定律在环境工程应用中的质疑"，载《环境工程》
1986 年第 4 期。

案例 2 爱国主义情怀和民族自豪感、自尊心和自信心培养

在膜分离技术原理及其在食品工业中的应用教学部分中，通过介绍我国
在这方面取得的成就，对学生进行课程爱国主义教育，激发学生的民族自豪
感、自尊心和自信心。

1．知识点

膜分离技术原理及其在食品工业中的应用。

膜技术是用天然或人工合成的高分子薄膜以外界能量位差（如压力差、
浓度差、电位差、温度差等）为推动力，在实际工作过程中，把双组分或多
组分的溶质和溶剂实施有效分离，在分离的基础上实现对其分级提纯，最后达
到相关溶质或溶剂的富集。

膜分离技术是把选择性透过膜作为分离介质，在膜的两侧产生一定的推
动力时，通过原料侧组分选择性地透过膜，就可以达到分离提纯的目的。

膜分离技术具备以下特点：选择性强，是一种高效的分离过程；分离过
程中不发生相变化，耗能低，故又称省能技术；在使用过程中不需要加热，也
不用进行相关的化学反应；应用范围较广，对于有机物、无机物、溶液等都
适用；操作简单，使用成本低，在食品工业中越来越得到广泛的应用。我国
膜分离技术虽然发展比较晚，但是该领域技术发展迅速，并取得了很好的
成就。

2. 思政目标

教学过程中，在膜分离技术历史发展介绍部分，通过介绍我国在膜分离技术方面的发展成就，培养学生爱国主义思想和热情。

3. 教学过程

在讲述到膜分离这一部分，从以下方面对学生进行爱国主义教育：

我国在膜分离技术中取得的成就。我国膜技术研究起步于 1966 年，1970 年末开始步入工业化，并不断扩大研究应用领域，目前已形成一支相当规模的膜及膜应用技术的研究队伍和膜产业基地。我国膜市场的量增长很快，国家已投资建设了多个膜产业示范基地，如废水处理用膜组件及系统处理装置产业化示范工程、建立复合反渗透膜国产化及水工业成套技术装备生产基地等，中国在膜分离技术的研究开发方面已涌现出一批具有实用价值，接近或达到国际先进水平的成果。我国 2019 年膜产业总产值达到 2200 亿元，反渗透膜在中国整个膜市场中所占份额最大，占膜行业市场份额的 50% 左右。截至目前，我国已成为全球反渗透膜最重要的生产国家之一，产量占比约为 19%，仅次于美国。我国也是最大的反渗透膜消费国家，消费量占全球反渗透膜消费量的比例为 26%。通过我国在膜分离技术产业方面的进步，增强学生的荣誉感和爱国主义热情。

在个人成长方面，膜技术领域也大有可为，南京工业大学的徐南平院士团队多年来从事无机膜技术的研究攻关，其成立的公司已经上市，为我国无机膜产业的发展做出了重要贡献。通过个人的成长案例，教育学生结合国家、社会需求，通过知识劳动勤劳致富。

4. 学习资源

①林梅、谷玉红："膜分离技术在水果加工中的应用探讨"，载《现代食品》2019 年第 14 期；

②郭浩等："膜分离技术在水果加工中的研究进展"，载《生物加工过程》2019 年第 1 期；

③朱鋆珊、马平、郭丽："膜分离技术及其应用"，载《当代化工》2017 年第 6 期；

④姜峰、李洁艳、周志强："膜分离技术在食品工业中的应用"，载《价值工程》2015 年第 1 期。

七、教学反思

第一，教育者先受教育是课程思政的保证。习近平总书记在全国高校思想政治工作会议上对教师提出了明确要求，要求教师要正确引导学生的世界观、人生观和价值观。课堂教学本身就是育人最主要的过程，也是教书育人最重要的途径。专业课不仅是传授专业知识的主要战场，也是进行人生观和价值观教育的主渠道。知识传授与价值引领是育人的基本实现形式，在教育教学中既要注重在价值传播中凝聚知识底蕴，又要注重在知识传播中强调价值引领，突出显性教育和隐性教育相融通。这就要求教育者一方面要提高自身的思想认识，自觉践行社会主义核心价值观，首先接受做人做事的基本道理、社会主义核心价值观、对实现民族复兴的理想和责任教育，另一方面，要提高业务水平，在理解专业课程的基础上，充分挖掘适合专业课程的思想政治教育元素，并将其有机地融入课堂教学中。

第二，专业课程的知识点史料是对学生进行思想政治教育的良好元素。专业课程授课过程中，对知识点的讲授，笔者之前比较强调知识内容的内在逻辑的传授，而对知识史学介绍是比较少的。现有知识均是先辈通过大量的实践积累下来的，是通过实践检验的经验。但是教材上对知识点的发展背景基本很少提及。作为专业课教师，可以在这方面充分补充相关背景知识，特别是我国在这方面的历史贡献，通过知识点史料知识，一方面增强学生的学习兴趣，另一方面增长学生的知识逻辑性和广泛性，另外也能鼓舞学生的勇攀知识高峰的信心、增强学生的社会责任感。

执笔人：黄汉昌

食品安全与卫生学课程思政教学案例

一、课程基本信息

课程性质：专业选修课

学分：2　　学时：32

授课对象：食品科学与工程专业本科三年级学生

二、授课教师基本情况

荣瑞芬，教授，博士，食品科学与工程学科硕士生导师，本科食品科学与工程专业负责人，主讲本科食品化学、食品工艺学、食品营养学、食品安全与卫生学课程，研究生高级食品化学课程，主要从事食品科学与工程专业建设、教学改革研究，食品贮藏加工中营养品质保持与控制、营养健康食品研发科学研究。

三、课程内容简介

食品安全与卫生学是食品科学与工程专业本科生的专业选修课，是研究食品安全与卫生的一门专业课程，是研究食物中各种可能有害因素的来源、途径、性质、危害及其预防措施的一门科学，在专业教学中占有重要的地位。通过本课程的学习，学生能理解和掌握食品安全与卫生的基本理论知识，知晓各种食品中的可能的有害物污染途径及其预防、各种食物中毒的发生与预防、食品添加剂、各类食品卫生管理与监管等系统的食品安全卫生专业知识和技能，建立正确的社会主义核心价值观，树立良好的职业道德意识和水准，具备对实际生产生活中出现的食品卫生问题的分析能力以及防治和卫生监督管理的能力，为今后踏入社会在食品行业从事食品分析检测、食品质量管理工作奠定坚实的基础。

四、课程思政教学目标

食品工作者需要有较高的思想觉悟和较高的专业水平，必须诚实守信、遵纪守法、坚持正义，具有爱岗敬业、勇于奉献的精神，在做人、做事方面要有较高的素质和修养。因此，在本课程的教学过程中要有机融入以下几方面的思政思想：

第一，教学过程中深植家国情怀，树立正确的社会主义核心价值观。本课程几乎所有内容都是关于食品安全与卫生的专业知识，食品的安全与卫生状况与国计民生关系极大，常有各种食品安全事件发生，涉及社会稳定、人民生活保障和身体健康，因此，在课程讲授中可结合教学内容无缝融入家国情怀，浸润学生，使学生树立正确的社会主义核心价值观，学好知识，为党和国家、为人民的食品安全保驾护航，提高全心全意为人民服务的思想觉悟。

第二，培养学生具有实现民族复兴的理想和责任。从反面食品安全事件教育学生要有崇高的责任和远大的理想，保一方食品安全，为民族复兴做贡献。

第三，培养良好的职业道德，包括遵纪守法、坚持正义、诚实守信、爱岗敬业、勇于奉献的意识和精神。在食品安全卫生监督管理教学内容中，可通过实践中影响较大的案例，让学生感悟良好的职业道德的重要性和必要性，从而建立良好的职业道德。

第四，培养做人的基本道理和良好的个人素养。食品安全无小事，在教学过程中全程、全方位融入踏实、认真做事的做人道理和个人素养。

五、课程思政融入设计

元素1：家国情怀，社会主义核心价值观

讲授绪论时，介绍课程学习内容，全方位讲授食品安全与卫生的现状、根源、发生途径、预防、监管，课程专业知识涉及老百姓的生活安全、身体健康和社会稳定，让学生感悟专业知识对家人、老百姓和国家的重要性，潜移默化浸润学生，要有爱小家、顾大家的家国情怀，树立正确的社会主义核心价值观。

元素2：实现民族复兴的理想和责任

授课中，根据授课内容适时例举影响较大的食品安全事件，比如在"各类食品的卫生管理"中的"奶类食品的卫生与管理"内容中，针对"三聚氰胺奶粉事件"造成一定量的婴幼儿出现严重的身体损害、不能很好地生长发育、身心智均受影响的案例，让学生领悟到食品安全责任重大，婴幼儿是国家未来的接班人，此次事实严重影响了中华民族的伟大复兴，学生必须树立远大理想和崇高的责任，担负起为食品安全保驾护航和实现民族复兴的责任与理想。

元素3：良好的职业道德

"三聚氰胺奶粉事件"案例中，涉事企业不仅仅是三鹿奶粉厂一家，还包括伊利、蒙牛、光明、圣元及雅士利在内的22个厂家，其中69批次产品中也检出三聚氰胺，体现出在奶粉中添加三聚氰胺是行业中一些企业内的潜规则，涉事企业的管理者和生产者的职业道德亮起了红灯，生产者和管理者缺失了良好的职业道德，也是导致事件发生、发展到一定程度的主要原因。授课中可以无缝融入良好职业道德是企业生存和发展的不可或缺的重要因素和企业文化是生产者和管理者的职业素养和道德标准。具有良好职业道德和踏实做人、认真做事的基本原则，就能自觉地不去做违法、违心的造假食品生产，去坑害百姓和国家，而是生产对国家和人民安全、营养、健康的食品，做好食品的安全生产和质量监督管理。

元素4：做人的基本道理

仍以"三聚氰胺奶粉事件"涉及食品生产者和管理者的思想价值观、职业道德和做人的基本素质和修养为例，正是因为生产者和管理者缺乏良好的职业道德和社会主义核心价值观，才导致事件的发生。授课中可无缝融入多项思政元素，特别是遵纪守法、秉公执法、坚持正义、爱岗敬业、勇于奉献的良好职业道德和踏实做人、认真做事的基本道理，从而形成良好的职业道德和做人的基本素养，就能自觉地不去做违法、违心的造假食品生产，不去坑害百姓和国家，而是生产对国家和人民安全、营养、健康的食品，做好食品的安全生产和质量监督管理。

六、典型教学案例

案例1 食品安全无小事，把好食品安全卫生关

1. 知识点

绪论。

2. 思政目标

深植家国情怀，树立正确的社会主义核心价值观。

3. 教学过程

首先，介绍本教学案例为讲授课程开篇的绪论部分，介绍课程学习内容，

全方位讲授食品安全与卫生的现状、根源、发生途径、预防、监管内容。

其次，案例讨论。讲课中引入大量现实中的食品安全事件案例，如苏丹红、孔雀绿、早产奶、福喜公司过期肉、地沟油、三聚氰胺奶粉事件，以及长春疫苗事件和学生讨论现实中不断出现的假冒伪劣食品的危害、发生、过程、根源，以及食品安全的品质分析、监管专业知识，讨论如何做到无假冒伪劣食品。

最后，通过讨论，让学生感悟本课程专业知识涉及老百姓的生活安全、身体健康和社会稳定，对家人、老百姓和国家的重要性，激发学生认真学习的积极性，同时有机融入食品从业人员要有爱小家、顾大家的家国情怀，树立正确的社会主义核心价值观，在课程教学中全方位、全过程融入本思政元素。

4. 学习资源

①孙长颢主编：《营养与食品卫生学》（第 8 版），人民卫生出版社 2017年版；

②网上资料。

案例 2 食品安全关乎国家繁荣和昌盛

1. 知识点

奶及奶制品的卫生安全及其管理、各类食品的主要卫生安全问题及其预防管理。

2. 思政目标

本教学案例根据授课内容"奶类食品的卫生与管理"，针对"三聚氰胺奶粉事件"案例，造成受害婴幼儿出现严重的身体损害、不能很好地生长发育，身心智均受影响展开课程思政教育。婴幼儿是祖国的花朵、未来的接班人，不合格的食品影响婴幼儿身体健康，影响伟大民族的复兴。通过案例讨论，让学生领悟到食品安全责任重大，必须树立实现民族复兴的远大理想，担负起为食品安全保驾护航和实现民族复兴的责任。

3. 教学过程

首先，以"三聚氰胺奶粉事件"为反面教材，通过案例讨论和分析三聚氰胺奶粉对婴幼儿的危害、对社会和家庭危害的严重性，认识到食品安全会影响到家庭、社会乃至国家的未来，即影响到伟大祖国发展和兴旺，这个影响就来自食品的生产过程和监管中。

其次，通过讨论分析，引导学生建立食品人肩负着不仅仅是食品安全的责任，也担负着国家兴旺发达大业的大局意识和远大理想和责任，潜移默化地形成正确的人生观和社会主义核心价值观。

案例3　食品人必须具备良知和良好的职业道德

1. 知识点

各类食品的卫生安全及其管理。

2. 思政目标

树立良好的职业道德和做人的基本道理。

3. 教学过程

首先，通过三聚氰胺奶粉事件，讨论分析"毒奶粉"出现的原因及如何防止。

其次，通过讲授三聚氰胺奶粉事件始末，让学生了解其根本原因。党和国家高度重视食品安全，多次强调食品安全重于泰山，但近年来，各种大大小小的食品安全事件频发，其中很重要的原因是，制造食品安全事件的人缺少职业道德，以及缺乏正确的思想价值观。

2008年的三鹿毒奶粉事件——三聚氰胺奶粉事件发生后，由于毒奶粉受害者面广、人数多，国家质检总局对市场上各个品牌的婴儿奶粉都进行了检验，公布的名单中涉及多家企业，且是知名企业，包括伊利、蒙牛、光明、圣元及雅士利在内的22个厂家69批次产品中都检出了三聚氰胺。这个事件也表明了在此之前，奶制品生产中添加三聚氰胺早已是奶制品行业中不公开的秘密。不法分子即毒奶粉制造者为了牟利，在原奶收购中添加三聚氰胺用以替代蛋白质，明知不是食品原料，但众多生产厂家都睁一只眼闭一只眼，在生产和监督管理上不作为。

最后，引导学生树立良好的职业道德。从三聚氰胺奶粉事件中不难看出食品在生产和质量监督管理中，添加不是食品原料的三聚氰胺，表现出的就是职业道德的缺失以及缺乏正确的思想价值观，特别是社会主义核心价值观中的爱国、敬业、诚信、友善。

因此，在食品科学与工程专业课程中应坚定地开展课程思政教育，让每一个从事食品工作的食品人都要有爱国、敬业、诚信、友善这四个最基本的思想，做好自己，才能做好工作。

4. 学习资源

①孙长颢主编:《营养与食品卫生学》(第 8 版),人民卫生出版社 2017年版;

②史贤明主编:《食品安全与卫生学》,中国农业出版社 2003 年版;

③通过网络和文献数据库查找当时的新闻纪实性报道、相关文献。

案例 4 食品人必须清楚做人做事的底线

1. 知识点

油脂食品的卫生安全及其管理。

2. 思政目标

结合"地沟油事件",分析其安全问题和原因以及如何防止,以此为切入点融入课程思政教育。培养学生明白认真做事、踏实做人的基本道理,不做违法的事情。

3. 教学过程

首先,小组讨论:什么是地沟油?为什么会出现地沟油?地沟油的危害有哪些?

其次,讲授油脂的卫生指标、生产工艺、质量品质分析相关知识及地沟油的生产、地沟油的检测方法等相关知识。地沟油的生产是以废弃的餐厨用油为原料,经过水解、分体、蒸馏三个简单的工艺,将散发着恶臭的地沟油就变成了清亮的食用油,一个中等规模的地沟油作坊每年利润上千万元,在这种小本暴利的驱动下,地沟油堂而皇之地进入了百姓的餐桌。地沟油的滋生和壮大,不单是商家良知的缺乏,还有具备一定专业知识的生产者的违规,以及食用油检测标准不完善、餐厨废弃油脂循环利用缺乏规范和管理,也反映出在企业生产和监管环节的无力和放纵行为。

最后,思政融入。地沟油也是一些不法分子违法违规制造的重大食品安全事件,都是肇事者思想、职业道德和个人修养严重不到位导致,因此,不能违法是做人的基本道理和底线,引导学生具有良好的个人素养和做人原则。

4. 学习资源

①吴坤主编:《营养与食品卫生学》(第 5 版),人民卫生出版社 2003 年版;

②史贤明主编:《食品安全与卫生学》,中国农业出版社 2003 年版。

七、教学反思

第一,教师必须具有较高的思想觉悟和思政意识。食品行业是关系国计民生的重要行业，食品安全关系到国家安全稳定、人民生活保障和身体健康。我国乃至世界范围内食品安全事件频发，究其根源，都是肇事者的思想水平、价值观、做人素养、职业道德等思政元素低下，目无党纪国法所致。

第二，对于大学生，特别是食品科学与工程专业，思政教育融入大学生本科教育具有极其重要的现实意义。本课程是一门系统地讲授食品生产管理中可能出现的安全卫生问题、发生原因、预防及其质量监督管理知识和技能的课程，是食品专业学生的一门重要课程。因此，本课程在培养食品专业人才时，不仅需要讲授食品安全卫生及其管理的专业知识，更需要从思政的角度培养学生具有较高的思政水平和道德素养，并且将思政教育从始至终彻底融入教学过程中，使学生在专业教育一开始就能深深将思政素养与专业知识结合到一起，成为植入专业知识体系中的一部分。让食品行业新生力量成为社会主义核心价值观的践行者、食品安全保驾护航者，从根本上杜绝食品行业中的假冒伪劣，保食品安全一方净土。

第三，讲好任何一门课程，特别是思政建设课程，对老师是很大的挑战。作为教师，必须与时俱进、紧跟形势，了解食品安全卫生时事动态，具有良好的理论联系实际的意识，具备讲好一门课、必须对课程进行精心设计的意识和努力，其实质是，上好一门课，对老师是一个很大的挑战，必须有专业精湛的实力和不怕吃苦、甘于奉献的精神，才能讲好课程。

执笔人：荣瑞芬

食品营养学课程思政教学案例

一、课程基本信息

课程性质：专业选修课

学分：2   学时：32

授课对象：生物技术专升本学生

二、授课教师基本情况

张艳贞，教授，博士，食品科学与工程学科硕士研究生导师，SCI 期刊 *Trends in Food Science and Technology* 特约审稿人，国家注册营养师，ACI 健康管理师职业资格，IHA 国际健康管理师（高级），中康道（北京）健康科技有限公司中康道健康教育学院健康教练，主讲本科生物化学、食品营养学课程和研究生专业英语课程，研究方向：生物活性物质的营养功能与生化作用及其分子机制研究，主持完成和骨干参与国家自然科学基金、北京市自然科学基金项、企事业单位委托课题、教育教学改革与研究项目等 20 余项，发表 SCI 和核心期刊研究论文 30 多篇，主编高校教材 1 部，获校教学成果奖 1 项。

荣瑞芬，教授，博士，食品科学与工程学科硕士生导师，本科食品科学与工程专业负责人，主讲本科食品化学、食品工艺学、食品营养学、食品安全与卫生学课程，研究生高级食品化学课程，主要从事食品科学与工程专业建设、教学改革研究，食品贮藏加工中营养品质保持与控制、营养健康食品研发科学研究。

三、课程内容简介

食品营养学是生物技术专业（专升本）选修课程。食品营养学是一门研究食品、食物营养与人体健康关系的综合性学科，与生物化学、生理学、食品科学、食物烹调、农业科学等密切相关，在食品科学知识体系中占重要地位。课程内容有：营养学的基本概念、各类营养素的基本功能/食物来源/供给量、各种食物的营养价值、营养与健康关系、特定人群营养、社区营养、中国居民膳食指南与平衡膳食宝塔、食品加工储藏对营养素的影响、营养学的新进展等。通过本课程的学习，学生能够掌握食品营养学的基础知识与技能，并具备一定的应用营养学的基本知识和技能分析解决食品、营养与健康方面的问题的能力，为健康的生活奠定必要的营养知识和技能。

四、课程思政教学目标

本课程思政目标为：培养具有家国情怀、爱己爱人，具有健康自助、健康助人使命感，敢于质疑、善于思辨、勇于担当、具备较高应用能力和创新精神的营养达人。

五、课程思政融入设计

元素 1：家国情怀、文化自信

在"我国营养学发展史"部分，通过解读《黄帝内经·素问》："五谷为养、五果为助、五畜为益、五菜为充"和《黄帝内经·素问·五常政大论篇》："大毒治病，十去其六；常毒治病，十去其七；小毒治病，十去其八；无毒治病，十去其九。谷肉果菜，食养尽之，无使过之，伤其正也。"并观察国人日常生活中传承下来的饮食观，与西方现代营养学的成分分类分析相比较，学生可体会到我国几千年前的朴素养生理念及食物调理重于药物治疗的观点，而这些观点现在正逐步被现代医学或营养学接受和认可，民族自豪感和文化自信油然而生。

元素 2：科学思辨、倡导创新

在不同章节和不同时间段，结合不同教学内容，聚焦人民大众日常生活中面临的营养与健康方面的热点、争议和问题，拟定各种研讨题目，每人选择一个，结合课堂所学并查阅资料，以 PPT 答辩或分组辩论的形式辨真伪、明是非，启迪科学思维、勇于批判谬误，倡导创新精神。

元素 3：道路自信、制度自信

在《中国居民膳食指南（2016）》"平衡膳食宝塔"的学习中，通过比较其与 2007 年版和其他国家平衡膳食餐盘/彩旗/阶梯等的差别，体会中国居民膳食指南在尊重我国居民饮食习惯和文化基础上修订平衡膳食宝塔的科学依据、科学选择以及相关法律保障和管理监督方面的特色和独到之处，从而增强道路自信和制度自信。

元素 4：积极实践、勇于担当

结合中国营养学会营养宣传周活动安排，积极组织学生和课程组教师参与营养周宣传活动，做《"健康中国 2030"规划纲要》和《国民营养计划（2017—2030 年）》的学习者、传播者和践行者，投入用知识指导生活、用专业服务大众的伟大实践中来，担当起食品人"健康中国，营养先行"的光荣使命。

元素 5：认真做人、求实做事

在课程学习中成长、成人、成才。本课程采用大作业、读书报告、PPT 汇报、课堂考勤、测验等对学生的认知能力及学习态度进行综合考核。大作业、读书报告、PPT 汇报强调真做实做、深入调研、辩证分析，鄙视从网上摘摘抄抄应付了事，弘扬正气、明辨是非从我做起，潜移默化进行社会主义荣辱观教育。这些过程和态度考核，尤其对于 PPT 汇报和辩论，是认真对待还是敷衍了事，台下同学们一目了然。读书报告也是如此，根据书名上网一查，就能大体判断出来是否真读、深读，是否有思考、有总结。有了这样广泛的监督，同学们对荣辱是非更加敏感和明确，作业相似率和相似度明显下降。另外我们还尝试了学生自我考核的办法，让学生对自己的 PPT 研讨答辩给出成绩并申明理由，这种做法不仅促进学生自我认知、比较认知的养成，也促使其换位思考，体会老师评判成绩的谨慎和用心。

六、典型教学案例

案例 1　食物相克是真的吗？

1. 知识点

"各类食物的营养价值"要求掌握各种食物的营养价值特点并学会合理搭配和烹调食物。

2. 思政目标

来自于人民大众日常生活中的营养与健康方面的热点、争议和问题很多，比如，关于食物搭配的："菠菜和豆腐不能一起吃""海鲜和西红柿不能一起吃"等的"食物相克"一说，教师会结合上述知识点，让大家以讨论、辩论等形式分析其中缘由或谬误之处，养成科学思辨的思维习惯，明白所谓"相克"的依据之后，进一步思考有没有消除"相克"的办法，这样既摄入其中的营养精华，又规避可能的缺憾或不足，倡导科学认识基础上的创新。

因为关乎人民饮食健康的事情是一门与时俱进、不断变革的科学，只有具备科学的思维和辨识能力，才能更好地做好专业的事情，做好专业的事情才是爱国、爱党、为人民服务的具体体现。

3. 教学过程

首先，导入问题。食物相克是真的吗？分析这一说法的依据是什么？都有哪些实例？为什么老百姓会接受这个说法？在分体讨论过程中，大家会看到营养学基础知识，如各类食物的营养成分的含量和种类是辨析"食物相克"这一说法的关键，如果对这些知识似是而非、不甚理解，就会被各种看似科学的说法牵着鼻子走而失去基本的判断，爱国和为人民服务就会成为空谈。

其次，延伸问题。关于"吃什么可以增强免疫力、抵御病毒侵袭"的问题，就有五花八门的说法，一个说法传播到哪里就在哪里引起跟风抢购。这种现象说明什么？究其根源是老百姓不明白这些说法错在哪里。因此，如果我们学营养、食品、中草药、医学、生物的人要讲究科学求证、科学思辨。爱国、爱党、爱人民就表现在专业的事情面前，用专业的知识、专业的水准，做出正确的选择和决定。

最后，思政拓展。各类食物的可食部位、形态物性、营养价值不同，在赋予它们各有特色的搭配需求和烹调方式上，合格的营养师一定不仅仅是会纸上谈兵的人，同时还更应该是可以下得厨房、物尽所用的美食家，这是爱生活的具体表现，爱生活是其他一切情怀的基础。

案例 2 我国居民膳食指南与平衡膳食宝塔的特点与实践要点

1. 知识点

《中国居民膳食指南（2016）》"平衡膳食宝塔"。

2. 思政目标

比较我国《中国居民膳食指南（2016）》中的平衡膳食宝塔与 2007 年版以及和其他国家平衡膳食餐盘/彩旗/阶梯等的差别，让学生体会并理解其在尊重我国居民饮食习惯、文化积淀以及人体种族差异基础上进行修订的科学依据、科学选择、实践保障和食谱特色，从而增强道路自信和文化自信。

使学生在深刻理解《中国居民膳食指南（2016）》中的平衡膳食宝塔六条核心推荐的基础上，积极投身营养宣教、服务人民的实践中去。做《"健康中国2030"规划纲要》和《国民营养计划（2017—2030 年）》的学习者、传播者和践行者，投入用知识指导生活、用专业服务大众的伟大实践中来，担当起食品人"健康中国，营养先行"的光荣使命。

3. 教学过程

首先，小组讨论《中国居民膳食指南（2016）》与2007年版的最主要的不同有哪些？为什么要这样修订？和美国、加拿大、法国、韩国、日本的膳食指南最根本的差异在哪里？为什么？

其次，《中国居民膳食指南（2016）》的六条核心推荐是什么？怎么落实？怎么执行？推荐的食物食谱不喜欢吃怎么办？买不到怎么办？买不起怎么办？在各种做不到的情况下，如何用自己的营养学知识找到合适的"替换"方法？也就是如何进行同类或相近（指营养成分特点）食物等量互换？在解决问题的过程中体会将营养落地、将知识变成现实的路径和途径，因为膳食模式和膳食习惯背后是文化的积淀、民俗的差异，它们应该从法律和制度的层面上得到尊重，而不是简单地被照搬或严肃地被告知。

最后，结合中国营养学会营养周宣传活动安排，积极组织学生和课程组教师参与营养宣传周活动，做《"健康中国2030"规划纲要》和《国民营养计划（2017—2030年）》的学习者、传播者和践行者，将《中国居民膳食指南（2016）》核心推荐宣讲出去、落实下来、深入民心。

目前，这项活动也已举办六届，每年集中其中一条核心推荐，从解读到落实，到变通，总之，就是希望广大师生、广大居民、广大国人能认识、认可、接受、实现营养健康战略、策略和方法，让每一个人都具备营养自助和助他本领、做自身健康的第一责任人、做他人健康的互助者，国人健康，国家才能健康。2017年，以"全谷物营养+"第一条核心推荐为宣讲服务重点，我们组织了4场校内外的宣讲咨询服务；2018年参与"慧吃慧动，健康体重"的奥森公园健身跑，参与师生达百人之多，充分体现了以点带面的星火燎原之势；2019年"合理膳食，天天蔬果，健康你我"的开幕式和大学生、媒体人健康状况调研中，我们的学生都广泛参与，肩负光荣使命做身边人、周围人的健康使者，极大地增强了作为食品类专业人才的担当精神。

七、教学反思

民以食为天，食品行业是一个良心行业，是国家安全稳定、人民生活保障和身体健康的基石。食品工作者不仅需要较高的专业水准，更要有高尚的思想觉悟和职业道德。

课程思政最困难的是将专业教学与思政要素有机融合和统一，这就需要合适的载体和媒介，要真正做到润物细无声，不仅要求教师业务能力要强，而且要发自内心地相信这些思政要素对专业课教学具有潜移默化的促进作用，教师不信、不认可、不接受的思想是不可能传输给学生的，即使强硬传输也可能偏离了原本的方向。为避免专业课程思政可能存在的专业和思政"两张皮"、牵强附会的问题，还要从以下两个方面进行深入思考：

第一，教师自身培训提高要与课程思政开发和深化同步。课程思政要求广博，专业课教师倾向于专深，这是课程思政建设面临的最大难题。就我们食品系教师而言，教工中党员是少数，其他非党员教工也应进行课程思政。思政是为了更好地育人，任何课程都可以在传授知识的同时达到更好育人的效果，这需要党员教师和非党员教师一起深入挖掘统一思想并发自内心地传授。课程思政金课的打造更需要金牌教师，教师与课程也应该同步成长，因此教师自身培训提高是必不可少的。

第二，营养学课程的思政转化需要深入挖掘合适的载体项目。营养要落地，要真正服务于"人"这个主体，而不是仅仅停留在学习、宣教层面，所以我们需要广泛并深入地挖掘合适的载体项目，如亚健康人群的食养调理。健康是个整体的概念，就人体而言，要人体全部机能正常才算健康，而不是头痛医头、脚痛医脚，如果以师生中的典型个案为调理对象、以身边人的调理效果说话，让大家目睹营养科学所带来的改变，科学精神的培育一定会深入人心。但这个调理对象怎么确定？开销如何？配合度如何？时间会不会超过我们的课程教学学时？超过学时以外的工作怎么开展和保证？这些都是需要深入思考的。

执笔人：张艳贞

生物化学课程思政教学案例

一、课程基本信息

课程性质：专业必修课

学分：3 　　学时：48

授课对象：食品类专业学生

二、授课教师基本情况

高丽萍，教授，博士，主要从事生物化学与分子生物学、食品酶学的教学及研究工作，特别致力于中药、食品中化学物、生物活性物质对机体的生化作用及其机理研究，近年来，在国内外核心刊物上发表学术论文 50 余篇，其中被 SCI 收录 15 篇，主编、参编《大学通用生命科学实验教程——生物技术专业》《基础医学问答》多部著作，完成北京市自然基金、省科委科技攻关项目等多项课题，曾多次获得省、市卫生厅科技进步奖，校级教学成果奖。

三、课程内容简介

生物化学研究生物体中生物分子运动的化学本质，研究活细胞内各种物质的化学组成及其分解与合成的普遍规律。本课程内容包括：构成生物体的主要化合物蛋白质、核酸、维生素等的化学组成、结构、性质和功能；糖类、脂类、氨基酸、核苷酸的分解与合成代谢；电子传递过程和氧化磷酸化作用；DNA 复制、核糖核酸（RNA）与蛋白质的生物合成等。通过本课程的学习，学生能够掌握生物化学的基础理论、基本知识、研究方法和手段，能够运用所学的生物化学知识分析和解决食品科学、生命科学、医学、农业等实践中提出的生物化学问题。

四、课程思政教学目标

第一，民族自豪感和文化自信目标。融入中华传统文化，激励学生的爱国情感和文化自信；通过学习我国科研工作者在生物化学领域的一系列科研成果，从而激发学生的创新精神和树立学好各门课程以服务社会、报效祖国的志气。

第二，爱岗敬业的社会主义核心价值观育德目标。通过学习凯氏定氮法检测蛋白制品的蛋白质含量原理，使学生们认识到掌握科学技术的人必须具有良好的法律道德意识和科学文化素养，先进的科学技术才能成为推动人类社会进步的动力，反之，则会成为社会前进的阻碍。增强学生的法治观念、社会责任意识和食品安全意识等。使学生们更深刻认识到个人诚信和爱岗敬业会促进社会公正、法治等方面的进步，从而进一步推动国家富强、和谐地发展。

第三，创新精神目标。通过学习我国生物化学和营养学奠基人吴宪教授领导的北京协和医学院生化系科研硕果蜚声世界，让学生去体会"有条件要上，没有条件创造条件也要上"的爱岗敬业的实干精神。培养学生敢于创新、勇于实践、不断探索的精神。

第四，矛盾的对立统一性目标。通过学习酶的活性与含量的调节，前者包括激活与抑制，后者包括诱导和阻遏，就化学本质而言，不同调节过程最终导致截然相反的效应，从而体现了矛盾的对立性。而就整个生物体而言，二者只有相辅相成才能执行正常的功能，体现了矛盾的统一性。

五、课程思政融入设计

元素 1：创新精神

讲授"生物化学发展简史"部分内容时，通过介绍我国生物化学和营养学奠基人吴宪教授领导的北京协和医学院生化系科研硕果蜚声世界，让学生去体会"有条件要上，没有条件创造条件也要上"的爱岗敬业的实干精神。培养学生敢于创新、勇于实践、不断探索的精神。

元素 2：文化自信

在讲授"生物化学发展历史"部分内容中，通过向学生阐述 1965 年我国在世界领域首次人工合成结晶牛胰岛素、1999 年我国作为唯一的发展中国家参与了人类基因组计划，并成功完成了 3 号染色体上大约 3000 万个碱基对的测序任务等内容，使学生了解我国的文化，学习先辈精神，从而培养热爱祖国的深厚感情，增强民族意识，增强学生的民族自豪感和文化自信。

元素3：科技是把双刃剑

在讲授"蛋白质的分子组成"时，可以采用凯氏定氮法检测蛋白制品的蛋白质含量。有一些不法之徒将含氮量高但对婴幼儿生长发育具有毒性的三聚氰胺掺入婴儿奶粉，导致婴儿发育异常，出现"大头娃娃"的悲剧，这是一个恶性的社会事件。借此案例，引导学生在掌握相关专业知识点的同时，探究这些不法之徒的心理——为了自身的物质利益，而枉顾他人的利益、健康、生命，对于这种错误的思想、错误的世界观、人生观、价值观，违法的行为给予谴责。进一步增强学生的法治观念，帮助学生形成社会责任意识和食品安全意识等。告诉学生个人诚信和敬业会促进社会公正、法治等方面的进步，从而进一步推动国家富强、和谐地发展。让学生明白科技可能是把双刃剑，一定要具有高度的社会责任感才会使科技服务于人类、改善人类生活。

元素4：矛盾的对立统一性

在讲授"酶的活性与含量的调节"时，前者包括激活与抑制，后者包括诱导和阻遏，就化学本质而言，不同调节过程最终导致截然相反的效应，从而体现了矛盾的对立性。而就整个生物体而言，二者只有相辅相成才能执行正常的功能，体现了矛盾的统一性。因此，在生物化学教学中适时地引入唯物辩证法的观点，不仅有利于学生对生物化学知识的理解，还有利于培养学生树立科学的世界观。

元素5：正确的人生观

在讲授"酶"这一章内容时，通过向学生介绍最初发现的酶都是蛋白质，后来美国科学家发现了核酶，这对所有酶都是蛋白质的传统观念提出了挑战，告诉同学们人对世界的认识是不断发展进步的，肯定和否定有时候是互相转换的，教育学生不要把眼光局限在自己研究的领域内，科学的发展向来是博采众长、包容并进的，只有广泛地吸收不同领域的成果并消化吸收，才有可能取得大的科研发现。在讲解理论课程的同时帮助学生树立正确的人生观。

六、典型教学案例

案例1

1. 知识点

生物化学发展简史。

2. 思政目标

通过学习我国科研工作者在生物化学领域的一系列科研成果，从而激发学生的创新精神和树立学好各门课程以服务社会、报效祖国的志气。激励学生的爱国情感和文化自信。

3. 教学过程

在讲授生物化学发展简史部分内容之前，要求学生课下查阅我国科学家在生物化学领域重大发现/突破/成就，思考生物化学知识对生命科学和食品科学研究领域的支撑作用，总结出自己的看法和见解。

生物化学成为一门独立的学科，经历了100多年的发展历程，但我国古人对它的认识更早，如夏禹时期就用"曲"酿酒、孙思邈用猪肝治疗雀目、北宋记载的"秋石阴炼法"实际上就是提取性激素等。我国生物化学和营养学奠基人吴宪教授领导北京协和医学院生化系科研人员取得的科研硕果蜚声世界。他提出蛋白质变性学说，认为天然蛋白质分子不是一条长的直链而是一个紧密的结构，这种结构是借肽键之外的其他键，将肽链的不同部分连接而形成的，所以容易被物理及化学的力所破坏，即从有序的折叠排列形式变成不规则及松散的形式，这个学说对于研究蛋白质大分子的高级结构有重要价值；他提出的血液系统分析法，能制备出无蛋白质的血液，使血液中重要成分，如氨基酸、肌酸、肌酸酐、尿素以及血糖、乳酸等得以测定出来；他独自完成了血糖定量分析的改进方法，此方法用血量少、操作简便、数据准确，大大优于当时常规的本尼迪克特法，后来学术界认为，如果没有吴宪改进的血糖测定法，胰岛素的发现会大受阻碍。1965 年，我国在世界领域首次人工合成结晶牛胰岛素。1982 年我国又在世界上首次合成具有与天然转运核糖核酸相同化学结构和生物活性的酵母丙氨酸转运核糖核酸，1999 年我国作为唯一的发展中国家参与了人类基因组计划，并成功完成了 3 号染色体上大约3000 万个碱基对的测序任务，等等。

通过学生提前预习、课上提问，讨论总结出我国科研工作者在生物化学领域的重大发现/突破/成就，使学生了解我国古老灿烂的文化，学习先辈精神，从而培养热爱祖国的深厚感情，增强民族意识，增强学生的民族自豪感和文化自信。

4. 学习资源

①周爱儒主编：《生物化学》（第五版），人民卫生出版社 2002 年版；

②杨荣武主编：《生物化学原理》（第2版），高等教育出版社2012年版。

案例2

1. 知识点

凯氏定氮法检测蛋白制品的蛋白质含量。

2. 思政目标

通过学习凯氏定氮法检测蛋白制品的蛋白质含量原理，使学生们认识到掌握科学技术的人必须具有良好的法律道德意识和科学文化素养，先进的科学技术才能成为推动人类社会进步的动力，反之，则会成为社会前进的阻碍，增强学生的法治观念、社会责任意识和食品安全意识等。使学生们更深刻认识到个人诚信和爱岗敬业会促进社会公正、法治等方面的进步，从而进一步推动国家富强、和谐地发展。

3. 教学过程

在讲授蛋白质的分子组成——凯氏定氮法检测蛋白制品的蛋白质含量内容之前，要求学生课下查阅凯氏定氮法测定蛋白质的原理。三聚氰胺奶粉事件原因是什么？为什么向奶粉中添加三聚氰胺？为什么会出现"大头娃娃"？

课堂上通过提问，讨论凯氏定氮法测定蛋白质的原理、三聚氰胺奶粉事件原因，引导出凯氏定氮法测定蛋白质的优点、缺点。因为食品和饲料工业蛋白质含量测试方法的缺陷，三聚氰胺常被不法商人用作食品添加剂，以提升食品检测中的蛋白质含量指标，从而使劣质食品通过食品检验机构的测试，这也是三聚氰胺奶粉事件产生的原因。通过提问，讨论为什么能向奶粉中添加三聚氰胺，引导出三聚氰胺作为一种白色结晶粉末，没有什么气味，所以掺杂后不易被发现。但三聚氰胺属于化工原料，是不允许添加到食品中的，三聚氰胺被摄入生物体后，因为胃酸的作用，三聚氰胺和三聚氰酸相互解离，并分别通过小肠进入血液循环，最终进入肾脏，在肾细胞中两者再次结合沉积，从而形成肾结石，堵塞肾小管，最终造成肾衰竭。动物长期摄入三聚氰胺会造成生殖、泌尿系统的损害，膀胱、肾部结石，并可进一步诱发膀胱癌。不法之徒将含氮量高、对婴幼儿生长发育具有毒性的三聚氰胺掺入婴儿奶粉，导致婴儿发育异常，出现"大头娃娃"的悲剧，这是一个恶性的社会事件。三聚氰胺奶粉事件也说明掌握科学技术的人必须具有良好的法律道德意识和科学文化素养，先进的科学技术才能成为推动人类社会进步的动力，反之，则会成为社会前进的阻碍。借此案例，加深学生的印象，激发学习兴趣，引导学生在掌握相关专业知识点的同时，探究这些不法之徒的心理——为了自身的物质利益，而枉顾他人的利益、健康、生命，对于这种错误的思想、错误的世界观、人生观、价值观，违法的行为给予谴责。进一步增强学生的法治观念，帮助学生形成社会责任意识和食品安全意识等。告诉学生个人诚信和敬业会促进社会公正、法治等方面的进步，从而进一步推动国家富强、和谐地发展。

4. 学习资源

①周爱儒主编：《生物化学》（第五版），人民卫生出版社 2002 年版；

②张峰、蔡云飞主编：《食品生物化学》，中国轻工业出版社 2012 年版。

七、教学反思

新时代背景下，高等院校的思政教育不仅是思政课教师以及辅导员的职责，也是每一位任课教师的职责。作为食品质量与安全专业的授课教师，又肩负着培养具有社会人文精神素质的食品行业工作者的重任。此外，在新的就业形势下，我们应该培养具备正确、健康、乐观的世界观、人生观和价值观，热爱祖国、拥护祖国、具有优秀职业素养和较强职业技能的专业人才，这才是我们的核心竞争力。本学年生物化学课程注重通过思政内容与课程内容相结合，取得了良好的教学效果。思政的实施提高了学生的学习兴趣，引导学生关注社会热点问题以及帮助学生树立良好的人生观、价值观起到了积极的作用。下一步笔者计划进一步挖掘生物化学课程中所蕴含的思想政治因素，挖掘培养爱国主义的相关教学内容，挖掘社会主义道德建设的相关内容。

执笔人：高丽萍

食品安全与质量控制课程思政教学案例

一、课程基本信息

课程性质：专业必修课

学分：1　　学时：16

授课对象：食品质量与安全专业本科三年级学生

二、授课教师基本情况

李祖明，教授，博士，硕导，美国普渡大学和伊利诺伊大学高访学者，长期致力于肠道菌群与健康、功能食品和食品安全领域研究，主持或参与国家留学基金委访问学者项目、国家科技部"十二五"国家科技支撑计划项目、北京市自然科学基金资助项目等 20 余项，在《应用微生物与生物技术》（*Applied Microbiology and Biotechnology*）、《国际食品科学与技术杂志》（*International Journal of Food Science and Technology*）、《应用生物化学生物技术》（*Appl Biochem Biotechnol*）等发表 SCI、EI 论文 20 余篇，授权国家发明专利 7 项，出版学术专著 1 部，主讲本科食品分析、食品工艺学、食品安全与质量控制等课程。

三、课程内容简介

食品安全已成为从食品原料生产、加工到流通整个食品供应链中的一个关键因素。食品安全问题是当前全球所面临的共同挑战，是国内外普遍关注的热门话题。食品安全与质量控制是食品质量与安全专业一门重要的必修课程，介绍食品从原料生产、加工到流通整个食品供应链中的安全与质量问题及控制技术和措施，最大程度上保护消费者健康，维护社会稳定。学生在学习完本课程以后，能够建立起"从农田到餐桌"食品安全与质量的全程控制理念，了解国内外食品安全与质量控制现状，熟悉食品安全与质量控制的基本方法和基本技术，掌握现代食品企业在原料生产、加工到流通整个食品供应链中的安全问题以及控制技术和措施，使学生具备食品安全与质量控制的能力。

四、课程思政教学目标

第一，树立食品安全责任意识。食品安全关系到每个公民的生命健康，关系到国计民生，已经成为从食品原料生产、加工到流通整个食品供应链中的一个关键因素。食品安全责任重于泰山。作为未来的食品行业技术、研发和经营管理人员，需要始终将食品安全责任铭记于心、扛在肩上，确保所从事工作的安全。

第二，爱岗敬业、诚实守信的职业道德和知行结合的理念。爱岗敬业、诚实守信是未来学生走向社会后必备的职业道德素质，诚实守信是整个食品行业确保产品质量和食品安全所必备的职业操守。践行知行结合的理念才能将树立的食品安全责任意识落实，确保食品的质量与安全。

五、课程思政融入设计

元素1：民以食为天，食以安为先

在食品安全与质量控制的各个章节和教学环节，从不同角度和方面分别介绍食品安全问题产生的原因、影响因素和防控措施，可通过具体案例说明大学生毕业后从事食品行业工作时，在食品生产、加工、流通的每个环节都需要明确食品安全责任，树立食品安全责任意识。

元素2：诚以养德，信以立身

凡事预则立，不预则废。预防在先，掌握如何预防可能存在的食品安全隐患，对可能存在的食品安全和质量问题，需要实事求是地对危害因素和关键控制点进行客观和科学地分析，切实采取有效措施确保食品安全与质量，维护人们的身体健康。引导学生树立爱岗敬业、诚实守信的职业道德，确保食品质量与安全。

元素3：知行结合，学以致用

专业课是向学生传授专业基础知识、理论和技能的中心环节，也是进行专业课课程思政教育的重要环节。学生树立起食品安全责任意识后，需要努力学习并掌握食品安全问题产生的原因、影响因素和防控措施，为未来实际工作中践行知行结合和学以致用打下坚实基础，树立知行结合和学以致用的理念，实干兴邦，为国家的安全、人们的健康和中华民族的伟大复兴做出贡献。

六、典型教学案例

案例 1 粮食及其制品的化学危害分析

1. 知识点

粮食及其制品的化学危害。

2. 思政目标

在本教学案例中，引导学生采用危害分析的关键控制点（HACCP）原理分析粮食及其制品的安全性问题，体会到理论联系实际、知行结合和学以致用的乐趣。通过分析粮食及其制品危害在粮食贮运加工各个环节产生的原因，让学生切身体会到只有实事求是地对粮食及其制品的危害因素进行客观和科学地分析，才能找到粮食及其制品的安全性问题，从而激发学生树立爱岗敬业、诚实守信的职业道德以及知行结合和学以致用的理念，将食品安全责任意识落实，实干兴邦，为国家的安全、人们的健康和中华民族的伟大复兴做出贡献。

3. 教学过程

导入视频，介绍每年我国粮食因贮运和加工不当导致损失高达 700 亿斤，引起学生学习的兴趣，激发学生的食品安全责任意识，引导学生采用 HACCP 原理分析造成每年我国粮食因贮运和加工不当导致损失惊人的原因。

粮食及其制品的化学危害分析：为了我国粮食的安全保障，以袁隆平院士为代表的中国科学家毕生致力于提高我国粮食产量，袁隆平院士致力于杂交水稻，逐步提高了水稻的产量，但是每年我国粮食因贮运和加工不当导致损失高达 700 亿斤，激发学生采用 HACCP 原理分析粮食原料贮运的安全性问题。

在进行危害分析时务必坚持实事求是的科学态度，才能真正找出危害粮食及其制品安全的因素，才能进一步采取有效措施来预防其安全问题的发生、确保产品质量与安全和人们身体健康。危害粮食及其制品安全的因素包括：①农药残留。潜在的安全风险非常高，主要有：有机氯农药、有机磷农药、氨基甲酸酯类农药、拟除虫菊酯类农药。②工业有害物质。常见污染途径：大气污染、工业废水污染、土壤污染、滥用食品添加剂的污染、容器和包装材料的污染和生产加工、运输过程的污染。实例：2011 年曝光的大米被土壤中镉污染。不法分子将吊白块、次氯酸钙、荧光粉等工业用氧化剂、漂白剂用于面粉和面制品生产，工业用矿物油用于陈米的抛光。③不正确使用食品添加剂。正因食品添加剂应用的普遍性和各种非常复杂的原因，人为滥用食品添加剂在中国较为普遍，并引发了诸多食品安全事件，成为公众最担心的食品安全问题之一。实例：彩色馒头事件。不法分子滥用或不正确使用食品添加剂，带来了食品安全问题，给人们的身体健康造成了危害。同学们在未来的工作中，务必诚以养德、信以立身、爱岗敬业，逐步使我国食品行业成为老百姓值得信任的产业，我国食品人也会随着我国食品行业的健康发展而实现自己的理想。

案例 2 食品存在的安全问题与国内外食品安全现状

1. 知识点

食品存在的安全问题与国内外食品安全现状。

2. 思政目标

在学习食品存在的安全问题与国内外食品安全现状过程中，让学生领悟食品安全关系到每个公民的生命健康，关系到国计民生，已经成为从食品原料生产、加工到流通整个食品供应链中的一个关键因素。食品安全责任重于泰山，需要牢固树立起食品安全责任意识。作为未来的食品行业技术、研发和经营管理人员，需要始终将食品安全责任铭记于心、扛在肩上，确保所从事工作的食品质量与安全。

3. 教学过程

首先，介绍食品安全与食品存在的安全问题。导入视频。介绍三聚氰胺食品安全事件，激发学生积极学习本课程的兴趣，树立食品安全责任意识，努力学好课程知识，全面提升自主学习和工作能力，为确保我国食品的质量与安全以及人们的身体健康做出贡献。① 食品安全。食品安全指食品无毒、无害，符合应当有的营养要求，对人体健康不造成任何急性、亚急性或者慢性危害。②食品存在的安全问题。包括：食源性疾病，农药、兽药和鱼药的残留，工业污染，滥用添加剂，违法生产劣质食品。

其次，介绍国际食品安全现状。引出"疯牛病"事件的视频。食品安全问题是世界性问题，要牢固树立食品安全责任意识，认真学好该课程，掌握食品可能存在的安全问题，并设法采取有效措施加以预防，保证食品质量与安全，保障人们身体健康。

日益凸显的食品安全问题：二噁英事件等。

各国采取的措施：技术措施、管理措施，如可持续发展思想与可持续农业、"绿色行动"与有机食品。

最后，介绍国内食品安全现状。

我国食品安全问题：发生高频化、危害程度加深化、主体知名化、制毒制劣手段多样化等。

我国食品安全问题原因：农业落后、诚信缺失、供应链体系过长和过分复杂、认识不足、监管效率较低、配套法规和标准滞后。

我国保障食品安全的措施：发展无公害农产品、绿色食品与有机食品，建立食品质量安全市场准入制度，加强食品安全标准体系建设，实施食品安全追溯。

我国食品安全形式仍然十分严峻。食品安全已成为从食品原料、加工到流通整个食品供应链中的一个关键因素。学生应牢固树立起食品安全责任意识，需要努力学习并掌握食品安全问题产生的原因、影响因素和防控措施，为未来实际工作践行知行结合和学以致用打下坚实基础。同时树立学生爱岗敬业、诚实守信的职业道德，为国家的安全、人们的健康和中华民族的伟大复兴做出贡献。

七、教学反思

食品安全问题是当前全球所面临的共同挑战。食品安全与质量控制作为食品质量与安全专业一门重要的必修课程，学生通过这门课程不仅掌握了现代食品企业在原料生产、加工到流通整个食品供应链中的安全问题以及控制技术和措施，也使学生具备了食品安全与质量控制的能力和良好的专业素质，而且教导学生要具备良好的思想品德，树立良好的食品安全责任意识，树立爱岗敬业、诚实守信的职业道德，树立知行结合和学以致用的理念，使学生具备良好的综合素质，成为高素质应用型人才。在该课程开展课程思政的过程中，为避免专业教育和课程思政"两张皮"现象，笔者努力做到将课程思政和专业教育融为一体，达到润物细无声的效果。通过介绍同学们身边、国内和国外食品领域存在的食品安全问题，引导学生树立良好的食品安全责任意识，通过专业知识的学习和掌握，提高学生的工作能力，引导学生知行结合、学以致用以及爱岗敬业、诚实守信的职业道德，让学生深深体会到食品行业的发展、食品安全和人们身体健康是全体食品人的责任，任何一个人的疏忽或错误可能导致食品行业的信誉乃至发展受损。如何在有限的时间内既要把课程专业知识传授给学生，又要激发学生树立良好的食品安全责任意识和爱岗敬业、诚实守信的职业道德精神以及知行结合、学以致用的理念，始终是个不断发展的过程。

执笔人：李祖明

食品酶学课程思政教学案例

一、课程基本信息

课程性质：专业选修课

学分：2　　学时：32

授课对象：专升本生物技术专业学生

二、授课教师基本情况

高丽萍，教授，博士，主要从事生物化学与分子生物学、食品酶学的教学及研究工作，特别致力于中药、食品中化学物、生物活性物质对机体的生化作用及其机理研究，近年来，在国内外核心刊物上发表学术论文 50 余篇，其中被 SCI 收录 15 篇，主编、参编《大学通用生命科学实验教程——生物技术专业》《基础医学问答》多部著作，完成北京市自然基金、省科委科技攻关项目等多项课题，曾多次获得省、市卫生厅科技进步奖，校级教学成果奖。

三、课程内容简介

食品酶学是为专升本生物技术专业开设的一门选修课程。本课程主要内容包括食品级酶的性质、作用规律、酶的结构和作用原理、酶的生物学功能以及酶的应用等。通过学习本课程，可使学生掌握食品酶的基本知识，了解食品酶性质、分类、分布、特点、作用机理及其在食品贮藏、加工中的应用，并使学生具备能够根据食品特性、加工过程特点以及酶的特性，在生产实践中对酶进行合理筛选以及对食品生产与加工过程中涉及的酶学问题进行独立思考和解决的能力。

四、课程思政教学目标

第一，民族自豪感和文化自信目标。融入中华传统文化，激励学生的爱国情感和文化自信；通过学习我国科研工作者在食品酶学领域的一系列科研成果，从而激发学生的创新精神和树立学好各门课程以服务社会、报效祖国的志气。

第二，爱岗敬业、诚实守信的职业道德目标。通过学习酶的竞争性抑制作用应用，引导学生们了解到抗生素滥用引发的药物残留、食品安全和环境污染等问题，增强学生的法治观念、社会责任意识、环保意识和食品安全意识等。使学生们更深刻认识到个人诚信和爱岗敬业会促进社会公正、法治等方面的进步，从而进一步推动国家富强、和谐地发展。

第三，创新精神目标。通过学习我国科研工作者在 20 世纪 70 年代末成功地采用淀粉酶和糖化酶"双酶法"代替酸法从淀粉水解生产葡萄糖，彻底革除了原来葡萄糖生产中需要高温高压的酸水解工艺，该方法反应条件较温和，因此不需耐高温、耐高压、耐酸的设备。同时，酶在反应过程中也不产生腐蚀性物质，对设备要求低，也改善了劳动卫生条件。培养学生敢于创新、勇于实践、不断探索的精神。

第四，科学兴趣目标。科学问题从生活中提出，科学技术又服务于生活。从生活的角度出发，揭开科技活动背后的人文情怀，有助于激发学生的科学兴趣。

五、课程思政融入设计

元素 1：创新精神

在讲授食品酶学发展历史部分内容中，通过向学生讲授我国科研工作者在 20 世纪 70 年代末成功地采用淀粉酶和糖化酶"双酶法"代替酸法从淀粉水解生产葡萄糖，彻底革除了原来葡萄糖生产中需要高温高压的酸水解工艺，该方法反应条件较温和，因此不需耐高温、耐高压、耐酸的设备。同时，酶在反应过程中也不产生腐蚀性物质，对设备要求低，也改善了劳动卫生条件。培养学生敢于创新、勇于实践、不断探索的精神。

元素 2：民族自豪感

在讲授酯酶部分内容中，通过向学生讲授比亚酶是我国国家高技术研究发展计划（以下简称"863 计划"）的重大生物工程专项成果，是我国处于国际领先水平的生物酶农药降解技术，是国内市场上唯一可以真正解决蔬菜水果农药残留问题的产品知识点，有的放矢地对学生进行中华传统优秀文化方面的教育，增强学生的民族自豪感和文化自信。

元素3：科学兴趣

在讲授酯酶部分内容中，通过向学生讲授鞣花酸具有抗癌/抗突变性能、抗氧化作用，在美国抗癌物质排行榜上名列第二，其传统生产方法是以五倍子中单宁为原料，采用氧化法，生产出来的产品纯度低，外观为灰色。而北京化工大学袁其朋教授团队巧妙采用酶转化途径，通过对石榴皮中单宁结构分析、转化菌种选育——黑曲霉发酵条件及酶诱导条件优化，确定了酶法生产鞣花酸工艺，该方法降低了成本，提高了纯度，是目前生产鞣花酸的主要方法。因此科学问题是从生活中提出的，科学技术又服务于生活。从生活的角度出发，揭开科技活动背后的人文情怀，有助于激发学生的科学兴趣。

元素4：比较法

在讲授酯酶部分内容中，向学生讲授目前公认的蔬菜中防癌和抗癌效果最好的天然产物之一的莱菔硫烷的生产来源，莱菔硫烷传统的生产方法是以萝卜硫素为原料，在黑芥子酶作用下转化为莱菔硫烷，但青花菜种子中，萝卜硫素含量很低，且青花菜种子产量低、价格昂贵。北京化工大学袁其朋教授团队采用酶转化途径设计，通过对莱菔子萝卜硫素与青花菜种子中萝卜硫素结构进行比较，确定了莱菔子萝卜硫素转化为青花菜种子中萝卜硫素的酶，通过加酶以莱菔子为原料生产莱菔硫烷，成本降低了约80%，该方法是目前生产莱菔硫烷的主要方法。因此，运用比较法对各种现象进行分析和对照，归纳其异同、分析其成因、概括其规律、揭示其本质，有利于培养学生的思维能力。

元素5：爱岗敬业、诚实守信

在讲授酶催化反应动力学的酶的竞争性抑制作用基础理论的时候，通过理论讲解和案例分析等方式，使学生了解畜牧病害药物治疗多借鉴酶竞争性抑制的基础理论和规律，以及目前有些地方畜禽用药被盲目地应用于畜禽病害的防治当中的现状，使学生们认识到抗生素滥用引发的药物残留、食品安全和环境污染问题正日益凸现。进一步增强学生的法治观念，帮助学生形成社会责任意识、环保意识和食品安全意识等。告诉学生个人诚信和敬业会促进社会公正、法治等方面的进步，从而进一步推动国家富强、和谐地发展。

六、典型教学案例

案例1 民族自豪感和文化自信

1. 知识点

酯酶的应用。

2. 思政目标

通过学习我国科研工作者在食品酶学领域的一系列科研成果，从而激发学生的创新精神和树立学好各门课程以服务社会、报效祖国的志气。激励学生的爱国情感和文化自信。

3. 教学过程

在讲授酯酶的应用部分内容之前，要求学生课下根据前面章节讲授的酯酶的分类、酯酶的作用机理知识点，查阅比亚酶的基本情况、比亚酶和同类产品相比的优越性。

课上通过提问、讨论的方式引导学生总结出比亚酶的基本情况。比亚酶是我国 863 计划的重大生物工程专项成果，是我国处于国际领先水平的生物酶农药降解技术，于 2006 年 3 月 14 日通过国家级鉴定，确定为"自主知识产权、国家专利、世界领先"。北京森根比亚生物工程技术有限公司购买了该项技术专利，使其从实验室转化为工业化生产。比亚酶和同类产品相比的优越性在于，比亚酶是 OPH 级的有机磷降解酶，涵盖了美国 OPA 级，成本更低，反应效果更好，服务范围广且无腐蚀性，是国内市场上唯一可以真正解决蔬菜水果农药残留问题的产品。如果用化学洗涤剂来降解农药，效果则完全不同，因为化学洗涤剂用的是表面活性剂，这样给大家的感觉是去油的效果很好，以为已经洗干净了，其实不然，它里面仍含有农药的残留物，而比亚酶本身就是一个大蛋白，无毒、无污染、无腐蚀，它是用催化的方法来达到降解效果的，只是将原来不溶水的有机磷切成无毒小分子让它能够溶于水，这是与市场上各种化学洗涤剂的最大差别。比亚酶酶活高且稳定，其表达量达到每升 6 克，超过了美国的每升 2.8 克，是国内外报道的有机磷降解酶表达量最高的。此外，比亚酶对沙林、梭曼等 G 类以及 V 类神经性有机磷毒气可以达到较高的降解效率，还可对过期的神经性毒气进行脱毒处理，效果远远超过美国同类产品，可用于实战军事反恐及消防抢险。比亚酶能把不溶于水的大分子剧毒物质分解成溶于水的小分子无毒物质，即使把所有农药混在一块，其综合降解率也可达到 70%，对单种农药的降解率更高，可接近 100%。

通过学生课下预习、课上提问讨论总结出我国科研工作者在比亚酶研究方面的贡献，有的放矢地对学生进行中华传统优秀文化方面的教育，增强学生的民族自豪感和文化自信。

4. 学习资源

①刘欣主编：《食品酶学》，中国轻工业出版社 2006 年版；

②何国庆、丁立孝主编：《食品酶学》，化学工业出版社 2006 年版。

案例 2 爱岗敬业、诚实守信

1. 知识点

酶的竞争性抑制作用及应用。

2. 思政目标

通过学习酶的竞争性抑制作用应用，引导学生们了解到抗生素滥用引发的药物残留、食品安全和环境污染等问题，增强学生的法治观念、社会责任意识、环保意识和食品安全意识等。使学生们更深刻认识到个人诚信和爱岗敬业会促进社会公正、法治等方面的进步，从而进一步推动国家富强、和谐地发展。

3. 教学过程

在讲授酶的竞争性抑制作用部分内容之前，要求学生课下查阅人感冒发烧后为什么要用消炎药、畜牧病害药物治疗多采用什么方法、兽用抗生素的使用规定、现状、畜禽用药被盲目地应用于畜禽病害的防治当中会产生什么后果。

课堂上通过提问，讨论人感冒发烧后为什么要用消炎药，如使用磺胺药的原因引出酶的竞争性抑制作用的机理，进一步使学生了解畜牧病害药物治疗多借鉴酶竞争性抑制的基础理论和规律。通过提问，讨论兽用抗生素的使用情况，引出复旦大学公共卫生学院青年研究人员王和兴课题组在 2013 年上海 586 名儿童的尿液中检测出了 21 种抗生素。根据近几年国家食品药品监督管理总局公布的食品抽检结果，不合格的肉类及其制品里，问题都是抗生素超标，涉及磺胺、土霉素、氟苯尼考及沙拉沙星等 6 种抗生素。对国家及地方食药监部门的食品抽检信息进行梳理，经不完全统计，检出抗生素超标或使用违禁抗生素的食品达上百批次，数量从大到小依次涉及鱼类及水产品、禽类、蜂蜜、肉制品、鲜鸡蛋。鱼类及水产品最多，问题集中在呋喃唑酮代谢物、氯霉素、呋喃西林代谢物、恩诺沙星、环丙沙星、土霉素、呋喃它酮代谢物、喹乙醇抗生素，对于多达 8 种的现状，目前对兽用抗生素的使用规定是，只有禽畜发病时才可使用，不发病不得使用。但一些养殖户由于养殖密度大、卫生条件不好等常备抗生素，类似于"保健药"使用，在饲料中添加的抗生素种类繁多，人用抗生素也同样用于养殖。结果一方面，禽畜在养殖中由于抗生素的滥用可能有残留，进而通过食物链进入人体；另一方面，含抗生素的禽畜粪便通过施肥，进入土壤，也可能被植物吸收最终进入人体。

通过提问、讨论，使学生们认识到抗生素滥用引发的药物残留、食品安全和环境污染问题正日益凸现。进一步增强学生的法治观念，帮助学生形成社会责任意识、环保意识和食品安全意识等。告诉学生个人诚信和敬业会促进社会公正、法治等方面的进步，从而进一步推动国家富强、和谐地发展。

4. 学习资源

①刘欣主编：《食品酶学》，中国轻工业出版社 2006 年版；

②何国庆、丁立孝主编：《食品酶学》，化学工业出版社 2006 年版。

七、教学反思

食品酶学课程思政的建设具有重大的意义，有助于培养学生的文化素养以及爱国主义情感，有助于培养学生良好的行为习惯和道德品质，使学生在学习理论知识的同时掌握辩证思维中的对立统一规律。在讲授过程中教师注意言传身教，做良好的学术道德榜样，用自己的行为去正面影响学生。本学期食品酶学课程注重通过思政内容与课程内容相结合，取得了良好的教学效果。思政的实施提高了学生的学习兴趣，对引导学生关注社会热点问题以及帮助学生树立良好的人生观、价值观起到了积极的作用。在食品酶学课程思政的实施过程中还存在一些问题，如由于时间紧，笔者感觉食品酶学课程思政内容偏少，下一步计划进一步挖掘自然栽培中所蕴含的思想政治因素，挖掘培养爱国主义的相关教学内容，挖掘社会主义道德建设的相关内容。

执笔人：高丽萍

无机及分析化学课程思政教学案例

一、课程基本信息

课程性质：学科大类必修课

学分：2　　学时：32

授课对象：食品科学系大学一年级学生

二、授课教师基本情况

秦菲，女，北京联合大学食品科学系副教授，博士，毕业于中国科学院生态环境研究中心，长期从事无机及分析化学、无机及分析化学实验、仪器分析实验、食品分析、食品理化检测实验等课程的教学工作，有丰富的教学经验。

三、课程内容简介

无机及分析化学是食品科学与工程、食品质量与安全专业学生入校后学习的第一门基础类化学课程。主要教学内容有：化学计量、误差和数据处理、化学反应的一般原理、物质结构、酸碱平衡与酸碱滴定法、沉淀平衡与沉淀滴定法、配位化合物与配位滴定法、氧化还原反应与氧化还原滴定法。通过本课程的学习，使学生系统掌握基本概念、原理和计算，初步具有查阅资料、选择分析方法并正确判断和表达分析结果的能力、运用化学观点和化学知识分析和解决问题的能力。同时培养学生的科学思维能力和自学能力。为后续相关课程及将来从事相应的专业工作打下坚实的化学基础。

四、课程思政教学目标

引导学生体会化学知识中蕴含的辩证唯物主义思想，通过质子酸与碱、氧化与还原、沉淀与溶解、配合与解离等基本概念的学习，理解对立统一关系；通过元素周期表、滴定突跃、沉淀生成与溶解等的学习，深刻体会量变到质变的过程；通过原子理论发展历程的学习，深刻理解否定之否定规律，引导学生形成正确的人生观、价值观和方法论。

融入化学史中中国科学家在化学领域的成就，激发学生的民族自豪感，深植家国情怀于学生心中。通过科学家爱国、敬业、严谨求实等精神引导学生更好地践行社会主义核心价值观。

通过化学在生命领域中的应用、化学元素与生命体、血红素、叶绿素等生命体系中的金属螯合物、人体的缓冲系统等，引导学生从化学的视角了解生命、正确认识和对待生命。

五、课程思政融入设计

元素1：爱国、敬业等社会主义核心价值观

在元素周期表的讲述中，布置作业：寻找与国家名称有关的元素名称。通过元素命名背后的故事，让学生深刻体会发现这些化学元素的科学家们把对祖国的热爱倾注到化学元素名称上的赤子之心，培养学生热爱祖国、忠于祖国、甘于为祖国献身的情操。讲述氟元素的制取历程中，通过著名化学家舍勒、戴维、拉瓦锡、莫瓦桑不畏艰险，在科学探索过程中展现出兢兢业业、至死方休的敬业精神和为科学献身的精神，让学生了解每一项科学发现和技术进步都离不开这些伟大科学家们的敬业精神，鼓励学生走上工作岗位后刻苦钻研业务、认真学习技能、勤奋工作，为实现中华民族的伟大复兴而奋斗。

元素2：辩证唯物主义思想——对立统一规律

在酸碱质子理论讲述中，重点讲述质子论下酸碱之间的关系。引导学生通过观察、总结得出：酸给出质子变成碱，碱得到质子则变成酸，二者不再是孤立的，而是密切联系的对立统一关系。让学生正确认识对立统一辩证关系，有助于学生利用对立统一规律分析所面临的问题，从中找出解决问题的合理方法，使自身得到发展。

元素3：辩证唯物主义思想——质量互变规律

元素周期表直接体现了质量互变规律，它从自然科学上为量变引起质变这一规律提供了有力证据，正如恩格斯所说的：元素周期律的发现是门捷列夫不自觉地应用量变引起质变规律而完成的一个科学勋业。在元素周期表元素性质的讲述中，通过剖析元素性质由金属到非金属，化学性质由活泼到不活泼、由固体到气体等质的变化与核电荷数的变化之间的关系，引导学生在认识元素性质的基础上，对量变到质变规律有更深刻的认识。

元素 4：辩证唯物主义思想——否定之否定规律

在近代原子结构理论的发展史中，在吸取、保留和改造旧的理论知识中积极因素的基础上，新的理论知识辩证地否定旧的理论知识，并突破原有理论的局限，推动原子结构理论不断发展，生动形象地展现了否定之否定规律。通过这一实例引导大学生正确认识、理解否定之否定规律，正确认识事物的发展不是一帆风顺的。正确看待自己在生活中遇到的困难和挫折，也要正确看待我国在实现中华民族伟大复兴过程中遇到的阻碍。

元素 5：严谨求实的科学精神

在讲授有效数字时，融入第三位小数的胜利的故事，讲述物理学家瑞利在测量氮气密度时偶然发现，来自空气和氮化物中的氮气的密度在小数点第三位上有所不同，从而发现空气中新组分——氩气。小数点后第三位的细微差距成就了氩气的发现，让学生体会科学家们的严谨求实精神在科学发展中的重要作用，在学习和实验过程中也要秉承严谨求实的精神。

六、典型教学案例

案例 1 从原子结构理论发展的历程看挫折——否定之否定规律

1. 知识点

原子结构理论的发展史。

2. 思政目标

在本教学案例中，通过原子结构理论发展的历程让学生体会、正确认识和理解否定之否定规律，引导学生正确看待生活中的挫折和我国发展过程中遇到的阻碍，树立正确的人生观、价值观。

3. 教学过程

在我们生活的物质世界中，物质的种类很多，不同的物质可能性质差别很大，比如同为金属的钠和金，钠一接触水就会发生剧烈反应，而金即使在浓酸中也不会发生反应。有的物质性质则类似，如钠和钾就具有相似的性质。要想从根本上弄清楚造成这些现象的原因，就必须了解物质的结构，而在物质结构理论的发展过程中，原子结构理论是基础。

师：今天我们开始进入微观世界，学习原子结构。首先我们来看一下原子结构发展史。"原子"一词来自于古希腊语，本义"不可分割"。最早的原子论是公元前 5 世纪德谟克利特提出来的，他认为世界万物都是由原子构成的，而原子是不可分割的，这一原子学说来自于抽象的哲学推理。我国战国时期的墨子认为物质是由最小的单元"端"组成的，这是人们对原子最原始的认识。1803 年，道尔顿继承古希腊朴素原子论，结合牛顿微粒学说，提出道尔顿原子论，主要有三点内容，相信大家高中时期应该接触过，下面我们一起回顾一下：

尽管现在看来道尔顿原子论有它不足的地方，甚至错误的地方，但是在当时，道尔顿原子论推动了 19 世纪化学的迅速发展，揭示了一切化学现象的本质是原子运动，明确了化学的研究对象，对化学真正成为一门学科具有非常深远的重要意义。人们称道尔顿为近代化学之父。1897 年物理学家汤姆森在研究阴极射线的时候发现电子，证明了原子可以分割为更小的微粒，颠覆了原子不可分割的观点。在实验的基础上，汤姆森提出了"葡萄干布丁"模型，他认为原子内正电荷均匀分布，电子散布在带正电荷的球内，这一模型又称枣糕模型。卢瑟福通过 α 粒子散射实验，于 1911 年提出了行星式原子结构模型。认为电子在原子核外沿着固定轨道绕核运动，就像行星绕着太阳运动一样。这一模型的提出是人类认识微观世界的重要里程碑。卢瑟福因此获得了诺贝尔化学奖。除这一成就外，卢瑟福还培养了至少 10 位诺贝尔奖得主，还创造了粒子物理学的基本研究方法——撞击或者对撞。卢瑟福的行星式原子结构模型很快遇到了问题——与经典的物理学相矛盾，根据这一模型，电子绕原子核运动会引起电磁场的变化，辐射出电磁波，能量会不断降低，这样原子系统就会不稳定，但实际上原子是个稳定的系统，这是卢瑟福行星式原子结构模型无法解释的。

1913 年，在卢瑟福行星式原子结构模型基础上，丹麦物理学家玻尔吸收了普朗克的量子论和爱因斯坦的光子学说的观点，结合氢原子光谱的经验规律，建立了电子分层排布模型，成功解释了氢原子光谱，但无法解释多电子原子的光谱。1926 年，薛定谔建立了以概率波为特点的原子量子力学结构模型，又是对玻尔原子结构的辩证否定，该模型突破了利用经典牛顿力学揭示核外电子运动的局限，采用概率来描述电子在核外的运动状态，然而它又继承玻尔原子模型中原子轨道能级的概念。

师：我们刚刚一起了解了人类社会对原子认识的漫长历程，大家看原子结构的认识过程是不是很曲折？大家在这个认识过程中有什么发现？

生：（讨论新理论发现替代旧的理论……）。

师：这一历程是不断批判不足、继承先进、坚持不懈逐渐接近真知的过程。这也是基本科学理论发展的基本规律和特点。在这个过程中新的理论知识否定旧的理论，推动人们对原子结构的认识不断发展，然后再由更新的技术和理论来否定现有的理论，如此往复，推动化学学科的不断发展。这就是我们学过的辩证唯物主义三大定律之一。

生：否定之否定规律。

师：是的。大家有没有在做一件事情时，遇到一些困难，最终完成的经历？

生：（讨论……）

师：很好，大家都有体会。否定之否定规律告诉我们，事物的发展不是一帆风顺的，同学们的学习生活也是一样，难免会遇到一些挫折，我们一方面要对光明的前途充满信心，不因暂时的困难、挫折而放弃；另一方面要对未来道路的曲折性有充分认识，做好克服各种困难的心理准备。我国目前在习近平总书记的领导下正在努力为实现中华民族的伟大复兴而奋斗，这一伟大梦想的实现也不是轻而易举的，我们既要坚定实现中华民族伟大复兴的信心，又要认识到这一伟大复兴是等不来、靠不来的，而是需要全国各族人民付出艰巨、艰苦的努力，克服各种困难、险阻而拼出来、干出来的。目前我们面临的新冠肺炎疫情就是我们前进道路上遇到的阻碍，但只要全国人民众志成城，我们一定能够取得胜利。同学们在学校里学习就是在不断武装自己，毕业后要肩负起实现中华民族伟大复兴的历史使命，为中国共产党的伟大事业贡献自己的一份力量。

4. 学习资源

[英] J. R. 柏廷顿：《化学简史》，胡作玄译，中国人民大学出版社 2010 年版。

案例 2 滴定突跃——量变到质变

1. 知识点

强碱滴定强酸（$0.1000\,mol \cdot L^{-1}$氢氧化钠滴定$0.1000\,mol \cdot L^{-1}$氯化氢）滴定过程中 pH 的变化。

2. 思政目标

在本案例中，通过滴定突跃形象化展示量变到质变的过程，引领学生直观地认识、感受量变到质变的规律。通过联系自身实际，引导学生在学习、生活中正确认识和运用质量互变规律。引领学生认识近 40 年来我国社会发展质的飞跃，离不开中国共产党带领全国各族人民通过团结奋斗、扎扎实实的积累，激发学生对我国社会主义制度和中国共产党的认同感。

3. 教学过程

滴定分析是常量定量分析常用的手段，把滴定分析的整个过程剖析清楚，就可以知道要获得准确的定量结果，应如何选择合适的指示剂；要让滴定分析的结果在误差允许范围内，应如何控制这个滴定过程。要了解这个过程，其实就是要绘制滴定曲线，即加一点滴定剂对应计算一个 pH，再加滴定剂，再计算 pH，加入不同的滴定剂，得到不同的溶液 pH。首先要了解滴定过程中 pH 的变化。

师：我们以 0.1000mol·L^{-1}氢氧化钠滴定 20 毫升 0.1000mol·L^{-1}氯化氢为例来学习强酸滴定强碱的过程，首先我们来看看滴定过程中 pH 的变化。为了研究问题的方便，我们把整个过程分为四步：第一步，盐酸和指示剂加在锥形瓶中，氢氧化钠在滴定管中，架在滴定管架上；第二步是指化学计量点之前；第三步是指化学计量点；第四步是指化学计量点之后。下面以这四步四个类型来看 pH 的计算。首先来看第一步，即滴定剂还没有加入的时候，要计算此时溶液的 pH，按什么来计算？

生：0.1000mol·L^{-1}氯化氢

师：那 pH 如何计算呢？

生 1：用强酸 pH 计算公式可以得到：

$C_{H+} = C_a = 0.10000$mol·L^{-1}，此时 pH 为 1.00。

师：好的，开始滴定，在化学计量点之前，就是第二步，假设加入氢氧化钠 $V_b = 18$mL 时，此时溶液 pH 由谁来决定？

生 2：氢氧化钠体积小于氯化氢体积，体系呈酸性，pH 体系的 pH 要根据剩余的氯化氢来计算。

师：是的，此时碱不够，就由多余的盐酸来定。当氢氧化钠加入体积为 18 毫升时，此溶液中剩余的氯化氢溶液浓度为：

$$C_{H+} = \frac{V_a - V_b}{V_a + V_b} C_a = \frac{20.00 - 18.00}{20.00 + 18.00} \times 0.1000 = 0.0053 \text{mol·}L^{-1}$$

pH = 2.28

继续滴定，接近化学计量点，计量点前 0.1%，即加入氢氧化钠体积为

19.98 毫升时，计算方法与加入 18 毫升时相同，计算公式及过程请看 PPT，此时 pH＝4.30。继续滴定到达化学计量点即第三步，此时 pH 如何计算？

生 3：氢氧化钠和氯化氢完全反应，此时，pH＝7.00。

师：继续滴加氢氧化钠，加到 20.02 毫升，计量点后 0.1%，此时溶液 pH 由谁来定？

生 4：由氢氧化钠来定，因为此时氢氧化钠过量，由多的氢氧化钠来定。

师：是的，现在到了前面所说的第四步，此时体系中氢氧化钠过量，pH 的计算要根据过量的氢氧化钠来计算：

$$C_{OH}=\frac{V_b-V_a}{V_a+V_b}C_b=\frac{20.02-20.00}{20.02+20.00}\times0.1000=5\times10^{-5}mol\cdot L^{-1}$$

此时 pH＝9.70。这里要注意随着氢氧化钠的不断加入，要计算氢离子的浓度时，一定要注意溶液体积发生的变化。

师：用上述方法可逐一计算滴定过程中溶液的 pH。以加入氢氧化钠体积为横坐标，体系 pH 为纵坐标，可以得到滴定曲线，如图所示，从图中我们能得到什么规律？

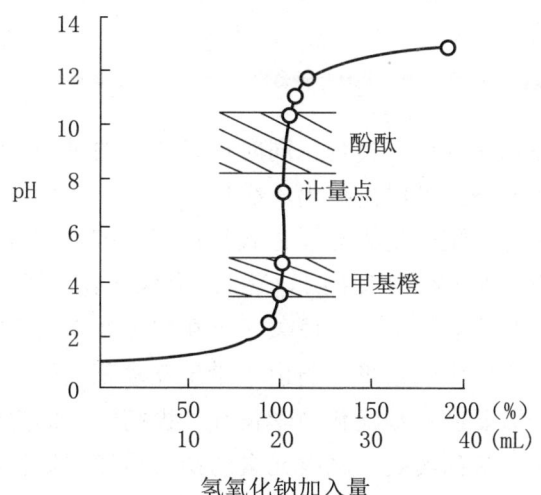

氢氧化钠加入量

用氢氧化钠(0.1000mol/L)滴定氯化氢
溶液（0.1000mol/L）的滴定曲线

生 5：可以看出，刚开始滴加滴定剂时，溶液的 pH 缓慢增加，然后突然迅速增加，由酸性变成碱性。接着滴加滴定剂，溶液的 pH 变化又变缓慢。

师：非常好！从滴定曲线可以看出，随着滴定剂的加入，刚开始，溶液的 pH 变化非常小，特别是滴定剂百分数在 90% 之前，滴定曲线非常平缓。但一旦滴定百分数到了 99.9%，即氢氧化钠体积为 19.98 毫升时，溶液的 pH 变化就非常快，有多快呢？从氢氧化钠体积 19.98 毫升到 20.02 毫升，体积变化 0.04 毫升，我们知道一滴溶液是 0.05 毫升，0.04 毫升这不到一滴的滴定剂的加入量，让溶液中的氢离子浓度变化多少个数量级呢？溶液 pH 由 4.30 变到 9.70，变化了 5 个 pH 单位，对应的氢离子浓度变化了 10^5。此时溶液迅速由酸性变成碱性，发生质变，这一急剧变化即滴定曲线上的滴定突跃。说明量变达到一定程度必然引起质变。大家在生活中有没有量变到质变的经历？

生 6：我喜欢看日剧，看了一年左右我会说很多日语了。

……

师：大家说得很好！大家在大学期间学习，稳扎稳打地学好专业知识，就是在进行量的积累，这样通过一点一滴、持之以恒，日积月累到一定程度，才能使自己"质变"成社会主义现代化建设所需要的人才。近 40 年来我国社会发展质的飞跃，也正是中国共产党带领全国各族人民通过团结奋斗、扎扎实实的积累实现的。

七、教学反思

专业课是专业知识的传授过程，同时也是育人的过程。无机及分析化学课程经过知识点的梳理，可以挖掘出不少思政元素，但如何在教学设计中选好课程知识点与思政元素的切入点、在教学过程中落实好教学设计、在和风细雨中润物细无声地在传授知识中引导学生，就需要花一番功夫。

课程思政的实践，取得了一定成果。但在实际教学中，有些教学设计中虽然认真考虑了可能发生的情形，但由于学生互动积极性不够，教学效果与预想的有所差距，需要进一步优化教学设计，提高学生的兴趣和参与的积极性，真正让教学设计落到实处。思政元素的切入虽然在知识点讲述中比较容易做到，但在用思政元素引导学生时很难做到润物细无声。这些都是要进一步思考和改进的。

课程思政对专业课教师提出了更高的素质要求，通过这一次思政实践，笔者认识到要做好课程思政建设，更重要的是教育者先受教育，要通过学习掌握必要的思想政治理论，提高课程思政的发掘和融合能力；要学习借鉴课程思政大背景下的新的教育方法，提高教育教学能力，以便为学生呈现丰富的课程思政内容，提高学生学习积极性和课程思政的教学效果。

执笔人：秦菲

无机及分析化学实验课程思政教学案例

一、课程基本信息

课程性质：专业必修课

学分：2   学时：32

授课对象：食品质量与安全专业、食品科学与工程专业学生

二、授课教师基本情况

周绮云，讲师，博士，长期从事转基因研究以及生物活性物质的基因表达及调控机理研究，近年来参与多项国家级及省部级自然基金项目，发表多篇 SCI 及核心期刊论文，主讲无机及分析化学实验、生物化学实验、微生物实验、食品营养学以及食品酶学等课程。

三、课程内容简介

本实验课是大学一年级食品质量与安全专业和食品科学与工程专业的第一门化学实验课。其任务是教授化学实验的基本方法及基本技能，引导学生通过实际操作及实验现象的观察获得化学方面的感性认识，巩固并加深对所学理论知识的理解。本课程实验联系实际，综合性较强，既强调基本理论、基础知识和基本实验技能训练，又重视分析问题、解决问题能力的培养。通过教授基本实验操作、常用分析仪器的使用、滴定分析加强实际操作能力的训练培养学生具有一定的科学实验能力及严谨的科学实验作风，比较熟练地掌握无机及分析化学的基本实验方法和技术。

四、课程思政教学目标

第一，使学生增强民族自豪感和道路自信。

第二，使学生建立诚信敬业的观念和习惯。

第三，使学生树立安全和责任意识。

五、课程思政融入设计

元素1：民族自豪感和爱国情怀

通过向学生讲授我国取得的成就和国家对于他们的投入及期望，增强学生的民族自豪感和道路自信，激发他们为中华之崛起而读书的信念。

元素2：安全和责任意识

实验室的第一课就是安全教育，告诉学生基本的实验室安全知识、必须遵守的化学实验规则以及实验室安全制度。在以后每次具体的实验课程中，提醒他们可能会遇到的安全问题以及处理方法。要求学生轮流做值日，并且对值日生的工作标准提出具体的、严格的要求，从而培养他们的责任意识。

元素3：诚信

实验课程是对学生进行思想引导和行为规范教育的非常合适的平台。教师从一开始就引导学生要具备诚信和实事求是的态度，并且从每个教学环节去要求和考核，让学生养成良好的习惯并根据学生在学习和实践过程中出现的问题，进行适时的引导。

元素4：敬业

对学生严格要求，并落实到具体的环节，如实验的预习、实验数据的记录、实验的操作，到实验报告的撰写。

每次实验前提出预习的具体要求，在实验前教师检查，没有预习者不得进行实验。对实验数据的记录也有相应的要求，在实验过程中观察学生的记录情况，提醒他们修正错误的做法。实验操作中要求学生规范操作并进行基本实验操作考核，同时对数据的准确性提出要求，没有达到要求者必须反复进行实验直至达到要求。实验报告有具体的规范和格式要求。

总体来说，就是有要求、有检查、有落实，并记入平时成绩。这样一个学期的几个实验下来，在烦琐的整套流程中培养学生严谨、认真负责的工作态度，也就是敬业精神。

元素5：友善和团结向上

在实验分组安排上，一人一组，但并不妨碍学生之间互帮互助。表扬优秀的学生，让他们成为模范，鼓励后进的学生，让他们迎头赶上，从而形成友好的、团结向上的氛围。

六、典型教学案例

案例 1 实验课的前言

1. 知识点

实验课的前言。

2. 思政目标

增强学生的民族自豪感，激发学生的学习动力，培养学生诚信的理念。

3. 教学过程

首先，介绍实验课的重要性。无机及分析化学实验课是食品科学系的专业必修课，也是第一门实验课。所以在第一节课，笔者都会特别讲述实验课的重要意义。笔者经常跟学生们强调，国家对他们投入重金，他们每一个人都是国家的希望，在老师眼里，他们都是我们系的宝贝。笔者也告诉他们，培养基本素质的方法最好的方式就是实践实验课程。无论他们以后从事什么职业，都将大大受益于在实验课中受到的训练，而这取决于他们有多认真和有多用心。总之，以互动的方式，通过向学生讲述我国取得的成就和国家对于他们的投入及期望，增强学生的民族自豪感和道路自信，激发他们为中华之崛起而读书的信念。

其次，讲授考核制度。在讲到考核制度时，笔者特别强调了诚信：其一，平时实验数据结果不作为评分依据，要求如实记录，不得编造和篡改数据，如若发现，实验报告分数为零；其二，最后一次实验特别重要，是学生真实水平的试金石。本课程一个创新点就是将最后一个实验——未知有机酸摩尔质量的测定作为考核实验，并建立严密细致的梯度评分标准（详见案例 2），主要有以下几个优势：①从一开始就明确告知学生该考试中实验占总成绩的 50%，而且完全作不了假，有严格的评分制度，这样学生会倾向于更诚信，平时实验的作假现象也会大大减少。②由于考试目标明确，涉及的实验操作、数据记录、表格设计、数据处理等，均在前面几个实验中有体现，学生对所有实验的重视程度都会大大增加，平时也会倾向于有更敬业的态度。③由于考试体现真实水平，加上教师的鼓动和宣传，学生跃跃欲试，希望能在最后的考试中独占鳌头、取得好成绩。这样自然激发了学生的学习动力，也让学生更有成就感。

最后，讲解分组制度。为了更好地培养学生的实验能力和基本素质，我们安排了一人一组，每人一套实验仪器，自己负责保管。所有的实验都必须独立完成，包括最后一次实验考试。而且我们对每个实验环节都有要求、有检查、有落实，因此学生的主动性和敬业程度明显要比两人一组时好很多。

案例2 以考核制度促诚信

1. 知识点

未知有机酸摩尔质量的测定。

2. 思政目标

培养学生诚信敬业的态度。

3. 教学过程

这是一个考核实验，也是一个综合实验，是对之前所做的实验全面的验收。从以下几个环节展开：①预习。要求学生对该考核实验中涉及的实验仪器，比如分析天平、容量瓶、滴定管、移液管等，写出简要的操作注意事项，要求学生画出实验流程，并根据实验流程，事先设计出实验记录的事项和表格。要求一人一组，独立完成全部的实验项目和数据结果的计算。所有的数据都要求记录在老师发的 A4 纸上。②实验过程。教师将四种有机酸随机分发给学生，并稍加讲解后，学生自主进行实验。学生从选用试剂、选用仪器、如何洗涤、是否需要干燥、如何操作等各个环节都要做出自己的判断和实践。实验过程中教师通过观察学生的容量瓶操作、移液管操作、滴定管操作等总体表现进行打分，作为考试操作成绩（占考试总成绩的40%）。③实验记录。如何做好实验记录以及如何设计实验表格，对学生也是一个考验。在本实验中，要求学生每做完一个项目，实验数据记录交由教师验收。如有不合格的记录会提醒学生，如果数据不合格会要求学生重做。因为是考试，学生会很重视，所以指导效果往往是加倍的。④数据处理。分析化学实验的一个重要环节是数据处理。要求学生做完所有的实验以后，独立完成所有的数据处理并将计算过程详细地写在纸上。完成以后交由教师当面验收。这样在给学生批改的过程中可以及时指出学生的错误，比如说有效数字的处理，并让学生回去修改，直到符合要求为止。⑤评分。实验结束后，学生将实验数据、计算过程及计算结果上交，教师根据学生测得的 M/n 值和所分配的有机酸对照下表进行分数评定得到考试成绩（占考试总成绩的60%）。完成实验但误差超出表格范围的记为 60 分。

未知有机酸摩尔质量的测定评分标准

	标准 M/n 值	±0.5% (100分)	±1% (95分)	±2% (90分)	±3% (85分)	±4% (80分)	±5% (75分)	±10% (70分)	±15% (65分)
草酸	63.04	62.72—63.36	62.41—63.67	61.78—64.30	61.15—64.93	60.52—65.56	59.89—66.19	56.74—69.34	53.58—72.50
酒石酸	75.05	73.68—75.42	74.30—75.80	73.55—76.53	72.80—77.30	72.05—78.05	71.30—78.80	67.55—82.56	63.79—86.31
柠檬酸	70.05	69.70—70.40	69.34—70.75	68.64—71.45	67.94—72.15	67.24—72.85	66.54—73.55	63.05—77.06	59.54—80.56
丁二酸	54.05	53.78—54.32	53.51—54.59	52.97—55.13	52.43—55.67	51.89—56.21	51.35—56.75	48.65—59.46	45.94—62.16

七、教学反思

诚信是一种品质，更是一种体制。不能完全指望学生从道德层面上做到诚信，而应该从制度层面上约束，从而养成诚信的观念和习惯。

社会主义核心价值观的教育，不仅是对学生的教育，还是对教师的教育，从而潜移默化影响学生。当教师本身拥有强烈的爱国情怀和民族自信时，会自然而然地散发出来。记得有一次笔者对学生说："我读书的时候，我们都知道要为中华之崛起而读书，现在我把这句话送给你们。"后来就有学生在最后一次实验报告的讨论中特意写了一段话，说她已经好久没有听过这样的话了，现在似乎不流行了，但她觉得非常感动，等等。所以笔者觉得在民族自豪感和爱国主义教育上，一线教师有时可能会有更好的教育效果，自然迸发的真情实感往往更能打动学生。

我们大部分的学生，学习的主动性是相对差一些的。而学习需要成就感，这些学生往往更需要来自教师的表扬和鼓励。因此我们可以在细节上严格要求，比如碰上不合格的实验报告，笔者会找学生当面指出需要改进的地方，让其回去重做，但同时告诉学生，成绩将以新写的报告为准。尽可能表扬他们做得好的地方，让他们感受到自己一点一滴的进步。毕竟，课程思政需要学生的配合。

执笔人：周绮云

高等数学课程思政教学案例

一、课程基本信息

课程性质：通识教育必修课

学分：6   学时：96

授课对象：大学本科一年级学生

二、授课教师基本情况

段耀武，讲师，硕士，从事高校基础数学教学 20 多年，主讲的课程有高等数学、线性代数、概率统计、逻辑学概论等，教学经验丰富，课堂讲课有激情，热爱数学教育教学工作，多次在北京联合大学组织的各种教学比赛中获奖，研究方向是数学教育学、数学文化学。

三、课程内容简介

高等数学是工科类各专业的公共基础课。高等数学主要研究对象为实值连续函数，研究方法是极限，教学内容主要包括函数、极限、连续、函数微分学和函数积分学。通过本课程的学习，一方面为学生学习各种后继课程奠定必要的数学基础，为将来的专业应用与工作实践提供必要的数学素养；另一方面利用本课程增强学生的抽象思维、严谨的逻辑思维和空间想象能力，同时培养学生的定量化思维方式和理性思维习惯，提高分析问题和解决问题的能力。

四、课程思政教学目标

第一，融入中华传统文化，激励学生的爱国情感和文化自信。通过学习导数、积分等数学符号，了解莱布尼茨与中国文化的交流，激发学生热爱中国文化的情感。

第二，引导学生深刻理解蕴含在微积分里的辩证思想，通过极限、导数、积分等概念的学习，深刻理解运动与静止、一般与特殊等矛盾对立又统一的相互转化，领悟高等数学里量变到质变的极限过程，从而树立理性分析问题、解决问题的思想，并领悟"大自然之书是数学的语言写成"这一科学论点，进而浸润学生形成科学的世界观、价值观、方法论。

第三，在使用数学符号，在学习定理、解答问题的过程中领悟数学家的思维方法，体会数学定理创造、创新的源起，欣赏数学中的简洁美、对称美、和谐美，感悟渗透在数学中的严谨求实的科学理性精神，从而激发学生的创新精神和树立学好各门课程以服务社会、报效祖国的志气。

五、课程思政融入设计

元素1：中国远古的极限思想和运动与静止的辩证法原理

函数与极限概念的讲授中，引入《庄子》中的名言，以及刘徽割圆术中所含的极限思想，让学生体会中华文化里的智慧，并融入运动与静止的辩证关系，点明极限的本质。在课堂讲授与讨论相结合的过程中，使学生克服中学时学习初等数学形成的静止、片面的函数观，从而建立起变量的绝对运动和相对静止的辩证法观念。

元素2：无穷小里的唐诗意境，无穷大里不可触摸的时空观

微积分以无穷小为基石，讲授无穷小概念时，引入唐诗"孤帆远影碧空尽，唯见长江天际流"，体会无穷小里的诗词美，更体会蕴含在唐诗里的数学哲理。讲授无穷大概念时，引入希尔伯特的无穷大旅馆的比喻，体会其中永不停止的运动和不可触摸的时空的威严。同时指明无穷小和无穷大不仅是数学概念，还是分析运动变化问题、解决运动变化问题的奇妙的思想和方法，并且两者对立又统一。而大自然无时无刻不在运动变化发展中，因此无穷小和无穷大提供了观察、分析、思考世界的视角。

元素3：中国汉语言文字的灵感

讲授导数概念、介绍导数的微商符号时，融入历史资料，讲述莱布尼茨通用符号思想的一大来源是中国的汉语言文字，让学生了解源远流长的中国文化在欧洲的交流与传播，切身感受东西方和谐平等的文化交流带来科学探索的灵感和科学的进步，感受国家开放、文化包容的重要性。同时引领学生感悟数学符号语言的美学标准——简洁美、抽象美和应用的便捷。

元素4：创新精神

在讲授三个微分中值定理时，重点介绍拉格朗日中值定理是对罗尔中值

定理的创新。讲授中采用数形结合的方法，引导学生进行观察、对比、联想、求证，体会一个定理从发现到求证所经历的从无到有、从模糊到清晰、从猜想到确证的过程，让学生折服于其中严格而巧妙的探索方法和证明方法，从而向学生阐明数学里的每个定理的发现、证明，每个问题的解答，无不是在创造、创新，进而激励学生创造、创新的信心和热情。同时引用数学史的资料，让学生体会到善于质疑、大胆猜测对于创新的重要性。

元素5：辩证法思想，科学的方法论

在前面微分学、不定积分等概念做好铺垫后，定积分是微积分里辩证法思想的集中体现。在定积分概念里，辩证思想得到淋漓尽致的运用，恩格斯所说的"有了变数，辩证法进入了数学""变数的数学——其中最重要的部分微积分——本质上不外是辩证法在数学方面的运用"，这样的论点得到了充分的印证。

教学中，结合曲边梯形面积问题，剖析其中的已知与未知、直与曲、常量与变量、运动与静止、有限与无限、近似与精确等矛盾对立与统一的相互转化，从而展示微积分里研究运动变化的关键方法——辩证法。这对于学生形成科学的方法论，形成探索、认知世界的科学精神有着重大意义。

六、典型教学案例

案例1 导数概念

1. 知识点

导数概念。

2. 思政目标

在本教学案例中，不仅引导学生体会数学的符号美，还通过讲述莱布尼茨的符号思想深受中国文化的启发，让学生切身感受中国文化为人类的进步所做出的贡献，激发学生的民族自豪感，更激发学生传承发展中国文化的历史责任感。

3. 教学过程

首先，介绍问题背景。导数概念的形成与几何里的任意曲线的切线斜率问题、物理里的变速直线运动物体的瞬时速度问题有密切的关系。

几何问题背景：任意曲线的切线斜率问题。建立直角坐标系，函数的图形为曲线：

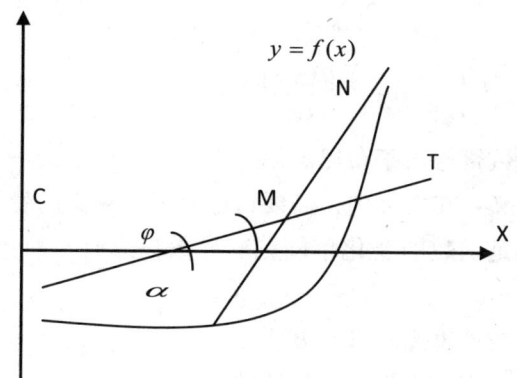

分析切线的定义，就得出曲线上任一点处的切线的斜率为：

$$k = \lim_{x \to x_0} \frac{f(x) - f(x_0)}{x - x_0} \qquad (1)$$

割线斜率的极限就是切线的斜率，（1）给出了求任意曲线上点 x_0 处的切线斜率方法。

其次，导数概念的建立。从问题背景里抽取出数学元素，由上述讨论知，切线的斜率归为如下数学形式：

$$\lim_{x \to x_0} \frac{f(x) - f(x_0)}{x - x_0} \qquad (2)$$

（2）此处的 $x - x_0$ 和 $f(x) - f(x_0)$ 分别是函数的 $y = f(x)$ 自变量的增量 Δx 和函数的增量 Δy；

式（2）写成：

$$\lim_{\Delta x \to 0} \frac{\Delta y}{\Delta x} = \lim_{\Delta x \to 0} \frac{f(x_0 + \Delta x) - f(x_0)}{\Delta x} \qquad (3)$$

由它们在数量关系上的共性，就得出函数的导数的概念。

导数的定义：定义 1 设函数 $y = f(x)$ 在点 x_0 的某个邻域内有定义，当自变量 x 在 x_0 处取得增量 Δx（点 $x_0 + \Delta x$ 仍在该邻域内）时，相应地函数 y 取得增量 Δy；如果 Δy 与 Δx 之比当 $\Delta x \to 0$ 时的极限存在，则称函数 $y = f(x)$ 在点 x_0 处可导，并称这个极限为函数 $y = f(x)$ 在点 x_0 处的导数，记为 $f'(x_0)$，即

$$f'(x_0) = \lim_{\Delta x \to 0} \frac{\Delta y}{\Delta x} = \lim_{\Delta x \to 0} \frac{f(x_0) + \Delta x - f(x_0)}{\Delta x} \qquad (4)$$

$$y' \left| x = x_0^2 \frac{dy}{dx} \right| x = x_0^2 \frac{df(x)}{dx} \left| x = x_0 \right.$$

上述简明的导数符号由莱布尼茨创立。

导数的本质意义：在实际中，需要讨论有不同意义的变量的变化"快慢"问题，在数学上就是函数的变化率问题。导数概念就是对函数变化快慢程度的精确描述。

从反思、提升数学思想、符号方法方面来分析。

教师解说：同学们在中学时对导数的符号只知道 $f'(x)$ 或 y'，但今天我们看到了导数的另一套符号 $\frac{dy}{dx}$，这个符号是莱布尼茨 300 多年前创立的，沿用至今，无人超越。用 $\frac{dy}{dx}$ 表示导数，一是直接体现导数的定义：$\lim_{\Delta x \to 0} \frac{\Delta y}{\Delta x}$，二是清楚表明因变量 y 对自变量 x 的导数，更重要的是后继学习微分之后，我们将看到这个符号可直接看成是微分之商，简称微商，在这层意义上，我们将直接利用 $\frac{dy}{dx}$ 迅捷推出更多形式的函数的导数公式，如反函数、参数方程表示的函数。可见一个好的数学符号是符合美学标准的，简洁、抽象、应用便捷。

莱布尼茨作为著名的符号学家，不仅创立了如此优美的微积分符号，还提出了通用符号、通用语言的构想，他的通用符号思想是最早的数理逻辑思想，而他这一思想的一大灵感来源于中国的汉语言文字的书写结构和表意特征。当莱布尼茨从传教士那里了解到中国文化，作为百科全书式大学者的他对中国文化赞叹不已。他研究伏羲八卦图，创立了二进制。他是在欧洲最早传播中国文化的学者之一，为东西方文化交流做出了重要的贡献。而作为一个拥有如此灿烂文化的中国人，我们应该不仅感到骄傲，更要有发扬光大我们传统文化的历史责任感。

4. 学习资源

①同济大学数学系编：《高等数学》（上册，第六版），高等教育出版社 2007 年版；

②郑毓信：《数学教育哲学》，四川教育出版社 2001 年版；

③黄翔:《数学教育的价值》,高等教育出版社 2004 年版;

④〔美〕加勒特·汤姆森:《莱布尼茨》,李素霞、杨富斌译,中华书局 2002 年版;

⑤赵晓春主编:《莱布尼茨》,上海交通大学出版社 2009 年版。

案例 2 拉格朗日中值定理

1. 知识点

拉格朗日中值定理的发现和证明。

2. 思政目标

通过对拉格朗日中值定理与罗尔中值定理的对比分析,让学生感受拉格朗日创造和创新的源起。引入数学史创立非欧几何的案例,激发同学们敢于质疑、大胆猜想的创新精神。同时通过数与形的结合,让学生领悟如何成功运用数学里的重要方法——构造法。

3. 教学过程

首先,复习罗尔中值定理。

定理 1(罗尔中值定理):如果函数 $f(x)$ 满足:①在闭区间 $[a,b]$ 上连续;②在开区间 (a,b) 内可导;③在区间端点的函数值相等,即 $f(a)=f(b)$。

那么在 (a,b) 内至少有一点 $\xi \in (a,b)$,使得 $f'(\xi)=0$(如图 1)。

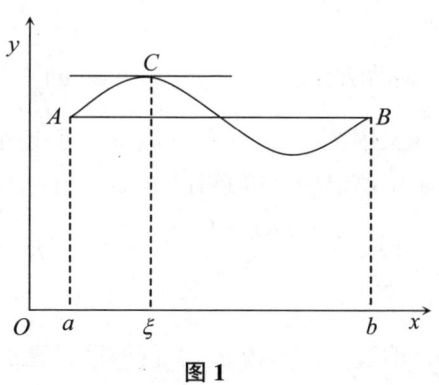

图 1

其次,引入新课,提出问题。罗尔中值定理中 $f(a)=f(b)$ 这个条件很特殊,它使罗尔中值定理的应用受到限制。如果把 $f(a)=f(b)$ 这个条件取消,但仍保留其余两个条件,那么会出现什么新的结论呢?

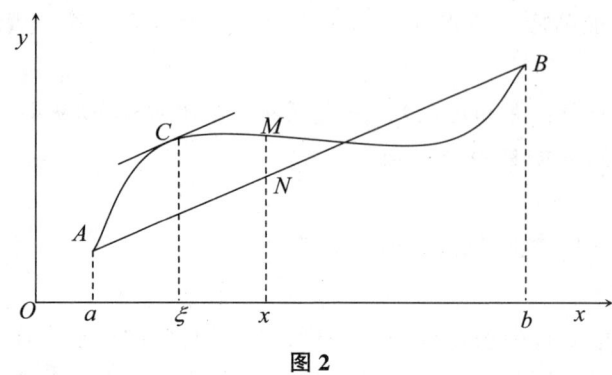

图 2

再其次，分析、探讨问题。分析问题：观察图 2，有切线平行于割线 AB，这个新的发现正是拉格朗日中值定理。

定理 2（拉格朗日中值定理）：如果函数 $f(x)$ 满足：①在闭区间 $[a, b]$ 上连续；②在开区间 (a, b) 内可导，那么在 (a, b) 内至少有一点 ε $(a<\varepsilon<b)$，使等式 $f(b) - f(a) = f'(\varepsilon)(b-a)$ 成立。如何证明？

探讨：拉格朗日中值定理是罗尔中值定理的推广。而罗尔中值定理已经得到证明，如果能够在图 2 找到一个新的变量，其满足罗尔中值定理，则可将未知转化为已知。

然后，证明定理。

定理的证明：构造辅助函数 $g(x) = f(x) - f(a) \dfrac{f(b) - f(a)}{b-a}(x-a)$，可得 $g(a) = g(b)$，又因为 $g(x)$ 在 $[a, b]$ 上连续，在开区间 (a, b) 内可导，所以根据罗尔中值定理可得必有一点 $\varepsilon \in (a, b)$ 使得 $g'(\varepsilon) = 0$，由此可得 $g'(\varepsilon) = f'(\varepsilon) - \dfrac{f(b) - f(a)}{(b-a)} = 0$，变形得 $f(b) - f(a) = f'(\varepsilon)(b-a)$，定理证毕。

总结上述定理的证明过程，函数 $g(x)$ 的构造是亮点，是实现未知情形转化为已知情形的关键。$g(x)$ 的构造表现出拉格朗日作为欧洲大数学家的创造力和创新精神。

最后，反思、提升数学思想、创新方法。

解说：罗尔中值定理的第三个条件 $f(a) = f(b)$ 很苛刻，那么把这个条件去掉，拉格朗日就有了创新。在证明过程中，拉格朗日运用重要的证明方法——构造法，构造出一个潜在的函数 $g(x)$，实现未知情形转化为已知情形。这又是拉格朗日的一个创造。

改变或者削弱前提条件是数学里发现新成果的重要方法。数学史上非欧几何的创立，正是数学家质疑欧氏几何的第五公设（平行公理），继而改变此公设而创立的新的几何学。

大胆质疑、大胆突破陈规，是创造、创新的源起。同时数形结合的分析可为我们成功运用构造法带来思维灵感。

4. 学习资源

①同济大学数学系编：《高等数学》（上册，第六版），高等教育出版社2007年版；

②郑毓信：《数学教育哲学》，四川教育出版社2001年版；

③黄翔：《数学教育的价值》，高等教育出版社2004年版；

④［美］比尔·伯林霍夫、费尔南多·辜维亚：《这才是好读的数学史》（原书第2版），胡坦译，北京时代华文书局2019年版。

案例3 定积分的概念

1. 知识点

定积分的概念。

2. 思政目标

在学习定积分概念的同时让学生领悟唯物辩证法在微积分里的运用，深刻理解矛盾的对立统一规律是揭示物质运动变化的根本规律，让学生体会运用矛盾对立统一的相互转化的辩证法思想获得思考世界、认识世界、改造世界的真知，从而让辩证唯物主义成为学生今后学习、工作、生活的指导思想。

3. 教学过程

首先，复习函数的本质就是变量、函数连续性的增量式定义及其与无穷小的关系：$\lim\limits_{\Delta x \to 0} \Delta y = 0$。

其次，引入新课，提出问题。画出直边图形，面积问题用面积公式解决；画出曲边梯形图形，如何求面积？

设函数 $y = f(x)$ 在区间 $[a, b]$ 上非负、连续，由直线 $x = a$、$x = b$、$y = 0$ 及曲线 $y = f(x)$ 所围成的图形称为曲边梯形，其中曲线弧称为曲边（如图3）。

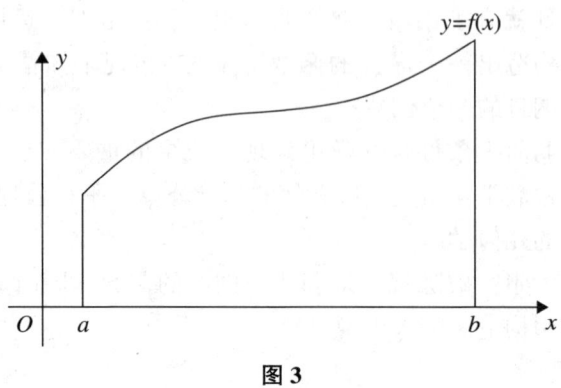

图 3

引导学生思考：新的面积问题与直边图形的面积问题不同之处是什么？（不同之处在于常量与变量。）

再其次，分析、探讨问题。

分析问题：当因变量的变化呈无穷小时，变量数学问题暂时转化为常量数学问题，曲边梯形暂时转化为直边图形，这样面积问题从未知情形转化为已知情形。

然后，解决问题。根据如上分析，先将自变量的变化置于无穷小的状态，因此有如下的求解步骤：

第一步：把自变量所在的区间划分成 n 个小区间，并保证每个小区间的宽度 Δx_i 呈无穷小（如图4）；

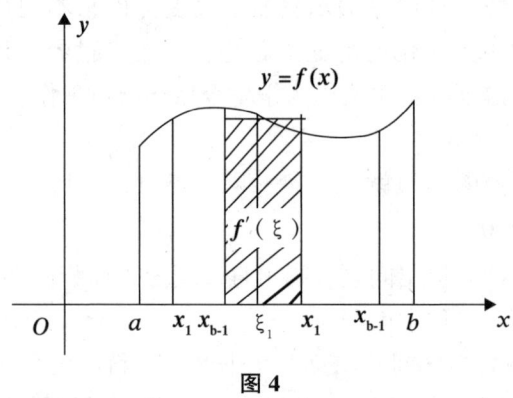

图 4

第二步：观察图4，小区间对应的小曲边梯形，其面积近似一个矩形面积，即 $\Delta A_i \approx f(\xi_i)\,\Delta x_i$；

第三步：将上述 n 个小面积进行整合、累加，得到所求面积的近似值，即 $A \approx \sum_{i=1}^{n} f(\xi_i)\,\Delta x_i$；

第四步：在每个小区间宽度呈无穷小的前提下，对上述近似值取极限，极限值则为所求曲边梯形的面积，即 $A = \lim_{\lambda \to 0} \sum_{i=1}^{n} f(\xi_i)\,\Delta x_i$。其中 $\lambda = \max(\Delta x_1, \Delta x_2, \cdots\cdots \Delta x_n)$。

总结上述解决面积问题的四个步骤，抽象出定积分定义，并展示定积分的数学符号：$\int_a^b f(x)\,dx = \lim_{\lambda \to 0} \sum_{i=1}^{n} f(\xi_i)\,\Delta x_i$。

最后，反思、提升数学思想、辩证法思想。如上的四个步骤，每一步都可提炼出经典的数学思想方法，且每一步都体现着辩证法思想——矛盾对立统一相互转化。

第一步：把大化小，化整为零（整体转化为部分）；

第二步：以直代曲，取近似值（曲线转化为直线，变量转化为常量，未知转化为已知，运动转化为暂时静止）；

第三步：累加作和，化零为整（部分回归到整体）；

第四步：取极限，变量在极限状态下，从暂时的静止到绝对的运动变化中，实现从近似值逼出精确值（近似转化为精确，暂时的静止回归到绝对的运动）。

提问：上述对立面的转化是在无穷小的状态下产生，为什么在无穷小的状态下，运动变成静止，曲线变成直线，纷繁复杂的现象变得简单明了？

解说：这是因为无穷小本身就是一个运动变化的量，这个变量刻画了自变量的量变导致因变量的质变，而实现量变到质变的过程就是矛盾对立统一相互转化的过程。

总结提升：微积分的创立是数学思想方法的应用，更是唯物辩证法的具体应用和体现，这为同学们深刻理解唯物辩证法提供了生动的范本。

4. 学习资源

①同济大学数学系编：《高等数学》（上册，第六版），高等教育出版社2007年版；

②郑毓信：《数学教育哲学》，四川教育出版社2001年版；

③黄翔：《数学教育的价值》，高等教育出版社 2004 年版。

七、教学反思

在数学课堂上融入中国传统文化、马克思辩证唯物主义、数学史、数学哲学、数学家创新精神等思政教育元素，不但不影响教学进度，反而让学生对高等数学有了哲学、美学、社会学、方法论等多维度的理解，这对于他们深刻理解数学概念、数学方法，扩大知识视野、提高认识能力和思辨能力大有裨益。事实表明，这样的学科教学展示了学科精髓，发挥出了课堂教学在学生情感体验、价值塑造等方面的积极导向作用。在这样的教学设计下，学生表现出爱学、乐学的劲头，在学校历年期末统考、学科竞赛、研究生考试中，所教班级的学生表现突出，教学效果良好。

在学科教学中引入思政教育元素的课堂活动，要求任课教师自身对所教学科有深刻理解，同时还要注重兼修学科之外的人文知识，这样才能做到学科教育与思政教育的无缝结合，让思政元素如和风细雨浸润学生心田，达到"润物细无声"的教学效果。这样的教学提高了对教师的要求，真正体现了"教学是一门艺术"，也体现了教师教书育人的核心职业价值观。

执笔人：段耀武

高级英语写作课程思政教学案例

一、课程基本信息

课程性质：专业选修课

学分：2   学时：32

授课对象：大学本科学生

二、授课教师基本情况

高炯，讲师，本科，北京联合大学生物化学工程学院基础部英语教研室教师，毕业于北京第二外国语学院英语系，获得北京师范大学外国语言学与应用语言学硕士学位，曾作为访问学者赴英美等国进修学习，2001 年进入北京联合大学工作，担任大学英语以及英语语言文化选修课的教学工作，教学经验丰富，专业技能扎实，是全国英语等级考试（PETS）口语考官，北京英语口语证书考试（BOEC）高级考官，参编教材多部，负责或参与多项科研和教研项目。

三、课程内容简介

高级英语写作课程是大学英语拓展课程，属于通识教育专业选修课程(专业拓展类和升学/就业类)，旨在培养学生的书面表达能力，培养学生综合英语技能。

本课程以社会主义核心价值观为融入点，从家国情怀、集体、家庭以及个人的层面，对近十年大学四六级英语考试作文题目、全国大学生英语竞赛写作题目等进行大致归类、归纳和总结。

课程设计内容包括家国情怀篇、家风家训篇、勤学立志篇、诚信篇、奋斗篇、感恩篇、和谐篇、奉献篇八个章节。每个主题都有相应的写作知识和任务，包括英语写作的格式、句子段落写作、各类体裁文章写作等。

四、课程思政教学目标

第一，培养学生深思熟虑、严谨审慎的思辨性治学态度。在论辩结构上，从全局的立场出发，融入反方观点，增强学生辩证思维，区分观点和事实、拓宽思维，分清条理，去除文章主观性，学会辩证思考，有理有据。

第二，引导学生正确理解中西方思维差异而产生的表达方式的差异，能够学会辩证性地运用符合英语语言表达习惯的方式梳理和表述思想和感情。鼓励学生用英语思维和文字与世界进行更广阔的交流，讲好中国当下的故事。

第三，了解中华民族的文化性格、行为方式和家国情怀，提升学生的思想观念、人文精神、道德规范、审美境界、人格情操、思维方式，引导学生意识到中华优秀传统文化蕴含的丰富的核心价值，激发学生的"四个自信"（道路自信、理论自信、制度自信、文化自信）。

第四，提升学生对于社会评判是非曲直的价值标准，能够恰当表达正确的价值观、人生观等，学会用时代的眼光和全球的视角分析问题，具有当代大学生的责任感和担当意识。突破有限的人生经验，打通课本、课堂与社会，写作中不夹杂个人观点和偏见，打破认知局限性。

五、课程思政融入设计

总的出发点就是提升学生写作格局、文章立意和思想境界，从"谋"的角度审题和思考。根据社会主义核心价值观：富强、民主、文明、和谐、自由、平等、公正、法治、爱国、敬业、诚信、友善这二十四字真言，结合孝敬父母、尊师敬长、感恩善良、勤劳勇敢等对写作教学内容进行分类。然后从遣词造句、文章体裁的练习等实现语言技能和思想意识的统一。

元素 1：家国情怀

在获取素材、提炼材料和安排结构等众多环节所构成的动态过程中，培养学生对于国家、社会、集体的热爱，写出的内容有血有肉、有格局，具有当代大学生应当具有的视野和胸怀，将个人认知和社会文化构建结合起来。例如，2014 年 6 月的四级英语作文题目要求学生向外国人介绍家乡（试卷一）、学校（试卷二）或祖国（试卷三），如果家乡是北京，那就要思考如何用英语展示中国首都的魅力。但是首先一点就是情感要饱满。还有的作文题目是描写家乡、学校和祖国最打动自己的情感片段和感人经历。

元素 2：包容与和谐思维

这一元素体现在本课程的和谐篇。人与自然的和谐（节约资源、光盘行动、省水省电，反面教材：商品的过度包装）、人与人之间的和谐，以及人与科技之间的和谐等。引导学生学会用时代的眼光和全球的视角分析问题。用跨文化的思维，从人类命运共同体的角度审题，培养人类命运共同体要具备的国际视野和人文情怀。从培养文化移情能力和情感特质，认识不同价值观、不同思维对于写作的影响。

元素 3：实事求是

在拓展学生社会知识面的基础上，提高学生的审题思维的广度和宽度，鼓励学生课下利用网络以及手机权威软件如《学习强国》等有意识汲取正能量的新闻和事实，以事实为依据，积累写作素材。在进行围绕社会热点类的写作时，不偏激、不另类，以大学生的使命和责任为担当，对写作涉及的新闻事件进行分析和总结。

元素 4：辩证思维

通过课堂辩论赛正反立场的辩论，引导学生沿着求真理、悟道理、明事理的方向思考。尽量守思想之正，创思辨之新。为学生提供部分背景材料并指点学生搜索资料的途径，以使学生在课前对话题有充分的准备。让学生学习如何推理、如何辨别谬误、如何捍卫观点。辩论后的教师点评从思政角度提升一个高度。如"商业广告的利与弊"，先辩论，后给学生搭建词块脚手架（语言知识的辅助），帮助学生扫清语言障碍，理清思路和事物的两面性。

元素 5：诚实守信

诚实守信的重要性和意义是写作中常考的题目，如写作题目"It Pays to be Honest（诚实是值得的）"，不仅考查学生的语言知识、对于 pay 这个词的理解，更考查学生正确的思想观和价值观。不诚实的社会现象带来的危害如写作题目：对于社会上假冒伪劣商品（fake commodities）的思考，诚实守信这一中华民族传统美德对于写作的立意至关重要。

六、典型教学案例

案例 1 感恩之心点亮心灵

本案例是感恩篇中"如何更好地处理医患/师生/亲子关系"的议论文的写作教学。

1. 知识点

关系的定义和特点（the definition and characteristic of relationships）、对同理心的理解（critical thinking based on empathy）。

2. 思政目标

培养学生有同理心（empathy）、从他人角度理解观点和事物、学会换位思考。培养学生的感恩心，对他人的付出表示尊重（be grateful and respectful）。

3. 教学过程

导入：本案例是感恩篇的议论文写作案例。写作题目为"如何改善亲子/师生/医患"关系，鉴于社会上对于医患关系的热点讨论较多，因此从医患关系的写作教学入手，开展教学。

首先，提出问题，让学生思考。询问学生对去医院看病以及对医生的印象。学生的回答大部分的用词是"匆忙、不耐烦、不礼貌、不友好"等。根据学生的回答，提出第二个问题让学生思考——医患之间的关系。学生的回答是"紧张、有冲突、不满"等。提出第三个问题：同学们愿不愿意让你未来的孩子当医生（想象一下）。学生几乎是异口同声地说"不愿意"，问其原因，答曰："工资不高、太累、紧张、对资历要求高、吃力不讨好"等。学生答完之后，有的陷入沉默，思考自己的回答。教师补充新词"要求高的（demanding）"和"吃力不讨好的（thankless）"。老师对学生的回答进行总结，进入下一步——讨论环节。

Q：What is your impression of seeing a doctor in a hospital? What is your impression on doctors?

A：In a hurry, impatient, impolite, unfriendly etc.

Q：Can you describe the relationship between doctor and patient?

A：Violent, hateful, resentful, conflicting, tense, discontented etc.

Q：Do you want your child to be a doctor?

A：No, because of not well-paid, tiring, exhausting, nervous, you have to be diligent to be qualified, a thankless job.

其次，小组讨论。将班级分为四人一组进行讨论，让小组长记录讨论要点。讨论问题一：医生的工作环境。目的是为了让学生明白医生行医时的匆忙的原因，让学生理解医生的不容易。讨论问题二：学生思考"中国外科之父"裘法祖所说："德不近佛者，不可以为医；技不近仙者，不可以为医"的含义，讨论医生的行医标准。对于医者的高标准的讨论引起了学生的沉默，教师继而提出紧扣题目的问题。讨论问题三：下一次去看病，对待医生应该持什么样的态度？学生纷纷表示要转变态度。

Group discussion

Q1：If you were a doctor, what kind of working environment are you longing for? How many patients do you think is the maximum of patients as your daily diagnosis? If you were hit by some angry and dissatisfied patients or their families, what would you react?

Q2：What makes a good doctor?

If a person's virtue is not close to Buddha, skill is not close to immortals, he'd better not be a doctor.

Q3：Since being a doctor is demanding, tiring, thankless, and even risky, what would you do next time when you see a doctor?

写作讲授：在黑板上写下"关系（relationship）"，让学生思考关系的特征是什么。在黑板上写下"动态的"和"相互的"两个词，并举例进行类比。

Q：What are characteristics of relationship?

A：Dynamic and reciprocal.

Like a marriage, the relationship only works if both parties are fully invested.

再其次，审题和写作分析。本课程感恩篇中的议论文题目是 2017 年 12 月四级考试作文真题，让学生在 30 分钟内写出一篇不少于 120 字，不多于 180 字的论文，来分析和讨论如何处理好亲子关系/师生关系/医患关系。审题和教学先从如何处理好医患关系这一主题入手。

第一，让学生理解医生工作的不容易。老师列出几张医护人员带病工作或疲倦入睡，其中有医护人员将害怕做手术的小患者抱在怀中，安慰小患者的照片，有医护人员跪地做手术的照片，还有医护人员抱着老年患者整整两个小时固定其手术姿态的照片，等等。一边展示一边进行讲解。很多学生的眼里泛起泪光，还有的悄悄擦眼泪。

第二，指出题目中的"如何处理好"这几个字怎么审题。让学生理解为什么要处理好医患关系以及处理好医患关系的重要性。给学生列出重点词汇等。

再次强调关系的特征是动态的、相互的，所以患者对医生的期待（医生应当注意些什么）可以适当提及，但重点是引导学生的同理心和感恩之情。

Topic exploration

Directions：For this part, you are allowed 30 minutes to write a short essay on how to best handle the relationship between parents and children/teachers and students/doctors and patients. You should write at least 120 words but no more than 180 words.

The importance of doctor-patient relationship

A strong relationship between the doctor and patient will lead to frequent, quality information about the patient's disease and better health care for the patient and their family. Enhancing the accuracy of the diagnosis and increasing the patient's knowledge about the disease all come with a good relationship between the doctor and the patient.

The bond of trust between the patient and the physician is vital to the diagnostic and therapeutic process.

Key words and expressions

Ongoing patient-doctor interactions; make accurate diagnoses; provide optimal treatment recommendations; positive, negative, or neutral; etc.

What do you expect a doctor do?

The physician maintains a compassionate and professional demeanor; the physician maintain competence, professional knowledge, and skills; etc.

然后，举一反三，拓宽思路。先进行亲子关系的教学。展示中英文对照小诗《挑妈妈》，总结亲子关系定义。给学生讲述一个石像的故事（地震中保护怀中孩子的妈妈的故事）。

Another picture shows that a mother sacrifice herself for her baby and there is one line saying：my baby, if you can survive, please remember I love you.

Maybe your mother is nagging, but she is the one that would sacrifice her life for yours. So is your father.

The term parent-child relationship refers to the unique and enduring bond between a caregiver and his or her child.

最后，引入师生关系写作。给学生播放《静静的深夜》这首歌（老师到深夜还在批改作业的一首歌曲），音乐拨动学生心弦，唤起学生情感。

Play a song eulogizing a dedicated teacher. Students can hum with the melody.

总结和升华：强调老师和医生的奉献更伟大，老师关心、宽容、鼓励、帮助学生成长，就像妈妈一样；医生救死扶伤，职业同样高尚。展示其他图片，强调：如果你感觉轻松，那是因为有人替你负重前行，学会感恩、理解、尊重，学会爱。在总结的过程中，提供描写如何处理好三种关系的有关词语、句子，为学生写作搭好脚手架，学习地道英语表达方式。

Your mother or father loves you because you are their child. But teachers and doctors do things for you just because they are teachers and doctors and this is why these two professions are respectable and respected because they want nothing from you. That is their job and that is their professional ethics.

小结和作业：对所授内容进行总结，布置作文。作业包括一篇 120~180 字的议论文，题目是"如何处理好医患关系"；给老师做张英文贺卡，感谢老师；给父母打个电话，感谢父母。

Summary and assignment

Write your essay of "how to best handle the relationship between doctors and patients"; Write a thank-you card to your teacher to show your gratitude (Review); Call your parents and thank them for what they have been doing for you through all these years.

4. 学习资源

①丁往道等编著：《英语写作手册》（英文版，第三版），外语教学与研究出版社 2009 年版；

②［美］威廉·斯特伦克：《英语写作手册：风格的要素》，外语教学与研究出版社 2016 年版；

③钦寅主编：《淘金大学英语 4 级写作范文背诵 100 篇》，世图音像电子出版社 2012 年版；

④金薇、董鹏主编：《育德：滴灌生命之魂》，上海教育出版社 2017 年版；

⑤"生命中缺'医'不可的你 向守护者们致敬"，载《学习强国》，

https://www.xuexi.cn/lgpage/detail/index.html？id＝7674401002901791893。

案例2 志愿者精神指引行动

本案例是奉献精神里的"一次志愿者经历"的记叙文写作教学。

1. 知识点

志愿者的定义和志愿者精神内涵（know about the definition and work of volunteer, analyze the spirit of volunteers）；记叙文的写作要领和情感抒写（learn key words and expressions, the way of narrating a volunteer experience and the affect in the narration）。

2. 思政目标

通过体验和参与志愿者行动，在实践中理解志愿者精神就是雷锋精神，了解"奉献、友爱、互助、进步"的意义，在行动中升华情感，树立时代使命感和责任感等。

3. 教学过程

导入：班上几乎所有同学都做过志愿者，先提前请两三名学生为全班同学做一个三分钟的课堂"早报告"，引入教学内容。

Ask two or three students to do a morning report to share their different types of volunteer work to the class with PPT presentation and their feelings towards those who receive their help.

分组分享志愿者经历并讨论：让学生四人一组分享自己当志愿者的经历，描述印象最深的一次经历。小组长记录下用英语描述经历的困难。四人一组讨论"志愿者对你来说意味着什么？""为什么想去当志愿者？""当志愿者有哪些心得和收获？"

Share one of your most impressed volunteer experience with your group members and the group leader shall take down the difficulties they have in narrating the experience.

Discuss the following questions:

First, what do you mean by being a volunteer?

Second, why do you want to be a volunteer?

Third, what did you learn from this experience?

关键知识点讲解：给学生展示一些志愿者的图片，总结志愿者的内涵和定义。让学生思考什么是一个志愿者最重要的品质。学生们给出很多答案，如可以让世界变得不同，或者提升自己的技能、让自己快乐，精神放松、建立专业和个人的联系等。

Show students some photos of volunteers. (Foreign volunteers bring convenience to tourist spot in China etc.) Think about some famous volunteers worldwide. (Mother Teresa, Lei Feng, Nathan Hale etc.)

Q: What does "volunteer" mean to you?

Generalize the definition and connotation of "volunteer" such as "actively takes on a task, responsibility, or project", "without needing to be assigned, ordered, or told to do so" and "not paid".

Q: What is most important for a great volunteer?

A: Briefly, a great volunteer is one who is devoted to voluntary work wholeheartedly.

Q: Why you want to be a volunteer?

A: I can make a real difference. It provides me with a chance to up-skill. It makes me happier—it's good for the mind and body. It provides a chance to build my professional and personal network.

情感升华：学生认为志愿者经历改变了自己的认知，不仅使自己得到了极大的锻炼，更意识到自己的幸福生活值得珍惜。大多数学生觉得志愿者给他们带来最大的收获，就是他们变得更加快乐，更加感恩自己的幸福生活，因为他们帮助了其他需要帮助的人，也意识到助人为乐的力量。基于学生的讨论和回答，教师进一步引导学生意识到志愿者精神就是雷锋精神，它有四个重要的内容，那就是奉献、友爱、互助和进步。引导学生意识到微光成炬，志愿力量温暖人心。大学生是祖国的未来、民族的希望，每一个大学生志愿者身体力行都能传播正能量，助力形成以奉献为荣的良好社会风尚。

Q: Why you become happier after you helped others as a volunteer?

A: Because I devoted myself to a selfless cause. Because I give instead of ask.

Q: What kind of spirit is volunteer spirit?

A: It is actually Lei Feng spirit. It includes dedication, fraternity, mutual-aid and progress.

记叙文写作点拨：给出作文题目：叙述一次难忘的志愿者经历。引导学生掌握记叙文的写作要领。讲故事要有针对性和目的性，记叙文的语言描写要详细具体。标题要醒目（非限定题目类的作文），一般按时间顺序写。

Analytic analysis

Write a narrative with the title of "An unforgettable volunteer experience".

A narrative essay tells a story, usually concerning an event or issue in your life. The story must have a purpose, such as describing how the event changed your life, altered your outlook or taught you a lesson.

In writing your essay, using vivid, detailed language and emphasizing conflict will draw readers into your narrative.

Choose a compelling topic to grab readers' attention.

Write Chronologically, which both provides a simple way to organize your thoughts and makes your essay easier for your readers to follow.

课后实践：课后志愿者实践活动，体会志愿者精神的内涵。一系列课后实践活动包括：小组设计学院志愿者标志，以班级为单位进行最美志愿者标志投票，票数最高组该项成绩最高；邀请志愿者来校做讲座，现身说法；为社区困难户赠送生活必需品等；带学生拜访学校所在社区老党员志愿者，听其讲志愿者的经历。这些实践活动进一步加深了学生作为志愿者的情感体验，为记叙文的感情抒写打下良好的基础。从后续学生交上来的作业来看，多数学生内容较翔实，在文章中使用了感谢、感激、感恩、快乐、有益等词，流露出真情实感，体现出了情感实践的有效性。

Volunteer activities after class, such as the voting of volunteer symbol design of the college; the lecturing of volunteer model on his volunteer experience; distribute the necessities to the needy families in the community and the family visiting to a senior volunteer.

4. 学习资源

①丁往道等编著：《英语写作手册》（英文版，第三版），外语教学与研究出版社 2009 年版；

②［美］威廉·斯特伦克：《英语写作手册：风格的要素》，外语教学与研究出版社 2016 年版；

③钦寅主编：《淘金大学英语 4 级写作范文背诵 100 篇》，世图音像电子出版社 2012 年版；

④林广西："放大'志愿精神'点亮我们的追梦路"，载《学习强国》，https：//www. xuexi. cn/lgpage/detail/index. html？ id＝11950608886837716894；

⑤Joh Zamboni："How to Write a Narrative Essay"，at https：//www. the-classroom. com/write-narrative-essay-5789185. html.

七、教学反思

写作任务从根本上来说是以产出为目的，基于前期信息输入而进行的有创造性的产出活动。语言是思维的载体，理性和情感共同构成人的灵魂品格，如何通过情感教育丰富语言的表现形式、提升文章的立意和格局、跳出有限的预想的思维和情感模式，是写作教学中的关键。

将思政融入课堂之后，笔者最大的感受是，学生的精神面貌发生了不同，不光解决了学生的英语写作的具体困难，而且还进一步提升了语言质量和思维的广度和深度。多名学生在写作大赛中获奖，主要原因在于其思想境界和文章立意的提升。有学生在课后的反思报告中写道："老师，今天上了这堂课，我发觉我以前的认识是狭隘的。谢谢老师！"立德树人始终是一切教育的根本和最终目的。

英语教学要突破传统和常规的教学范式，教学要有思想、有爱的引力和智慧的魅力。要想做到这几点，课程思政就是一个很好的切入点。这一切的前提是，教师自己要先成为学生心中的榜样，欲正人，先正己，真正的教育者，是在施教的同时实现自我教育。只有当教师成为学生学习、生活、成长的"教材"时，教育才能实现，课程思政的意义也正体现如是说：三寸粉笔，三尺讲台系国运；一颗丹心，一生秉烛铸民魂。

执笔人：高炯

高级英语阅读课程思政教学案例

一、课程基本信息

课程性质：专业选修课

学分：2   学时：32

授课对象：生物化学工程学院 2017 级学生

二、授课教师基本情况

任虎林，教授，博士，主要承担大学英语和高级英语阅读等有关英语教学的任务，有多年英语教学经验，对英语教学有一定的研究，提出宏观教学和微观教学法互动结合的协同教学法，对英语教学的研究有一定的借鉴意义，近年来，对英语课程教学所蕴含的思政元素的挖掘很感兴趣。

三、课程内容简介

高级英语阅读是为生物化学工程学院非英语专业学生开设的一门选修基础课程，同时也是使学生大量接触英语读物和培养阅读能力的一门实践基础课。英语阅读课的目的在于培养学生的英语阅读理解能力和提高学生的阅读速度；培养学生细致观察语言的能力以及假设判断、分析归纳、推理检验等逻辑思维能力；提高学生的阅读技能，培养学生的阅读兴趣。同时在课堂教学中，加强学生思维能力和创新能力的培养；有意识地训练学生分析与综合、抽象与概括、多角度分析问题等多种思维能力以及发现问题、解决难题等创新能力；正确处理语言技能训练与创新能力培养的关系，并注重培养学生对文化差异的敏感性、宽容性以及处理文化差异的灵活性，注重培养跨文化交际能力。

四、课程思政教学目标

了解和掌握中国文化的概念精髓及内涵，认识文化是国家和民族的灵魂和精神支柱。

提升文化自信是国家和民族真正强大的标志，进一步认识文化自信是国家和民族发展更为基本、更为深沉、更为持久的力量。

正确理解"人类命运共同体"与狭隘的"自我中心主义"的关系，加深理解中国的担当对国际社会的和平与安全发挥了至关重要的作用以及年青一代的专业知识、人文素质、勇于担当的作用。

五、课程思政融入设计

元素1：文化认同感和自豪感

从有些学生热衷于过洋节（比如圣诞节）开始介绍，结合对中国春节的英文表达，用英文介绍新年习俗。在课堂材料讲解中，通过关键词和核心句子的阅读，分析指出，如果我们一味地迎合西方文化，对自身文化失语，就会陷入文化认同危机，有被西方强势文化所同化的危险。

元素2：中国优秀文化自信和"中国梦"的实现

我国应用型本科院校培养的是面向各行业的实践应用型人才，毕业生大多走向技术及服务的第一线。在阅读材料中，涉及介绍经济、贸易和旅游业的发展和越来越多的跨文化交际需求，有机融入中国传统文化自信的因素，为"中国梦"的实现注入精神层面的新鲜活力。

元素3：人文素养的文化内涵

工科院校人文素养的培养和根植，需要有厚实的文化内涵作为内容。在阅读学习的材料中，蕴含着人文素养和文化的内涵的界定，通过思辨和讨论，把人文素养和文化的内涵有机地结合起来，融入课堂教学内容中。

元素4：大国的担当与责任

大国要有大国的担当，不仅要维护好各国的共同利益，还应努力保持世界的开放性、携手维护世界的和平稳定。把这一元素巧妙地融入课程教学中的能源应对态度和策略，凸显大国担当的责任和义务。

六、典型教学案例

案例1　Confidence in Chinese Culture（中国文化自信）

1. 知识点

20个关键生词、10个重要短语（词组）、1段英译汉及10个汉译英短语翻译。20 个生词如下：

invaluable　adj. 无价的，非常贵重的；

handicraft　n. 手工艺，手工艺品；

renowned　adj. 著名的，有声望的；

sophistication　n. 复杂；

nurture　v. 养育；

strategist　n. 战略家，军事家；

heritage　n. 遗产，传统；

principal　adj. 主要的；

mascot　n. 吉祥物；

embrace　v. 抱，拥抱；

distinctive　adj. 有特色的，与众不同的；

culinary　adj. 厨房的，烹调用的；

accumulative　adj. 累积的；

gourmet　n. 美食家；

envoy　n. 使者；

exquisite　adj. 精致的；

prevail　v. 盛行，流行；

aroma　n. 芳香；

banquet　n. 宴会；

exemplify　v. 例证。

10 个重要短语（词组）如下：

share weal and woe　休戚与共；

history is a mirror　以史为鉴；

be deep-rooted　根深蒂固；

reach far and wide　触手可及；

aloof from booming life　茕茕孑立；

indulge in self-admiration　孤芳自赏；

（through）unbridled imagination　信马由缰；

（tell stories）through strikinglanguage and vivid images　浓墨重彩；

find one's place in our time　立之当世；

a universally applicable law　放之四海而皆准。

英译汉如下：

Peking Opera Mask, the painting on the Chinese Peking Opera performer's face, is a make-up art for stage performances. Each person of a certain character has a fixed pattern and color. For example, there is a white crescent moon on Bao Zheng's black forehead and Monkey King Sun Wukong's mask is an image of a monkey face. At the same time, different colors on masks represent different connotations. Red stands for loyalty and braveness, mostly used for positive roles. Black represents a character of straightforwardness and resoluteness. White is used for sinister and arrogant figures. Favored by many Peking Opera fans, the art of Peking Opera Mask is very popular at home and abroad and has been widely recognized as an identification of the traditional culture of the Chinese nation.

10 个汉译英短语如下：

古代四大文明；

农历；

二十四节气；

12 生肖；

阴历与阳历；

九九重阳节；

中国少数民族；

中华民族的文化认同；

中餐的色香味三要素；

中国的改革开放政策。

2. 思政目标

在本教学案例中，通过对英语材料的阅读，加深对中国传统文化深层次的理解。能够理解掌握、用英语讲述中国传统文化的一些表达方式，提高英语综合应用能力水平。通过英文翻译，对中国传统文化的英文表达和传播起到深化和固化作用。

3. 教学过程

首先，课堂导入。日常生活中人与人的交流中，有时会听到"这个人有知识，但没文化"或"这个人很自信"，那么，什么是文化？什么是自信？这就需要了解文化、自信的本质内涵、生成机制、中国文化自信的依据、文化自信与其他"三个自信"的关系以及中国文化自信的提升路径等问题。

其次，思考回答 3 个英文问题：What does the author suggest the writers and artists do before the creation of excellent works? What would happen to a country or a nation that abandons or betrays its own culture? How can classical art and literature epitomize the social life and spirit of the era in which they were born?

再其次，讨论（题目：中国传统文化的优点有什么?）。

论点 1：中国传统文化的基本精神就是中华民族在精神形态上的基本特点：刚健有为、和与中、崇德利用、天人协调。

论点 2：中国传统文化的最大优势在于自古以来造就了特有的、优越的民族精神和文化气质，其集中表现为"厚德载物""大象无形"的胸襟和气概。

然后，阅读材料，进行篇章结构分析。教师阅读材料时，采用讲授法为主，发挥学生阅读的主观能动性。要求对材料的整个宏观结构进行把控，认真思索和研讨微观层面的段落结构如何有机融入宏观结构中，列出学习内容的中国文化认同和令人自豪的支撑材料，使材料浑然一体、承接自然。

最后，用英文总结材料中文化精髓要点，汇报展示。要求对中国传统文化的精髓能用英语表达出来，进行分组汇报。

4. 学习资源

①习近平：《习近平谈治国理政》（第二卷），外文出版社 2017 年版；

②朱筱新编著：《中国传统文化》，中国人民大学出版社 2010 年版。

案例 2 The Price of Oil and the Price of Carbon （石油价格和碳价格）

1. 知识点

20 个生词、5 个重要短语（词组）、分析 5 个长难英语句子，并翻译成汉语。

20 个生词如下：

notwithstanding　adv. 尽管如此；

carbon dioxide　n. 二氧化碳；

derail　v. 出轨，干扰；

incentive　n. 动机，激励；

corrective　adj. 矫正的；

irreversible　adj. 不可逆转的；

fiscal   adj. 财政的；

deplete   v. 耗尽，使衰竭；

expenditure   n. 开支，花费；

dynamic   adj. 动态的；

advent   n. 到来，基督降临；

displacement   n. 取代；

substitute   n. 替代品；

shale   n. 页岩；

scaling-down   n. 逐渐减少；

unleash   v. 释放；

geothermal   n. 地热；

endorse   v. 签署；

fragile   adj. 脆弱的；

alleviate   n. 减轻，缓和。

5 个重要短语（词组）：

align…with   协调；

carbon dioxide   二氧化碳；

spurring development   鼓励发展；

social profitability   社会盈利能力；

collateral costs   附带费用。

分析 5 个长难英语句子，并翻译成汉语：

The reasoning behind this saying is that low oil prices discourage investment in new production capacity, eventually shifting the oil supply curve backward and bringing prices back up as existing oil fields—which can be tapped at relatively low marginal cost—are depleted；

Even Africa and the Middle East, home to economies that are heavily dependent on fossil fuel exports, have enormous potential to develop renewables；

Unless renewables become cheap enough that substantial carbon deposits are left underground for a very long time, if not forever, the planet will likely be exposed to potentially catastrophic climate risks；

We need very broad participation to fully address the global tragedy that results when countries fail to take into account the negative impact of their carbon emissions on the rest of the world;

While alternative estimates of the damage from carbon emissions differ, and it's especially hard to reckon the likely costs of possible catastrophic climate events, most estimates suggest substantial negative effects.

2. 思政目标

通过阅读本单元的英语材料，对国际能源（如石油和碳）的国际供应和价格走势有一定了解，从更深层次理解能源背后所蕴含的大国担当和责任意识；提高对影响国际能源价格的相关因素和相应国家的担当和国际责任，认识中国作为负责任大国的担当意识和对共建"一带一路"人类命运共同体的贡献。

3. 教学过程

首先，课堂导入。人类的生存与发展都和能源有密切关系，人类的一切经济活动和生存都依赖于能源的供给，而开采其他资源和利用其他资源也都要依赖能源。2018年版《世界能源蓝皮书》由中国社科院研究生院国际能源安全研究中心组织专家学者撰写，分析世界能源行业的发展状况、市场走向和未来发展趋势，解读世界经济形势、各国能源政策等各种因素对世界能源局势所产生的深刻影响。作为能源主要构件的石油和碳，其价格对整个世界和人类的影响十分重要。

其次，回答3个英文问题：Is it true that a number of factors are driving down the global oil prices not just for now but in the foreseeable future? Why does pricing carbon prove to be the most economical way to reduce greenhouse gas emissions? Why are the prices of coal low as a result of over-supply and decreasing demand?

再其次，讨论（题目：美国退出国际组织的原因及影响）。有人认为，特朗普在国际组织中不断"撂挑子"，有损世界大国的担当和责任，带来的直接后果是，国际社会对美国的失望。同时，美国自甘放弃自己的地位，等于将责任推卸给别的国家，尤其是如中国、俄罗斯、德国等有影响力的国家，增加了这些国家的财政、外交等负担。但同时，也给国际社会带来了重新洗牌的机会，无疑对这些有担当的国家是一种机遇。

另有人认为，"人类命运共同体"与狭隘的"自我中心主义"是对立的。中国的担当对国际社会的和平与安全发挥了至关重要的作用，未来的道路依然艰辛，中国对国际社会的作用取决于年青一代的专业知识、人文素质、勇于担当。我们应该牢记"修身、齐家、治国、平天下"是我们中国人的民族追求。

然后，阅读材料，总结、提炼美国退出的国际组织及其职能。材料基本上提到了特朗普退出的六个国际组织：①跨太平洋伙伴关系协定（TPP）。特朗普一上任就正式签署退出协议，主要原因在于认定其影响美国就业与工业的回归。②2017 年 6 月特朗普宣布退出《巴黎协定》，认为减少温室气体排放对美国民众而言损失过大、温室气体排放的限制导致美国工业难以扩大。③联合国教科文组织。2017 年 10 月美国宣布退出教科文组织，原因主要在于特朗普认为其对美国帮助不大，并且现在退出还能"赖掉"教科文组织 5 亿美元的会费。④伊朗核问题协议：2018 年 5 月 8 日特朗普在白宫宣布美国退出伊朗核问题协议。⑤联合国人权理事会。2018 年 6 月 19 日美国官员宣布美国退出联合国人权理事会，此次同样是中东问题导致。⑥万国邮政联盟（UPU）。2018 年 10 月，美国启动退出该组织的程序。该组织是协调全球各成员国间邮寄往来的国际性组织。特朗普认为一些发展中国家的邮政、快递业务占了美国邮政便利的便宜。

最后，用英文总结汇报材料要点。要求学生对世界能源机构及其主要职能精心提炼，分组汇报，能用英语表达出来。

4. 学习资源

①余胜海：《能源战争》，北京大学出版社 2012 年版；

②黄晓勇主编：《世界能源发展报告（2017）》，社会科学文献出版社 2017 年版。

七、教学反思

通过案例教学，笔者发现教学的组织和安排紧凑，实施效果较好，成果丰硕，在学生汇报展示中，既有关于传统文化精髓的精炼报告，又有对国际组织的熟练掌握。高级英语阅读作为选修课，在课程思政元素的挖掘和融入方面，应该起到引领作用。因为高校思想政治教育的根本目标是培养中国特色社会主义的合格建设者和可靠接班人，英语课作为外语应用能力的主要课程，在价值引领上应该与思政课同向同行。从理论层面上讲，至少应该包括以下四方面内容：其一，要引导学生树立马克思主义的世界观，尤其是要学习、宣传和贯彻马克思主义中国化理论成果尤其是最新理论成果——习近平新时代中国特色社会主义思想。其二，要引导学生树立正确的三观，践行和谐社会的目标。其三，要引导学生牢固树立社会主义核心价值观。其四，继承和发扬中华民族优秀传统文化。

在实际操作层面，教学实践要符合学校城市型、应用型大学的定位，强调工匠精神，突出应用型技能的培养，使二者有机结合，笃行工匠精神是技能之魂。同时，英语课程思政应注意的问题是，教师在课堂上进行语言教学的同时，也介绍英语文化，必要时进行中西文化对比，寓思政教学于语言能力教学之中。教师在组织学生进行听说读写译和讲解语言知识的过程中，通过口授、学生自主思考、学生分组讨论、师生互动交流以及任务驱动等教学方法和手段，将思政元素有机融入英语教学过程中，使学生通过自己的学习和思考，在学习语言的同时，也获得正确的思想观念、价值观点和道德规范。

关于英语课程的思政建设问题，笔者认为应涵盖以下三点：一是英语教师要以教材内容为基础，进行思政元素的无痕迹融入的探讨和研究，并进行创新性尝试，使之渗透教学设计与实践全过程。正确价值观的引领一定要自然合理，要有感而发、有的放矢，不能进行生硬的甚至毫无根基的价值"植入"。如果教学内容中实在找不到价值引领的依托，没必要牵强附会，不能"为赋新词强说愁"。二是英语课作为综合素养课，在思政课程建设方面要用特色，做到春风化雨般的润物细无声地隐性育人。三是利用英文微信公众平台和信息化教学平台，融入增加拓展并提高学生的中国文化素养和地方文化意识的英文材料的建设显得尤为迫切和重要。同时，采用活动教学法，探究互动教学法等适合学生口味的教学方法，把课程思政元素完美地融入教学中，取得更好的教学效果，真正做到守好一段渠，种好责任田。

执笔人：任虎林

大学英语（Ⅲ）课程思政教学案例

一、课程基本信息

课程性质：通识教育必修课

学分：4　　学时：64

授课对象：非英语专业本科二年级学生

二、授课教师基本情况

任颂，讲师，硕士，自 2007 年开始从事大学英语的教学工作，致力于能让学生们享受接受教育的过程，课堂设计有亮点、有逻辑、有节奏，乐于尝试新事物以及新的教育技术手段，使课堂更加灵活多变，重视教学的达成率，教学方式也得到了学生的肯定和好评。

三、课程内容简介

大学英语课程的教学重点是合理引导、调整学生的学习策略，培养学生的自主学习能力，使之达到较为理想的状态，教师进一步采用更加灵活的教学模式。大学英语课程兼具工具性和人文性双重性质，帮助学生"拓展国际视野，强化语言优势，突出应用"。就工具性而言，大学英语课程的主要目的是：一方面，在高中英语教学的基础上进一步提高学生英语听、说、读、写、译的能力；另一方面，学生可以通过学习与专业或者未来工作有关的学术英语或者职业英语，获得在学术或者职业领域进行交流的相关能力。就人文性而言，大学英语课程的重要任务之一是进行跨文化教育。

四、课程思政教学目标

第一，引导学生对个人问题和社会热点问题的正确认识与理性分析，能够在实践中理解并遵守职业道德和规范，践行社会主义核心价值观。

第二，培养学生中国情怀，树立正确的文化价值观。教师挖掘教材中的优秀民族文化，深刻剖析教材中蕴含的人文精神。学习我国各领域优秀人才的家国情怀，使学生具有本国的文化自信，拥有民族自尊心、自信心和自豪感。

第三，通过中西文化的对比，使学生具有多角度辩证思维，并结合西方文化因素，进而实现向外的输出，将中华民族优秀文化推向世界的舞台。

五、课程思政融入设计

元素1：引导学生对问题和社会热点问题的正确认识与理性分析，使学生具有合格公民的意识，增强学生的社会责任感

选取代表性的人类生活垃圾，查找其被地球降解的时间，唤醒学生对地球的关爱和对环境保护的意识。选取环境热点问题如全球变暖、石油泄漏等话题进行汇报讨论。

元素2：学习我国两位诺贝尔获奖者的爱国情怀和对科学的不懈追求

学生分组汇报中国两位诺贝尔奖获得者的获奖经历。模拟诺贝尔颁奖典礼，如果你作为一名中国公民，获得某一领域的诺贝尔奖，那么你要在颁奖典礼上说些什么？

元素3：学生对国产品牌具有信心，具有本国的文化自信，拥有民族自尊心、自信心和自豪感

我国优秀的国产品牌的企业文化。

元素4：通过中西文化的对比，使学生具有多角度辩证思维，并结合西方文化因素，进而实现向外的输出，将中华民族优秀文化推向世界的舞台

介绍万圣节、中元节、水灯节、亡灵节等中外同类型节日的起源和文化内涵的对比。

元素5：培养英语学习者的中国文化意识，并将这一意识贯穿到整个英语教育体系中，教师进行引导和启发、使学生积极主动参与为主要特征的教学常态

中国文化翻译专题"颜色与文化、武术、传统手工、中国特色小镇"等主题的翻译与写作练习。

六、典型教学案例

案例 1 零归使命（Mission Zero）

1. 知识点

环保主题的重点词汇；课文中心大意，抓住要点，理解主要事实和细节，并能够进行一定的分析、推理和判断；正确认识经济发展与环境保护之间的关系；关注我国在环保方面所积极做出的努力，学生跨文化交流中，增强保护环境意识和自我责任意识，倡导可持续发展的战略理念。

2. 思政目标

以视频为手段介绍我们赖以生存的地球所受到的伤害，使学生能够对环境"共情"，培养学生的公共意识和公民意识。

从国家层面和具有社会责任感的企业家的角度展示我国在环保问题上所做出的努力和改善。学生进行对外跨文化交流时，能够使世界了解我国环境保护和改善的真实情况。

正确认识经济发展与环境保护之间的关系，树立正确的价值观。当毕业后，我们的学生将承担更重要的社会角色，为我国和全球的环境保护和改善工作做出更大的贡献，承担更大的社会责任。

3. 教学过程

导入：①介绍文化背景（8 分钟）。学生对纪录片《蓝色星球 2》（Blue-Planet Ⅱ）的评论反馈。②图片展示（8 分钟）。教师提出问题："在北京，我们能感受到哪些环境问题？"展示北京的雾霾图片，并向学生们展示口罩，向大家介绍我们日常生活中能注意到的环境问题。③介绍 Interface 公司（9 分钟）。教师介绍该公司的业务领域以及作为石油密集型企业可能造成的巨大环境污染。

阅读分析（30 分钟）：①第一次阅读。学生快速阅读第一段，并思考教师提出的问题：经济发展应该以环境为代价吗？②阅读技巧。学生扫读第 2～8 段，并填写书中表格，以查找 Interface 公司作为石油密集型公司对其发展的影响。教师展示阅读材料，使学生深入理解课文。要求学生阅读最后两段找到所有有关环境问题的主题涉及的常用词。

批判性思维：口语练习活动（30 分钟）。要求学生讨论并得出结论，了解中国在环境保护方面的努力和改进。然后每组选择一位代表发言。教师展示蚂蚁森林的广告视频并分别从国家和企业家的角度进行总结。

讨论教师提出的问题：作为一个负责任的公民，我们可以做什么来帮助地球？

教师与学生互动猜测各种材质垃圾的降解时间并强调塑料制品的危害。

作业（5分钟课堂简介）：①大学英语四级考试阅读练习。深度阅读2015年6月英语四级考试真题有关环境问题的文章。②写作练习。用课上学习的与环保相关的重点单词写一篇文章来说明中国在环境保护方面的努力（200字）。③小组调查。堡头社区居民对垃圾分类的认知度调查并在下一堂课做口头报告。

4. 学习资源

电影：*Filthy Cities*。

案例2 一次俄罗斯之旅（A Russian Experience）

1. 知识点

课文中的重点单词和短语、段落扩展的技巧和方法、描写城市建筑的手法和表达方式。

2. 思政目标

通过中西文化的对比，使学生具有多角度辩证思维，并结合西方文化因素，进而实现向外的输出，将中华民族优秀文化推向世界的舞台。

学生通过设计活动了解中国（北京）文化与中国（北京）符号的象征含义。同时通过圣彼得堡和北京两座城市的对比，对北京的历史、文化有更深的了解。

3. 教学过程

在第一小节教师导入（10分钟）：①自己的旅行经验和理解，然后要求学生讨论人们旅行的各种原因。有些人旅行是因为好奇和渴望学习而经历不同的文化，有些人则去了高山、湖泊、沙漠欣赏美景并面对自然的挑战，还有一些人对历史遗迹很感兴趣，因为他们想学习。但是，有更多的人离开家只是为了放松自己，摆脱烦琐的日常工作。②教师介绍圣彼得堡的历史。

课文理解——场景描写（20分钟）：帮助学生充分体验圣彼得堡的美景并学习场景描写的表达。内容包括：①教师在每段中介绍重点短语和词汇的表达方式。②学生快速阅读文章并回答问题：Why is St. Petersburg in August bathed in a soft, shimmering light in midnight? Read Para 2 and tell why

St. Petersburg is a popular choice？③教师在第 3 段中给出 4 个句子，将图片与这些句子配对：

We flew in from Stockholm and from the air immediately noticed a well-planned city with apartment blocks built in semi-circles with central courtyards and gardens.

Not only did this seem practical，but the idea behind the design was to shelter residents from the fierce winter winds. The city was built by European architects in the 18th and 19th centuries and remains one of Europe's most beautiful cities.

Straddling the wide River Neva，the city is made up of almost 50 islands connected by some 310 bridges.

No wonder the sight of elegant buildings along the canals reminded me of Paris，Amsterdam and Venice.

播放视频：*Daylight of St. Petersburg（Aerial view）*（5 分钟）。学生们将欣赏这段视频，并对圣彼得堡留下深刻的印象。

文化沙龙：俄罗斯的作家及其作品（10 分钟）。教师简要介绍三位作家（普希金、托尔斯泰和陀思妥耶夫斯基）及其著名作品，并一起欣赏普希金的名诗。

在第二小节教师导入（10 分钟）：课文理解——俄罗斯家庭的热情好客（10 分钟），介绍第 5~8 段的重要语法点，请学生通读第 5~8 段，并描述：The building and the house the couple are living；The looks of the host Yuri.

文化对比（20 分钟）：学生尝试找到圣彼得堡与传统北京的共同点，并说明两者之间的区别，对比建筑物、河流/桥梁、作家/作品、性格、饮料/食物和历史。

课堂讨论：旅行的意义（10 分钟）。学生扫读第 9 段，并找到作者关于旅行的意义的描述，分享自己对旅行含义的理解。

作业（5 分钟）：写作练习：介绍一个你认为中国最美丽的城市（200字）。

4. 学习资源

听力资料：*Culture Difference*。

七、教学反思

笔者在几年进行思政课程建设的探索中发现，将思政润物细无声地融入课堂对授课教师有着非常高的要求，对教师的知识结构、知识广度和思维的深度都是非常大的挑战，也越来越觉得自己有着非常大的欠缺，最开始的课程设计是进行点对点的融合，将某个知识点和某个思政的点相结合，但是在课堂过程的设计及实施中发现，点对点的融合方式很难保证不漏痕迹。如果想上好一堂思政课，需要的是点对面，甚至是面对面的融合。教师需要不断地进行学习，补充各种知识，完善自己的知识结构，同时要贴近学生生活，以灵活的课堂形式将思政元素无痕地融入课堂。

执笔人：任颂、杨建兰

形象塑造课程思政教学案例

一、课程基本信息

课程性质：通识教育选修课

学分：2　　学时：32

授课对象：大学生

二、授课教师基本情况

申秋燕，讲师，硕士学位，讲授过商务礼仪、大学生礼仪修养、形象塑造等相关课程，授课期间曾经撰写论文《大学教师礼仪之探讨》在公开刊物发表，对正道天成等单位进行过企业内训，在北京信息科技大学 MBA 学员班担任礼仪形象课主讲教师，朝阳区青少年精准帮扶——形象礼仪主讲教师，炫动少儿礼仪主讲教师。

三、课程内容简介

形象塑造是针对当今 21 世纪大学生的特点，为他们量身打造的一门通识教育选修课，通过外在形象和内在形象的梳理，把感性的美用理性的思维进行量化、拆分、整合、重组，运用于教学实践，解决生活中的实际问题。课程首先是从外在衣着和服饰入手，提升学生对课程的兴趣，让学生积极参与其中，学习最基本的仪容仪表知识——美其貌；其次从举止、仪态进行学习，了解待人接物的基本法则，对仪态进行深一层次的剖析，以便让同学们在快速发展的社会中具有良好的交往能力——美其行；最后从意识层面认识中华文化的内涵，让每一个上课的学生了解中华文化的精髓，认可中华文化，从而继承发扬中华文化，树立文化自信和民族自豪感——美其心。

四、课程思政教学目标

通过解决个人形象问题，解读中华优秀传统文化，从而让每一个华夏人了解自己的文化、爱上自己的文化，传承自己的文化，建立中国人的文化自信，让爱国、爱党、爱家变得充实有力量。

通过服饰礼仪、面试礼仪、校园礼仪、社交礼仪等内容的学习，让学生建立正确的认知，懂得工作要敬业、做事讲诚信、待人要友善的重要意义，在思想上树立社会主义核心价值观，坚守做人做事的基本道理，做知礼、守礼的好青年，树立个人良好形象。

通过矛盾论和自然辩证法的基本理论，学会运用矛盾的共性和个性分析问题，正确看待当今的社会现象，明白精神文明建设与物质文明建设发展的矛盾，理解当今环境污染与工业发展的矛盾，理清对外开放与弘扬中华优秀传统文化的矛盾，从而明白中华文化"执其两端，用中于民"的伟大智慧。

五、课程思政融入设计

元素 1：和谐生万物的传统文化理念

和谐其实就是让不同的事物之间产生共鸣，掌握和谐便可以有更多的就业机会，在服饰搭配的环节，我们要遵守三个原则：一是服饰与服饰的和谐，解决服饰之间的协调问题，衍生相应的职业——服装陈列师；二是服饰与人的和谐，解决不同的人根据自己的外貌特征进行服饰搭配的问题，衍生出相应的职业——陪购师；三是服饰与社会角色的和谐，解决场合着装的问题，衍生出相应的职业——礼仪培训师。

元素 2：从层级品味学习君子役物，小人役于物

通过马斯洛需求理论的基本模型，解析人的贫、富、贵、雅、素五个品味层级，从物质的富足到内心的升华，是一个人品味逐步提升的过程，也是让一个人从生存的状态转入生命的状态的流程图，解读物质和内心的关系，重要的是增加内在的修养，树立高远的人生志向，从而驾驭外在物质、主导自己的命运。

元素 3：带着真心去做事

在日常社会交往活动中，我们离不开与师长相处、与同学相处、与陌生人相处，西方人交往的原则是爱，爱父母、爱子女、爱猫、爱狗，一切的爱都是平等的，更注重形式。中国人的"爱"是带着心的行为，会根据向往对象的不同，细分为多个层面，对父母的爱称孝，对子女的爱称慈，对兄长的爱称恭，对弟弟的爱称友，对领导的爱称忠，对下属的爱称护，当我们在为

人处世中，能够根据自己所处的位置和角色，保持内在的一颗真心与周围人进行相处，外在表现的形式无论是温柔还是严厉，人际关系都会变得简单。

元素 4：克己复礼思想在日常餐饮中的运用

俗话说："道在生活中"，中华文化在生活的方方面面对人性的修正都有非常好的诠释，日常的一日三餐中，座次的选择、餐具的使用、夹菜的规则、吃饭的细节等，时时刻刻提醒我们要注意自己的言行举止，对个人而言，生活的点点滴滴就是通过外在行为的限制——克己复礼，让心灵得以升华，体现了一个伟大民族的高超智慧。

元素 5：中华文化的弘扬和民族自信心

通过对中西方建筑、生活习惯的对比，解读中华之美，树立民族自信心。对汉字的解读让同学们明白"文以载道"背后的中华智慧；通过对音乐的赏析，让同学们明白音乐家与歌手的区别；通过中国礼服和西方礼服的对比，了解"此处无声胜有声"这种东方文化含蓄的力量；通过东方园林和西方园林的设计思想进行对比，让同学们了解"与自然融为一体"的至高境界。当一个人认识到自己民族文化的优秀，这种自信的形象便深深根植于其内心。

六、典型教学案例

案例 1 和谐是服饰搭配的重要原则

1. 知识点

服饰搭配的基本原则。

2. 思政目标

"和谐"是对"和为贵""和而不同"这种中国文化价值取向的具体阐发。通过讲解服饰搭配"三个和谐"原则，让同学们学会与周围的人、事、物相处，了解社会主义核心价值观中"和谐"是人与自然共同生存的基本条件。

3. 教学过程

了解"和""谐"的意义和表现形式，"和"是指两个以上的不同的事物相呼应；"谐"，是指协调统一，和谐生万物，大自然早已创造了万事万物，所有创新的事物都是人与自然或环境产生关系的结果，当人与人之间和谐，产生友情、爱情；当声音与声音之间和谐，产生听觉艺术；当人的作息与昼夜变化和谐，让身体更加健康。自身在个人外在形象上也应该做到以下三个和谐：

第一，服饰与服饰的和谐。陈列师精心搭配的商品橱窗让人赏心悦目，有进店试穿的欲望，对服饰企业是一个很好的宣传效应，良好的搭配与陈列让物品的价格得以提升。大家想象一下奢侈品店面的衣物陈列和外贸店打折的场景的区别。

第二，服饰与人的和谐。漂亮的服装是为人服务的，同样一件衣服不同的人穿上会有不同的效果，当人与服装之间产生和谐，可以提升人的视觉效果。举例：东方人皮肤较为细腻，五官立体感弱，所以更喜欢穿着精致的、光滑的丝质品，服装的造型设计也较为简洁；西方人皮肤纹理较为粗糙，五官立体感强，他们多采用面料粗糙的、设计粗犷的（破洞牛仔裤）、层叠的理念（塔裙）进行服装设计。

第三，人与环境（场合）的和谐。人走进社会，参与人际交往活动，运动休闲、职场工作、社交往来等，在不同的场景有不同的穿衣法则，所以需要学习相关的服饰礼仪，才能真正融入当今的大环境。中国有句话叫"入乡随俗"，我们把这句话用于场合着装再合适不过。

在较为正式的外交场合一般不采用舒适的休闲装或运动装，要学会运用三个和谐。不同色彩在服装中进行融合，我们发现好的服装搭配在整体上要学会采用太极理论，最高级的情侣装不是你跟我一样，而是你中有我，我中有你，有变化，有统一。

和谐在社会交往中的意义在于，为人处世的时候，既要有自己的主见，也要尊重和允许与我们有不同想法的人，高明的人总是追求动态平衡，为此而包容差异，在差异中达成和谐。人与人如此，国与国亦如此，不同的民族诞生了不同的文明，不同地域的人拥有不同的生活习惯，若总是强求一致，因容不得差异而往往会造成矛盾冲突，一个乐队，想要演奏出和谐美妙的音乐，需要使用十几种乃至几十种不同的乐器，各奏其乐，各发其声，从而汇成宏大动听的交响乐。反之，如果乐队中都使用同一种乐器，其单调乏味是可想而知的。

4. 学习资源

①杨金德："谈个人形象设计和塑造的原则"，载《龙岩师专学报》2002年第5期；

②"关于着装礼仪基本原则"，载 https://wenku.baidu.com/view/89852a2a6e1

75f0e7cd184254b35eefdc8d31512. html。

案例 2 加强内在的修养，提升品味层级

1. 知识点

服饰的品味层级。

2. 思政目标

通过马斯洛需求理论，对人的品味层级进行划分，从而找到自己现在所处的位置，为自己下一步找到努力方向，通过学习我们会发现，人所要驾驭的不仅仅是物质层面，更高层次的是驾驭自己的内心世界，内心越强大，对外在物质的需求越少，生命的自由度反而越宽泛，人的品味层级越高。

3. 教学过程

教师介绍品味层级的社会因素、个人因素，学生学习马斯洛需求理论，通过案例分析贫、富、贵、雅、素五个层级的特点，从而找到自己目前所处的位置，确定自己下一步努力的目标和方向，树立自己的人生志向，提高自己的生活品质。

贫：人最基本的需求，马斯洛需求理论最底层，服饰上追求保暖、遮羞。

富：物质基础足够丰富，内心缺少安全感（外在求被认可），通过外在的形象表达，服饰上会出现大量感的黄金饰品、奢侈品的大标志、大面积文身。

贵：具备规则意识，注重场合着装和服饰礼仪，以尊重他人和环境为第一要素，着装变得有规则。贵族精神需要具备文化教养、社会担当、自由的灵魂。举例：2008 年奥运会开幕式，恰逢酷暑，主席台领导人依然身着正装，尊重场合，做到克己复礼。

雅：人生难的不是加法，而是减法，精简配饰，去掉不必要的装饰，让生活由繁至简的过程，实际是对心灵的洗礼，是去掉贪心物欲，让阳光洒进来的过程，看似简单的背后实则有深厚的内在沉淀，正所谓腹有诗书气自华。

素：当一个人内心足够丰盛，拥有伟大志向，对外在的需求就会降低，服饰表现在低饱和度、裁剪随性、没有饰品。举例：邓稼先、钱学森、特蕾莎修女、晚年赫本等。

提升品味层级不是在物质上提升，而是内在的提升。我们购买的一件价格昂贵的商品，在付钱之后就变成了二手物品，商品价值马上打折。当一件普通的物品，被明星佩戴过之后，不仅不贬值还会马上升值。其告诉我们的是，人要懂得提升自己，让自己变得优秀、更有价值，而不能一味追求外在的富足。

4. 学习资源

①杨炘主编：《品味人生》，线装书局 2009 年版；

②［美］亚伯拉罕·马斯洛：《动机与人格》，许金声等译，中国人民大学出版社 2007 年版。

案例3 道在生活中

1. 知识点

餐饮礼仪与文化。

2. 思政目标

通过学习西餐礼仪，让大家了解西餐的饮食文化和饮食习惯，便于在未来的商务交往活动和中西餐饮文化对比中能够做到知己知彼。通过学习中餐文化中的座次、饮食禁忌、茶道，让大家懂得中华文化的博大精深，从一双小小的筷子看到我们祖先的智慧。通过人最重要的一日三餐，修正人的恭敬心，达到教化的目的。

3. 教学过程

先用一节课学习西餐礼仪。作为中国人，第一次吃西餐多少都会有些紧张，因为面对这么多刀叉不知道如何下手，在正规场合，放刀叉的位置也是很有讲究的，其实不仅刀叉，就算是杯子和盘子也要弄清放置位置（如下图），西餐厅点餐的原则、菜品的食用顺序都是有讲究的，牛排的选择不只是有纯熟的，如果点了十分熟的牛排，咬不动是很尴尬的一件事情。

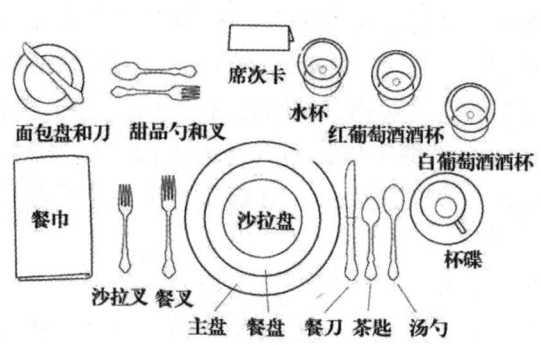

第二节课是中餐礼仪，请同学们分组讨论我们日常就餐的不文明行为，

教师对餐饮礼仪知识（座次、茶水、盛放食物）解读，重点指出现代人对中华文化的误解，讲述筷子的内涵及文化，筷子谐音"快"，寓意"快快乐乐每一天"，结婚送筷子，成双成对，合二为一，使用的过程中，一根动一根静，一动一静谓之道。筷子比起西方的刀叉取材方便，制作工艺要简单，但是筷子的学习和使用却比刀叉要困难得多（一切皆以修身为本），筷子不像刀叉这种金属的冰冷刚硬，而是采取木制，要温和很多。上方下圆的中式筷子，寓意"天圆地方"，方为坤，圆为乾，乾为天，为第一，民以食为天，由此而来，手拿筷柄，用筷头夹菜，坤在上乾在下，这是地天泰卦，和顺通达，体现了中国文化倡导"天人合一"，讲究效法自然。夹菜时，圆头指向别人，方头指向自己，寓意与人相处要懂得圆融，懂得化解矛盾，对待自己要有坚定的目标和严苛的规范。筷子的长度是七寸六分，寓意人有七情六欲。

西方人对菜品的加工仅限于简单的煎烤炸，厨房的工具很多，就餐的餐具也很多，烹饪产品按照严格的数量进行配比，人对外在工具的依赖很大，可复制性强（如麦当劳、肯德基）。中国人的烹饪方式多样，有煎、炒、炸、蒸、汆、涮、煮、炖、煨、卤、酱、熏、烤、炝、腌、拌等，过去普通家庭的厨房只有一把菜刀，对食材的切割更是有大块肉、小块肉、花刀、裹衣、片、丝、丁、碎、末、糜多种。佐料的使用都是适量、少许，制作过程对人的要求很高，一方水土养育一方人，所以产生了著名的八大菜系，饭菜的口感因地而异，因人口味清淡、厚重而异，餐饮制作的可复制性低，更考验人的用心程度。总结：道在生活中——中国人的厨艺是练心。

4. 学习资源

①徐醒民讲述：《常礼举要讲记》，团结出版社 2013 年版；

②视频《马未都老师讲筷子》，载 https://v.qq.com/x/page/a0807j35uqm.html。

七、教学反思

师者，传道（规律）授业（技能）解惑（解决问题），现在随着受教育时间的延长，我们掌握的技能越来越多，学到的知识越来越多，但是人们的困惑却越来越多（抑郁症的患者逐年增加），为什么我们学习了这么多东西却无法解决自己遇到的困惑？

学习的目的是什么？为了考试，为了上个好学校，为了赚更多的钱，这种模式让我们功利心越来越重，让我们离真理越来越远，国家已经高度重视品德教育，小学生学习品德与生活课，中学生学习思想品德课，大学生学习思政课，把思政纳入了必修和考试范畴。设想一个学生虽然思政卷面考核成绩优秀，但是对家长经常抱怨，对社会总是不满，内心太多的负能量，即便学习的知识再多未来都不会找到生活的快乐，如果教师把思想政治当作技能来教、当作技能来考核，在学生学习和成长的过程中，缺乏对本心的教育，增加的也只是知识量和虚荣心，并不会开启学生的智慧。

作为一名教师，需要以身作则，做到言行合一，教师的形象其实就是学生学习的一个模板，只要我们踏进学校，走进教室，我们对文化的认知，对社会现象的理解，对国家民族的情怀，会在我们的言行举止中流露出来，潜移默化地影响着学生的思想，所以对学生的思政教育要贯彻在每一门课程中，要落实到教职员工的每一个工作环节中。

执笔人：申秋燕

大学英语四级听力课程思政教学案例

一、课程基本信息

课程性质：通识教育选修课

学分：2　　学时：32

授课对象：生物化学工程学院本科学生

二、授课教师基本情况

杨建兰，副教授，外国语言文学专业硕士，二十几年来一直从事大学英语及相关课程教学工作，善于词汇、听力、东西文化对比教学。近些年来，广泛涉猎中西方历史、哲学、文学、文化等领域的阅读，为英语教学开拓了思路，积淀了课程思政的基础，使学生在英语学习的同时也能用英语理解、表达、传递中国优秀文化，在教学中注重培养学生用批判的眼光分析西方文化和价值观。

三、课程内容简介

大学英语四级听力是大学英语核心课程的辅助课程，重在培养学生英语听力能力，能从英语视频、音频中获得有用的信息。课程目的是通过一定的训练和专项练习，学生能凭借一些技巧在英语听力方面听懂一般语速、一般社会性话题的听力和视频材料，在大学英语四级听力考试中听力能达到及格水平，在收听英语新闻、听英语讲座、观看英语视频时，能听懂主要信息和重要细节。

课程任务：完成教材的 8 个单元的教学内容，每周 2 学时，共 32 学时；完成教材以主题为提领的视听教学任务，精听与泛听相结合、课堂与课后作业相结合，完成教材上大部分的练习任务。

四、课程思政教学目标

第一，在英语听力课中带入中国文化。听力课多选择包含中国元素、褒奖中国文化的听力资料，尽可能多地接触中国文化资料，熟悉中国文化的英语词汇，并能用英语简单地表达自己熟悉的中国文化。

第二，传递中国故事。通过各种练习、讨论、对话、实地考察，了解中国文化、传承中国文化（以北京文化为主）。

第三，搜集中国故事。调动大家搜集、整理自己的故事，分享、交流、汇聚，编写成联大学子特有的故事，将热爱中国文化的成果写在纸上，见证文化自信的成长过程。

五、课程思政融入设计

元素 1：鸭香谁能抵？（Beijing Roast Duck）

在完成教材视频《大董烤鸭店》（*Beijing Da Dong Roast Duck Restaurant*）教学任务后，针对"北京烤鸭"这一话题进行课程思政融入教学。观看视频的同时，学习有关烤鸭品牌、吃法、赞誉等涉及饮食文化的语言表达。通过问答、讨论了解北京烤鸭的历史变迁，明白饮食文化与民族传统间的相互影响关系。

元素 2："杀"进名人堂（Chinese Sports）

有关"体育"主体单元中的学习内容主要是体育精神（sportsmanship），在单元中加入一段中国网球明星的英语时事新闻《李娜入住网球国际名人堂》（*Hall Entry is Another First for Her and China*）。听力主要内容是中国网坛名将李娜如何两度获得大满贯。由此带出中国体育界打破世界纪录的其他典型案例，鼓励青年学子们增强文化自信，提高进取心，为国家增光。

元素 3：心齐泰山移（Collectivism）

在"价值观"内容中有一项听力任务是"中美价值观差异（Difference between Chinese and American Values）"。思政融入的方式是讨论我们生活中哪些行为体现了"集体主义"，而与集体主义对立的"个人主义"价值观又体现在哪些方面？举例说明在抗击大流行病时，"集体主义"与"个人主义"表现有何不同。

元素 4：丝路新花雨（Silk Road）

"中国经济（Economy of China）"部分是以当代中国经济为主要内容。教学引入一段课外视频《丝绸之路枢纽引领文化潮流》（*Silk Road Hub Takes Cultural Lead*）的英文报道作为课程思政融入点。通过地图对比古今"丝绸之路"的内涵变化。

元素 5：四合当安居（Beijing Siheyuan）

根据教材中的一段视频《中国旅游指南》（*The Travel Guide to China*），选择其中的中国建筑为课程思政切入点，聚焦学生最熟悉的北京四合院进行拓展教学，培养学生关注北京四合院文化，进而关注北京深厚的历史文化。

六、典型教学案例

案例1　鸭香谁能抵？（饮食）

1. 知识点

第一，"南鸭北渡"的历史。《食珍录》收集记录了魏晋以来帝王名门家族珍贵的烹饪名物，其中有"炙鸭"的记载，由此可见，烤鸭最初仅仅是富贵人家的美食。据传北京烤鸭得归功于明朝永乐皇帝朱棣，烤鸭随迁都由南京入驻北京。永乐十四年（公元1416年），北京城的米市胡同开了第一家便宜坊烤鸭店。著名的全聚德烤鸭店建于同治三年（公元1864年）。如今，"登长城、逛胡同、吃烤鸭"成为国内外游客来北京的必选，而在南京，人们似乎迫不及待要吃的是"鸭血粉丝汤"，朝代更迭、历史变迁，南鸭北渡，足见历史的力量。

第二，外交宴席上的北京烤鸭。1953年，周总理出访莫斯科，还将全聚德烤鸭店师傅带到莫斯科。美国前总统老布什、前国务卿基辛格等外国元首政要对北京烤鸭赞赏有加。课程视频里的大董烤鸭店，就是专门针对改革开放后的外国友人开办的。

2. 思政目标

使学生培养一种意识和习惯，即追索与美食相关的文化、历史，体会饮食文化在中华民族融合过程中功不可没的贡献。一道烤鸭，因时而迁、走南闯北，上登天子宴，下入百姓席，香飘全中国，味散海内外，不仅是北京饮食文化的象征，更是一个民族崇尚美好生活的体现。让学生结合自身体验，尝试通过美食寻根达到文化寻根的目的。

3. 教学过程

导入：Warm-up activity：Supposing you are asked to recommend a typical Beijing restaurant to your friends from other cities, which one would you suggest？（头脑风暴：假设有人让你给你外地来的朋友推荐一个地道的北京餐馆，你会推荐

哪家？大家提到了东来顺、护国寺小吃，许多学生立刻提到了全聚德烤鸭店。）

知识输入：① Learn the following words and expressions（词汇预热）：

with the prize for	得了……奖
two years in a row	连续两年
a popular restaurant with locals and tourists alike	受到当地人和游客的喜欢
there are no reservations	不接受预定
a great tome of choices	一大本菜谱可供选择
not only... but also...	不仅……而且……
an indication of popularity	受欢迎的标志
rather than	宁愿

② Watch the video and finish the true or false questions in the text book（观看视频并完成任务）：

Beijing Roast Duck is a must for visitors to Beijing.

Beijing Da Dong Roast Duck has won the prize for the best Beijing duck once.

Beijing Da Dong Roast Duck Restaurant is only popular with tourists.

The dishes served in Beijing Da Dong Roast Duck Restaurant are all made of duck.

③ Critical thinking discussion（批判性思维讨论）：Do you agree with the following statements concerning the Roast Duck? Give reasons please.

Beijing Roast Duck originated in suburb of Beijing a few hundred years ago.

Roast duck has ever been a popular food for common people from the very beginning of its birth.

Home-sickness is always associated with the food you grew up with.

④ Assignment（作业）：Please introduce a feature food in your hometown in around 150 words.

4. 学习资源

①汪榕培、石坚、邹申总主编：《21 世纪大学英语应用型视听说教程》（第 3 版），复旦大学出版社 2016 年版；

②张逸良主编：《知味》，台海出版社 2017 年版。

案例 2 四合当安居（旅游）

1. 知识点

四合院建筑：四合院是四个方位的房屋向心围拢而建构成的建筑单元，围拢在中间的空地作为共享的院落；院落大门一般开在南面东侧，避开与正房大门相对；进入大门经常会有一个影壁，将院内景象遮挡起来。有的四合院会由纵深几进的几个院子组成，表明主人地位高、财力厚。

四合院与王朝更迭：北京四合院是随着元大都兴起，为皇族朝臣家眷而建的住宅。明清两代继续了四合院的居住传统。在经历了民国、抗战后的公有化、改革开放等历史过程后，北京四合院可谓历经沧桑。北京四合院随历代王朝的起落而兴衰，四合院就是北京历史的见证。

2. 思政目标

使学生从历史建筑中感受中国特色的建筑及其孕育的文化内涵，并能用提供的英语术语描述四合院的结构特征（Chinese styled architecture；mortise and tenon joint；flying eave；tile；taihu lake stone；pavilion；main /north house；side houses；south house；screen wall）。

学生能用学到的语言介绍一个北京名人故居，如鲁迅、徐悲鸿或郭沫若故居，培养学生热爱北京四合院、关注北京人文历史。

3. 教学过程

首先，导入。Match Exercise（匹配练习）：Match the following English words with the relative parts of Siheyuan（将四合院关联的部分与所给英语词汇匹配）：main house, east house, west house, south house, gate, courtyard, quadrangle, screen wall, flying eave, tile.

其次，知识呈现。Watch the video, focusing on Chinese Building style；tick the given words when you see the relative parts of the building（看视频，并对看到的图景与所给的单词匹配）：wooden structure, mortise-and-tenon structure, quadrangle, screen wall, flying eave, courtyard, tile, pavilion, loft, palace.

Questions and Answers（问答）：When do you think Siheyuan came into being in Beijing in the history? What was the background of it?（历史上北京什么时候开始有了四合院建筑？四合院出现的背景是什么？）What are the advantages and disadvantages of Siheyuan in sense of living?（四合院从居住角度讲有什么利弊？）What changes took place to Siheyuan during the "Cultural Revolution"?（"文

革"的时候四合院发生了什么样的变化?)

Guess who ever lived here? (猜猜谁曾住在这里?):

Siheyuan 1. It is a Siheyuan located in Badaowan Hutong of the West District, Beijing city. A novel titled *The True Story of Ah Q* was written there. It consists of two yards where his brother, mother and he lived here. Now it is also a museum which tells a lot about his life and works. His writing style had much influence on the literature of his time and later literature.

Siheyuan 2. It is located in the North Street of Xinjiekou. The houses on three sides and the gate side form the closed yard. The owner of the yard was a famous painter who has been regarded as the father of Chinese modern Painting. His painting *Eight Horses* is well-known. It is now a two-storey museum which has exhibitions of the painter.

Siheyuan 3. It is located near Huguosi of Beijing, and was the last residence of the great Peking Opera Master who lived here for ten years. The residence is the typical of a Siheyuan, including the major north houses, wing houses, south houses, a screen wall, an oblong yard and a carved gate. If you are interested in Peking Opera culture, this yard is a must for you.

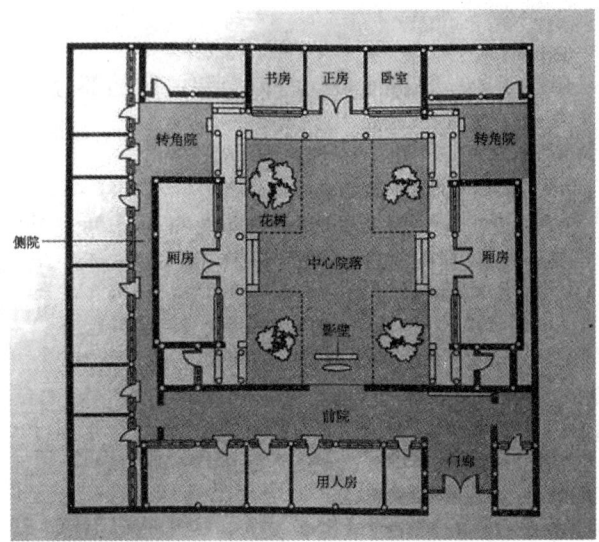

Assignment（作业）：Write a composition based on a field visit to the residence of an influential cultural celebrity in 200-300 words.

4. 学习资源

①汪榕培、石坚、邹申总主编：《21世纪大学英语应用型视听说教程》（第3版），复旦大学出版社2016年版；

②业祖润：《北京民居》，中国建筑工业出版社2009年版；

③［美］那仲良：《图说中国民居》，任羽楠译，生活·读书·新知三联书店2018年版；

④贾珺："四合院的渊源及历史变迁：一方四合静涵天地"，载 http://history. people. com. cn/n1/2017/1018/c372327-29594388. html。

七、教学反思

本课程的思政点选取了学生熟悉的北京四合院和北京烤鸭店，意在培养学生关注北京文化、探索北京历史、热爱北京文化。课堂上，学生积极参与谈论自己熟悉的北京文化，现场效果很好。但是建筑文化和饮食文化对于教师本身就有一定的挑战。备课过程中的大量查阅也是教师学习优秀中国文化的过程，要想有质的提高，就需要长期坚持学习。学生也意识到在用英语表达自己平时习以为常的饮食和建筑的时候，即便老师提供了有关术语，也不能一气呵成地组织起流畅的思维。可见英语学习不仅仅是为了考试，必须和实践结合才可以发挥其文化沟通的作用。

在课程思政在英语课程中的融入过程中，笔者自身经历了从生硬到比较自如、从有意识到无意识的过程，期间不断学习有关课程、阅读有关书籍，增长了见识，拓宽了思路，也越来越爱上了中国历史文化。所以，适应时代要求、不断学习，是我们每个人的成长之路。在此建议年轻教师要早动手，做一个英语、汉语兼顾，中西文化兼备的文化传播者。也希望学校大力支持青年教师参加中国文化课程培训学习。只有我们熟悉中西语言、文化，才有可能让课程思政做得不留痕迹、自然天成。

总之，课程思政对于学生是一种引领，对于教师是一种历练和提升。唯有这样，我们才会在文化自信的道路上走得更高更远。

执笔人：杨建兰

大学英语视听说课程思政教学案例

一、课程基本信息

课程性质：通识教育选修课

学分：2   学时：32

授课对象：大学本科学生

二、授课教师基本情况

郑帅，讲师，硕士，主讲大学英语、大学英语视听说课程十几年，爱岗敬业、教书育人、热爱学生、精心备课、因材施教，注重培养学生的自主学习能力，所授课程深受学生好评，积极参与学科建设和科研活动，以第一作者或第二作者发表多篇教研论文，主持和参与多项院级课题和教材的编写，多次指导学生参加英语比赛获奖，同时在北京联合大学 2019 年课程思政比赛中获得二等奖，被授予课程思政优秀教师称号。

三、课程内容简介

随着我国现代化进程的深入、国际化水平的提高，社会经济发展对人才培养提出了更高的要求，英语听说能力成为当代国际化应用型人才必不可少的基本素质。根据大学英语四级新的改革趋势——在四级考试中加入口语测试，而我院目前并没有专门针对口语训练的课程。大学英语视听说以英语国家主流媒体节目的视频材料为教学素材，以多媒体为主要教学手段，通过视听说相结合，以直观画面和语音内容为基础开展有针对性的听说训练，提高学生的听力理解和口头表达能力，加深他们对英语国家的政治、经济、社会、文化等方面的认识和了解。教学内容涉及学生感兴趣的教育、梦想、世界著名企业和古文明等八个主题。每次课的教学内容围绕某一特定主题选取热点视频，如新闻报道、名人演讲、对话访谈、精彩影视等形式多样、信息丰富、富有趣味性和时代感的素材。

四、课程思政教学目标

不同于以往的视听说课程只关注英语听说能力训练本身，选取内容多数介绍西方文化，融入思政内容的英语视听说课程在选材上更加注重中国的优秀文化的重要意义和地位，增加学生对于我国优秀文化的认同感，使学生具有本国的文化自信，拥有民族自尊心、自信心和自豪感。

让学生真正学会用英语表达中国文化，做新时代中华民族传统文化的传播者和传承者。

同时注重培养学生的跨文化交际能力和批判性思维能力，开拓国际视野，提高自身人文素养和跨文化意识，达到准确、得体地用英语进行交流的目的。

五、课程思政融入设计

元素1：树立正确人生观教育元素——追逐梦想、挑战自我

导入环节播放有关海伦·凯勒的视频资料，设置问题：If you were as blind and deaf as Helen Keller, what dream would you like to come true? And how can you come true your dream? 通过凯勒这一名人励志故事，学生在视听中感性地认识到坚定的信念与梦想是人生中最重要的品质，领会了实现梦想需要勇气、执着、顽强拼搏等高尚品质。

在讨论环节，将 Deaf DJ 的生平事迹与他展现出的优秀品质以英文绘制成思维导图，引导学生就 "What dream did he have as he grew up?" "What did he do to achieve his dream?" 等连锁反应式问题展开小组讨论。

组织学生进行 "I have a dream" 为主题的演讲比赛。课下让学生自行观看学习视频片段：习总书记阐述中国梦。演讲 "I have a dream" 比赛使学生将"梦想"主题与自己真实生活联系起来，习得追逐梦想、挑战自我、敢于创新、顽强拼搏、积极乐观等优秀人格品质才能实现梦想，从而使思政内容在学生实际生活中得到迁移应用。

元素2：树立中国品牌、强化爱国情怀

首先，在导入环节播放一段关于美国有线电视新闻网（CNN）对阿里巴巴创始人马云的采访，引出中国企业及其中国品牌在世界的影响力。

其次，通过小组讨论，找出中国民族品牌和世界品牌相比所具有的优势和差距。

再其次，在课堂上模拟一个大型电视访谈节目，让学生角色扮演各名牌

企业家。

最后，向"观众"推广自己的品牌，其余学生观众评选出最喜爱的中国民族品牌，唤起学生的学习兴趣和爱国情怀。

课后的反思表格真实反映了学生的自我总结和自我评价，大多数学生表示在购物时，更愿意选用民族品牌，不仅符合中国人的审美，而且有一种油然而生的自豪感。培养学生的思辨性和全球观，使学生在学习英语知识同时提高自身的政治素质。

元素 3：唤起民族自豪感和爱国主义热情

导入视频资料：《中国科学家屠呦呦在 2015 年获得诺贝尔奖》。

小组讨论中国的诺贝尔奖获得者人数少的原因，诺贝尔科学奖的突破意味着中国科学技术的发展和富强的社会主义时代的到来。

课堂小结的反馈彰显学生们学习科学技术的信心，同时唤起学生们的民族自豪感。

元素 4：树立正确的人生观、价值观

导入 TED 演讲视频：《成功的 8 个秘诀》，对比学生眼中最重要的成功之路。

为电影 *The Pursuit of Happiness* 片段配音，通过主人公的故事让学生认识到成功需要勤奋、刻苦努力、坚强乐观、坚定信念、不抛弃不放弃等优秀品质。

小组讨论：成功离不开的优秀品质、学生奋斗的目标和为此应该做出的努力。

元素 5：为中华崛起而读书的新内涵

口语练习——"毕业生毕业后的挑战"这一话题讨论，使学生深刻意识到接受高等教育的必要性和重要性。

"中国留学生归国热"这一现象也体现出中国民族的繁荣发展，进一步探讨受教育的最终目的是"为中华之崛起而读书"，成为新时代的有为青年，为实现伟大民族复兴做贡献。

小组讨论小结中许多学生意识到教育的价值，备考大学英语六级考试和研究生入学考试的学生人数逐年增加，通过率也在上升。

六、典型教学案例

案例1 Frog Story（青蛙的故事）

1. 知识点

思考：全球变暖的影响和后果。

重点词汇：indicator species；sensitivity.

学会口语表达全球变暖及相关词汇。

2. 思政目标

在本案例中，通过青蛙逐渐灭绝这一现象的学习，引导学生了解全球变暖的成因和后果。对比十几年来北京天气由沙尘变蓝天的图片，了解北京为保护自然环境而采取的措施及取得的成就，深刻领会习总书记关于建设生态环境文明的思想：绿水青山就是金山银山，提升民族自豪感和爱国主义情感。

3. 教学过程

首先，复习。

Review the three qualities of Planet Earth：biodiversity、peculiar landform and spectacular.

其次，观看亚马孙森林大火视频，使学生了解亚马孙森林大火的危害。

The Amazon is referred to as the planet's lung；The area's rainforest generates more than 20% of the world's oxygen and 10% of the world's known biodiversity；The fire hasenormous consequence for the global warming.

引导学生进行头脑风暴练习，了解全球变暖的成因。

Who should be blamed? The forest fire is man-made disaster or natural disaster? What cause the global warming? The teacher guides the students to realize that the human's greedy behavior caused the global warming and made many animals suffering.

再其次，听说练习。请听如下短文并回答问题：

Then I remembered the story about the frogs that I had heard last year on public radio. It said frogs were dying around the world. It said that because frogs' skin was like a lung turned inside out, their skin was being affected by pollution and global climate change. It said that frogs were being found whose skin was like paper. All dried up. It said that frogs were an "indicator species". That frogs will die first because of the sensitivity.

Why are the frogs dying around the world?

Frogs' skin was like a lung turned inside out, their skin was being affected by pollution and global climate change.

How do you understand the sentence "Frogs were an 'indicator species'. The frogs will die first because of the sensitivity"?

We are related! There are no boundaries. That we, for the sake of our relatives, must act now.

重点词汇：

indicator species 物种指示器

—A group of animals or plants which are all similar and can breed together to produce young animals or plants of the same kind as them.

Examples：

Panda has been declared anendangered species. 熊猫被列为濒临灭绝的物种；Global warming has caused many species extinction. 全球变暖导致许多物种灭绝。

sensitivity   *n.* 敏感

—The quality of being easily influenced, changed or damaged, esp. by a physical activity or effect.

Examples：

Sex education at school is cautiously pushed because of the cultural sensitivity.

口语交际练习——小组讨论：

What's the consequence of the global warming?

The global warming brought the species extinction, the rising temperature, the rising sea level and the extreme weather.

What measures has Beijing taken to protect our environment?

We have taken many measures to protect our environment, such as limiting the car driving; developing the public transportation; sorting the waste; using the clean energy etc.

围绕听力材料青蛙这一物种快要灭绝这个主题，探讨发现全球变暖的成因和后果：物种灭绝、气温上升、海平面上涨、极端天气的出现等，而人类作为自然界的一部分，正在破坏我们赖以生存的地球，从而引发学生的思考：我们应该如何保护我们的地球？同时通过十几年来北京天气变化的图片对比，了解北京为保护自然环境而采取的措施及取得的成就，如限号驾车、大力发展公共交通、垃圾分类、倡导使用清洁能源等，深刻体会习总书记"绿水青山就是金山银山"的保护生态环境的思想，提升民族自豪感和爱国主义情感。

最后，布置作业。

Oral practice—story telling Students are allowed 2 minutes to tell their own story to illustrate the climate change in Beijing and send it to cloud classroom.

通过让学生讲述发生在自己身边的与环境变化相关的故事，使其切实感受到保护环境的重要性和国家为保护我们的生态环境所做出的努力，升华爱国主义情感。

4. 学习资源

①张丽主编：《高级媒体英语视听说》，外语教学与研究出版社 2011 年版；

②伍忠杰主编：《大学体验英语综合教程 3》，高等教育出版社 2003 年版。

案例 2 Dreams（梦想）

1. 知识点

思考：实现梦想所需要的品质。

重点词汇：hook；challenge.

学会口语表达追逐梦想、顽强拼搏、坚定信念等相关词汇。

2. 思政目标

帮助学生树立正确人生观教育元素：使学生将"梦想"主题与自己真实生活联系起来，习得追逐梦想、挑战自我、敢于创新、顽强拼搏、积极乐观等优秀人格品质才能实现梦想，从而使思政内容在学生实际生活中得到迁移应用。

3. 教学过程

首先，播放有关凯勒的视频资料，设置问题：If you were as blind and deaf as Helen Keller, what dream would you like to come true? And how can you come true your dream? 通过凯勒这一名人励志故事，学生在视听中感性地认识到坚定的信念与梦想是人生中最重要的品质，领会了实现梦想需要勇气、执着、顽强拼搏等高尚品质。

其次，听说练习。There was always music on in my house when I was little. I loved listening to Metallica, Led Zeppelin, Bob Marley, Michael Jackson. My dad was a DJ, so he played disco, folk, dance, rock, and music from other countries. For my 18th birthday, my dad asked me to deejay at the restaurant he owned. After doing that for a few weeks, I was hooked. I wanted to learn more.

What dream did he have as he grew up?

What did he do to achieve his dream?

将罗比·王尔德的生平事迹与他展现出的优秀品质以英文绘制成思维导图。王尔德从小因病而耳聋，他的梦想是成为一名 DJ，在实现他的梦想过程中所展现出来的优秀品质包括挑战、坚持、热情、创造力等。

Mind Map：Fill in the blanks to complete your own mind map.

引导学生绘制以自己的梦想和为实现梦想所应具备的优秀品质的思维导图，并进行对比学习 deaf DJ 如何实现梦想和自己如何实现梦想，学生从王尔德故事中再次领悟信念、梦想、理想的巨大生命力，并习得追逐梦想、挑战自我、勤奋、自尊、敢于创新、顽强拼搏、关爱社会、积极乐观等优秀人格品质。

再其次，语言点。

Hook v. ＿＿＿ If you are hooked into something, or hook into something, you get involved with it.

Examples：

I'm guessing again now because I'm not hooked into the political circles.

Challenge n. ＿＿＿ a new or difficult task that tests sb's ability and skill.

Examples：

The role will be the biggest challenge of his acting career.

然后，总结小组观点，得出结论：Whether a person is disabled or not, he needs to set up his own dream, which is the goal of life. To achieve this goal, we must strive with strong perseverance, indomitable fighting spirit, courage to fight and challenge ourselves. 反馈和总结进一步深化了对学生的人生观教育。

同时进行反思：①What is the new information you've learned about this topic now?（现在，有关这个话题你学到了哪些新知识?）；②How will you relate the topic idea to your real life?（你将怎样将话题观点与你的真实生活联系起来?）在完成反思的过程中，学生将"梦想"主题与自己真实生活联系起来，思考自己如何才能实现梦想，从而使思政内容在学生实际生活中得到迁移应用。

最后，布置作业。

Writing a speech entitled "I have a dream".

4. 学习资源

①张丽主编：《高级媒体英语视听说》，外语教学与研究出版社 2011 年版；

②伍忠杰主编：《大学体验英语综合教程 3》，高等教育出版社 2003 年版。

七、教学反思

基于视听说技术的英语视听说课程是培养学生听说及语言运用能力的主要手段，大大地提高了学生学习英语的兴趣。引入了网络技术和多媒体教学的英语视听说课程，可以把教学内容以图片、歌曲、视频、电影片段等形式展现出来，增加课堂的趣味性，提高学生学习热情，优化课堂教学效果，提高英语视听说教学质量。另外，英语视听说课程实现"视""听""说"三位一体教学，听要寓于说，说要寓于听，切实增加了语言输出，提高了学生的英语听说能力。同时以学生为中心，根据单元主题特点配套不同形式的口语练习，如演讲、小组讨论汇报、角色扮演、配音、对话、辩论等多种教学手段充分调动学生的主观能动性，培养学生跨文化交际的能力和思辨能力。英语视听说的教学模式是把语言知识的理解和以文化为背景的语言运用相结合，不仅使学生在听说能力以及词汇表达能力等方面有了很大的提高，而且通过课程教学中中外文化的对比讲解和中国优秀传统文化的介绍，引导学生以"取其精华、去其糟粕、洋为中用"的思维，辩证地对待民族文化与外来文化，从价值引领、知识传授和能力提升三个方面全方位着手，帮助学生坚定了民族自尊心、自豪感，提升了文化自信，培养了中国情怀。

总之，融入了思政元素的英语视听说课程能有效地将思政教育与英语语言知识技能传授相融合，实现了两者互促协同效应，即融入思政教育增强了教学的趣味性，提高了大学英语教学的有效性；反过来，在大学英语教学中渗透思政教育内容，规避了思修课程中说教式思政教育的不足，提升了思想政治教育的亲和力和教育效果。

执笔人：郑帅

后　记

　　为了探寻和运用课程思政建设的方法和规律、发挥好榜样的示范带动作用、持续深入推进课程思政建设，学院党委拟将近几年在课程思政建设过程中产生的优秀教学案例编辑成册，以便于广大教师学习交流。此举得到了各教学系部和相关职能处室的积极响应，组织宣传部和教务处牵头召开研讨会，制定课程思政教学案例撰写规范，各系部书记、主任积极动员征集教学案例。特别值得一提的是，不仅承担过课程思政专题教学研究项目的教师能够按编委会制定的撰写规范认真整理、编写教学案例，而且很多未承担专题教学研究项目的教师也积极提交教学案例，反映出我院教师在学校要求"课程门门有思政，教师人人讲育人"的道路上迈出了坚实的一步。

　　学院教育教学督导专家曹辉、付力、杨春兰和张建敏老师认真审阅全部教学案例，提出了中肯的修改意见和建议，在此向以上专家表示衷心感谢。

　　在本案例集的编写过程中，多次研讨、交流加深了广大教师对课程思政的认识，提高了挖掘思政元素、将其有机融入教学过程中的能力，教育者先受教育的成效也逐渐显现。通过本案例集的编写也发现了我院在课程思政建设中存在的不足之处，比如在课程思政的效果评价方面。对课程思政的效果进行评价，特别是教师的自我评价，将有助于教师在教学中情境创设、思政元素的浸润式融入和立体化渗透等方面进行反思，以不断优化和改进课程思政教学方案。

北京联合大学生物化学工程学院

《课程思政案例选编》编委会